海 南 耕 地

海南省土壤肥料总站 编著

中国农业出版社

北 京

耕地是人类赖以生存的基本自然资源和农业生产资料，是保证农产品供给的基础。党中央高度重视耕地保护工作，党的十八大以来，习近平总书记多次作出重要指示，强调"耕地保护要求要非常明确，18亿亩*耕地必须实至名归，农田就是农田，而且必须是良田"；"坚守18亿亩耕地红线，大家立了军令状，必须做到，没有一点点讨价还价的余地"。这些重要论述，传递出耕地红线决不能逾越的强烈信号，为确保国家粮食安全提供了重要遵循。

海南是我国重要的热带宝地，拥有全国42.5％的热带土地资源，是我国耕地资源多样性不可或缺的重要组成部分。近年来，海南持之以恒加强耕地保护。一方面，通过严格执行耕地占补平衡、落实"田长制"、开展农村乱占耕地建房问题整治、实施耕地垦造行动等措施，保护耕地总量；另一方面，通过高标准农田建设、耕地地力提升行动、化肥农药减量、"稻、菜、绿肥"轮作、保护性休耕等手段，提升耕地质量；同时，在财政资金安排上积极落实耕地利用优先序，坚决遏制耕地"非农化"、严格管控耕地"非粮化"。通过数量、质量、生态、效益"四位一体"保护，确保耕地数量不减少、质量有提升，牢牢守住耕地保护红线，保障国家粮食安全。

海南坚持耕地保护和高效开发相统筹，利用极其宝贵且有限的耕地资源，为全国粮食和热带农产品供给做出了重要贡献。比如，在三亚、乐东、陵水划定26.8万亩南繁科研育种保护区，建设5.3万亩南繁核心区，并以此为基础，高标准打造南繁"硅谷"，成为中国种业振兴的重要平台，全国大面积推广的杂交水稻、杂交玉米和瓜菜等作物品种有80％以上都经过南

---

*　亩为非法定计量单位，1亩≈667平方米。

繁加代选育。此外，海南还利用耕地在内的各类热带土地资源，建成了国家重要冬季瓜菜、热带水果、天然橡胶等生产基地，成为全国人民的冬季"菜篮子"和热带"果盘子"。

我们也深刻地认识到，耕地保护永远在路上，一刻也不能放松。特别是面对世纪疫情、地区冲突、极端天气等因素对全球粮食生产带来的冲击，必须始终绷紧粮食安全这根弦，深入实施藏粮于地、藏粮于技战略，以国内稳产保供的稳定性来应对外部环境的不确定性。与新时期耕地保护的新要求相比，海南人均耕地面积少、高温高湿条件下土壤有机质分解快，以及部分土壤贫瘠化、酸化、薄层化、沙化、盐化、潜育化等问题，值得我们高度警醒，并加大力度予以解决。

为更好地加强海南耕地保护，在海南省农业农村厅领导下，海南省土壤肥料总站组织并携手海南省农业科学院、中国热带农业科学院、海南大学等单位相关领域专家，对全省耕地情况进行了系统调查和研究，摸清海南耕地的数量、结构、质量状况及其在空间上的分布特征，以及与自然条件和人类生产活动之间的关系；分析海南耕地资源存在的突出问题，提出行之有效的针对性对策；总结海南耕地资源利用与高产农田建设的经验与模式；挖掘海南后备耕地资源，提出全省耕地数量、质量双提升的意见建议。本书是长期以来坚持耕地保护工作的成果结晶，对于全省进一步做好耕地保护利用工作具有重要的指导意义。

耕地保护，功在当代，利在千秋。要像保护大熊猫那样保护耕地，让每一寸耕地都成为丰收的沃土，让中国饭碗端得更稳更牢。

2022 年 9 月 30 日

前 言 FOREWORD

　　耕地，是人类赖以生存的基本资源和条件。其质量高低关系粮食和农产品质量安全。耕地质量的高低主要取决于在一定的利用方式下耕地土壤协调供应水、肥、气、热的水平和能力。开展耕地质量调查评价是区域粮食生产安全、农业发展规划、种植业布局区划、耕地质量保护与提升、科学施肥以及退耕还林还草、节水农业、生态建设、耕地资源合理配置、政府制定耕地保护政策以及海南省耕地质量等级信息发布的工作基础和主要依据。2013 年 4 月，全国农业技术推广服务中心印发了关于《省级耕地地力汇总评价工作方案》（以下简称方案）的通知，要求各省、自治区、直辖市等部门严格按照耕地地力评价工作总体部署和耕地质量保护项目绩效管理要求，做好省级耕地地力汇总评价工作，推动评价成果在更大尺度上为农业生产服务。自方案发布以来，在省农业农村厅的部署和组织下，省土壤肥料总站（原省农业技术推广中心土壤肥料站）联合省农业科学院农业环境与土壤所、中国热带农业科学院等技术依托单位持续开展全省耕地质量调查与评价工作，形成了工作空间、点位数据、年度报告和相关图件等一系列成果。一方面全面查清海南省耕地基础生产能力、土壤环境质量状况及障碍因素，并分析了耕地退化的原因和当前利用中存在的主要问题；另一方面探索了一套具有海南特色的耕地质量评价技术体系，建立海南省耕地质量评价指标体系和省级耕地资源管理信息数据库。其成果可为区域粮食生产安全、农业发展规划、种植业布局、耕地质量保护、耕地资源合理配置及政府制定政策提供科学依据。

　　本书是在总结 2013 年以来连续 10 年的耕地质量调查评价的基础上，由海南省土壤肥料总站组织编著的，系统介绍了海南耕地的形成、现状及发展趋势，无疑是一部全面展现海南耕地真实面貌的书籍。其中，前言和

第四章由梁娟编写；第一章由张林、王汀忠、张珂、祁君凤编写；第二章由王登峰、王关泽编写；第三章由吕烈武、张珂、王登峰编写；第五章第七章由王朝弼、张冬明、王关泽、龙笛笛编写；第六章由魏志远、黄顺坚、梁雨、韩玉玲编写；第八章由钟昌柏、刘存法、王登峰编写；第九章由王熊飞、张冬明、梁娟、王关泽编写；第十章由魏志远、梁雨、韩玉玲编写。

感谢吴蔚东统稿，梁娟、张冬明、王登峰、魏志远、龙笛笛、张珂、梁雨、韩玉玲、王关泽等同志为审稿及章节修改补充付出的辛勤工作。需要说明的是本书是海南省省级耕地质量调查与评价工作的全面总结，以海南岛18个市县的耕地为对象，不包括三沙市及周边岛屿。

由于所参考资料不多，编者水平有限，不足之处在所难免，敬请广大读者批评指正。希望该书能够成为读者了解海南耕地的形成条件、数量与质量状况以及可持续利用途径的参考用书。

编　者

2022 年 8 月

目 录 CONTENTS

第四章 ● 海南耕地质量调查评价方法

第五章 ● 海南耕地主要土壤养分状况

第一章 海南自然资源与农业生产概况

第一节 地理位置与行政区划

一、地理位置

海南省地理位置介于东经108°37′~111°05′、北纬3°30′~20°18′，是中华人民共和国最南端的省级行政区，地处我国华南地区，北面以琼州海峡与广东省划界，西面临北部湾和广西、越南相对，东面过南海到达中国台湾，东南和南部与菲律宾、文莱和马来西亚为邻。

海南省是我国国土面积最大的省份，除了拥有海南岛、西沙群岛、中沙群岛、南沙群岛的岛礁之外，还拥有南海诸岛及周围主权海域约350万平方千米。其中，海南岛面积约为3.54万平方千米，是我国境内仅次于台湾岛的第二大岛，也是中国最大的自由贸易港所在地。

二、行政区划

海南省现管辖海口市（省会城市，市辖区4个）、三亚市（市辖区4个）、三沙市（市辖区2个）、儋州市等4个地级市，五指山市、文昌市、琼海市、万宁市、东方市等5个县级市，定安县、屯昌县、澄迈县、临高县等4个县，白沙黎族自治县、昌江黎族自治县、乐东黎族自治县、陵水黎族自治县、保亭黎苗族自治县、琼中黎苗族自治县等6个自治县，218个乡级区划（含街道），其中175个镇、21个乡、22个街道，此外，还有海南农垦投资控股集团的农场公司18个。目前，国家正在海南岛全岛区域加快推进中国特色自由贸易港建设，着力打造成为中国全面深化改革开放试验区、国家生态文明试验区、国际旅游消费中心、国家重大战略服务保障区。

第二节 / 自然资源概况

一、地形地貌

海南岛形状近似一个呈东北至西南向的梨形，东西长240千米，南北宽210千米，四周低平，中间高耸，以中部五指山（1 867米）、鹦哥岭（1 811.6米）为隆起核心，向四周外围逐级递降，顺次由山地—丘陵—台地—阶地—平原构成层状垂直分布和环状水平分布带，梯级结构明显。山地主要分布在岛中部偏南的地区，山地中散布着丘陵性的盆地。丘陵主要分布在岛内陆和西北、西南部等地区。环岛多为滨海平原。海南岛全岛可分成4个层圈：中心山地带、环山丘陵带、台地阶地带和沿海平原带。

地貌是重要的自然因素，它控制着热量和水分的再分配，影响着基岩的风化与成土作用，导致水体的运动和地表物质与化学元素的迁移，并关系到植被和林业资源的分布，对整个农业生产有重大影响。海南岛地貌类型土地面积详见表1-1。

表1-1 海南岛地貌类型土地面积

地貌类型	面积（平方千米）	占全岛面积（%）	备注
山地	8 639	25.1	海拔500米以上
丘陵	4 498	13.1	海拔100~500米
台地	11 052	32.1	海拔百米以下，其中玄武岩台地占4 159平方千米
阶地	3 850	11.2	分布江河流域，比平原高5~10米
平原	4 028	11.7	分布四周滨海
其他	2 333	6.8	含海岸、滩涂等
合计	34 400	100.0	—

海南岛地貌特点：①中部高四周低。受其影响，形成地表河流由中部呈放射状向四周流入海的水系格局和东部多雨、西部干热的气候。土壤和植被也随之呈环状分带，即由中部到外围，顺次为天然林带、热作经济带、农业渔业带。②南北差异大。南部主要为花岗岩山地—丘陵地貌，山地和丘陵集中于南部，上面有多级夷平面地形；北部火山地貌发育，火山喷发受区域性大断裂间的次级分支断裂控制明显，形成广阔的台地，基质为浅海相沉积物，沿岸有不

少溺谷湾。③台地、阶地、平原广布。台地面积 11 052 平方千米，占全岛土地总面积的 32.1%，加上阶地、平原面积，占全岛总面积的 60.7%。④火山地貌发育显著。因地质史上新第三纪至第四纪的新构造运动时期，雷琼地区火山喷发频繁，构成琼北大面积的火山玄武岩台地及火山锥。

二、自然资源

（一）土地资源

海南岛是中国最大的"热带宝地"，土地总面积 351.87 万公顷，约占全国热带土地面积的 42.5%，人均土地约 0.44 公顷。由于光、热、水等条件优越，农田终年可以种植，不少作物年收获 2～3 次。按适宜性划分，土地资源可分为 7 种类型：宜农地、宜胶地、宜热作地、宜林地、宜牧地、水面地和其他地。已开发利用的土地约 331.36 万公顷，未被开发利用的土地 20.51 万公顷。海南土地后备资源较丰富，开发潜力较大。

截至 2021 年 10 月 19 日，海南拥有耕地 486 912.73 公顷、园地 1 217 705.83 公顷、林地 1 174 148.14 公顷、草地 17 101.33 公顷、湿地 121 178.30 公顷、城镇村及工矿用地 243 093.23 公顷、交通运输用地 58 949.34 公顷、水域及水利设施用地 183 111.21 公顷。

（二）作物资源

海南地处中国最南端，光温充足，光合潜力大，物种资源十分丰富，是我国重要的热带资源优势地区。粮食作物是海南种植业中面积最大、分布最广、产值最高的作物，主要有水稻、旱稻、山兰坡稻，其次是番薯、木薯、芋头、玉米等。经济作物主要有甘蔗、麻类、花生、芝麻、茶等；水果种类繁多，栽培形成商品的水果主要有香蕉、菠萝、芒果、荔枝、龙眼、绿橙、西瓜、杨桃、菠萝蜜、红毛丹等；蔬菜有 120 多个品种。海南岛热带作物资源丰富。栽培面积较大、经济价值较高的热带作物主要有：橡胶、椰子、油棕、槟榔、木薯、胡椒、剑麻、香茅、腰果、咖啡、可可等。海南不仅是我国重要的战略资源区，也是我国最大的热带特色农业产业区。

（三）水资源

1. 地表水

海南岛河流受降水补给，受中部高四周低的地势影响，比较大的河流大都发源于中部山区，呈放射状分布。各大河流均具有流量丰富、夏涨冬枯等水文特征。较大的河流都发源于中部山区，较小的河流多发源于山前丘陵或台地上，然后顺着地势奔流入海；河短坡陡，水流湍急，暴涨暴落，水量丰沛，含沙量小，终年不冻结。

全岛河川径流量为 388×10^8 立方米，约为全国总径流量的 1.1% 。由中部山地向四周汇入海洋的河流有 154 条，集水面积大于 100 平方千米的各级干支流 93 条，其中独流入海的有 39 条。主要河流有南渡江、昌化江和万泉河，流域面积分别为 7 033 平方千米、5 150 平方千米、3 693 平方千米，为海南省三大河，集水面积超过 3 000 平方千米，占全岛面积的 47%。三大河流的河道干流可调蓄水量约 80 亿立方米，中小河流可调蓄水量 56 亿立方米，总计可调蓄利用水量 136 亿立方米。三大河流集水面积大，水量大，且上游陡峻，落差大，水力资源丰富。全省河流水能蕴藏量为 99.5 万千瓦，其中三大河流的干支流为 74.7 万千瓦，占 75%。岛上真正的湖泊很少，人工水库居多，有大广坝水库（3 498 平方千米）、松涛水库（1 440 平方千米）、牛路岭水库（1 236 平方千米）等，集水面积 5.6 万公顷。

2. 地下水

海南岛地下水资源丰富，水质优良，尤其是琼北地区。降雨是主要补给来源，全岛多年平均地下水可开采量为 20.01 亿立方米，主要分布在沿海地区，为发展沿海井灌提供了条件。全省水力资源理论蕴藏量 103.88 万千瓦，可开发约 89.77 万千瓦，地下水资源储量 75 亿立方米，淡水总面积 13.7 万公顷。

（四）光热资源

海南岛地处热带北缘、低纬度地区，是我国最具热带海洋气候特色的地区，全年暖热，长夏无冬。具有气温高、积温多、日照时间长、太阳辐射量大的特点。全岛年平均日照时数 2 200 小时，光照率为 50%～60%，受天文、环流和地形因素的影响，各地差异较大，自西南向东北递减，中部山区较小，西部沿海地区最大，南部沿海次之，等值线呈环状分布，除中部山区因云雾较多只有 1 750 小时左右外，其他大部分地区都在 2 000 小时以上，西、南部地区达 2 400～2 600 小时。

海南岛年太阳总辐射量为每平方厘米 120～140 千卡*，西部莺歌海地区最大，达每平方厘米 141 千卡。年平均气温为 22～26℃，≥10℃的积温为 8 200℃；除中部海拔较高的山区外，其他地区月平均气温高于 20℃ 的月份达 9 个月以上，日均气温稳定，作物全年可生长，全岛全年没有真正的冬季，夏

---

* 千卡为非法定计量单位，1 千卡＝4 185.85 焦耳。

季从 3 月中下旬至 11 月上旬长达 8~9 个月，为喜热生物的生长发育提供了适宜的气候环境，是我国南繁育种的理想之地。

（五）矿产资源

海南矿产资源种类较多。全省共发现矿产 88 种，经评价有工业储量的矿产 70 种，其中已探明列入矿产资源储量统计的 59 种，产地 487 处。海南矿产资源主要包括石油、天然气、黑色金属、有色金属、贵金属、稀有金属、冶金辅助原料、化工原料、建筑材料、其他非金属矿、地下水、热矿水和饮用天然矿泉水等种类。探明储量位于全国前列的优势矿产有石油、天然气、玻璃用砂、钛铁砂矿、锆英砂矿、宝石、富铁矿、铝土矿（三水型）、饰面用花岗岩、饮用天然矿泉水、热矿水等。

海南岛周边海域已探明的天然气田主要有崖 13-1、东方 1-1、乐东 15-1 等。玻璃用砂已探明大型矿床 4 处，主要分布于儋州、东方、文昌等地。钛铁砂矿主要分布于海南岛东海岸，已探明矿床 24 处，其中大型矿床 3 处、中型 1 处。锆英石砂矿已探明大型矿床 3 处、中型 6 处、小型 19 处，主要分布于文昌、琼海、万宁、陵水等市县。已探明宝石大型矿床 1 处，位于文昌境内。富铁矿分布于昌江石碌镇一带，保有储量 2.31 亿吨，是国内少有的富铁矿之一。已探明铝土矿大型矿床 1 处，位于海南岛北部的蓬莱地区。饰面用花岗岩主要分布于屯昌、琼中、三亚、乐东、白沙等市县，花色品种主要有崖县红、翠玉红、翠白玉、四彩花、玫瑰红、芝麻白等。饮用天然矿泉水各市县均有发现。

三、气象灾害

海南岛地处热带季风区域，受季风影响，天气复杂多样，历来是自然灾害频发区。夏季，主要受来自南半球的东南季风和来自印度洋的西南季风影响，造成大风和暴雨天气；冬季，主要受东北季风影响，气候干旱少雨。中部山地影响气流窜穿，阻滞南北气流的交换和东西水汽的流通，使山南地区气温高于山北地区，山南极少有寒潮波及，山北却出现不同程度的寒害。在全球气候变暖背景下，每年都会出现程度不一的风灾、旱灾、水灾或低温冷害等。一些次要灾害，诸如龙卷风、冰雹等局地强对流也经常发生，对农业生产构成威胁，造成一定的经济损失。

（一）热带气旋

热带气旋是在热带海洋大气中形成的中心温度高、气压低的强烈涡旋的统称，是中国沿海地区重要的灾害性天气，具有成灾迅速、危害大、损失重等特点。海南的热带气旋活动期长，最集中的时段是 7—10 月份，最盛期是 8、9月份。东北部为多台风登陆的重风害地区。据统计，影响海南及其海域的热带气旋平均每年 7～8 个。热带气旋带来的暴雨、洪涝和风暴潮，导致堤围溃决、农田淹没以及土地盐碱化，农业经济损失巨大，对农业有一定的破坏性，但同时又带来大量雨水，对发展农业生产起积极作用。

（二）暴雨洪涝

海南雨量充沛，且降水集中、降雨强度大、暴雨多，很容易造成水土流失。再加上海南岛中间高四周低的地势特征，较易形成洪涝灾害。暴雨量年际差异较大，从整体发生的趋势来看，暴雨发生的次数呈上升趋势；暴雨量的季节变化也有较大差异，海南 6—10 月是暴雨最为集中的月份，占全年暴雨次数的 77.3％，尤其 9 月、10 月，分别占全年暴雨次数的 19.3％和 18.1％。此外，在地域上也存在着较大差异，其中西部和北部偏少，东部沿海和中部山区偏多。

海南洪水频繁，其特点为峰高、历时短的尖瘦型。各河流的大洪水主要是由台风、风暴或台风与冷空气共同作用而导致。常遇洪水在 5—11 月均可能发生，其出现机率最大的是 8 月、9 月、10 月（占全年总数 68％），其次是 6 月、7 月、11 月；大洪水大部分发生于 9 月、10 月。

（三）干旱

由于纬度位置、大气环流、下垫面和人类活动等各种因素综合影响，东部的光热等气候条件显然比西部好，西南部地区出现干热风并且干旱较严重。地形因素导致海南岛降水时空分布不均，基本每年都有干旱发生。西部地区，特别是西南部为干旱突出地区。尤其是冬春干旱，几乎年年都有发生，严重年份，有些地区人畜饮水都发生困难。海南是一个农业省份，大范围的干旱往往给农业生产带来严重损失。据估计每年因干旱造成的经济损失有 5.8 亿元左右。海南冬春连旱严重，西部的春旱更为突出，旱期最长可达 277 天（9 个月）。春旱成为水稻栽培的一大障碍，使海南水稻早造灌溉成为必要措施。

第三节　农业生产概况

海南地处中国南端，四季常绿，素有"天然大温室"之美誉，是我国最重要的天然橡胶生产基地、农作物种子南繁基地、无规定动物疫病区和热带农业基地。农业是海南经济的基础产业、支柱产业和优势产业。

海南省土地总面积为 3.54 万平方千米，至 2020 年 11 月 1 日，全省常住人口为 1 012.34 万人，全省总人口中，农业人口 565.03 万人，占总人口的比例较大。人口占比之高表明农业在海南仍占有突出地位。

全省森林覆盖率为 61.9%，空气质量达到及好于二级的天数占全年比重为 99.5%，全省河流水质总体为优，环境质量综合指数位居全国第一。近年来，全省农业发展立足本地资源优势，加大了对农业结构调整，以"四地一区（冬季瓜菜基地、天然橡胶基地、热带水果基地、南繁基地、无疫区）"为重点，加快发展以特色农业为核心的现代农业，创新农业经营体制机制，实施科技创新驱动战略，做大做强优势特色产业，切实转变农业发展方式，着力推进农业品牌化、项目化、园区化、生态化。

一、种植业

（一）种植面积

据海南农业年鉴（2021）统计，2020 年末，全省粮食作物面积为 27.07 万公顷，总产量 145.47 万吨，水稻播种面积 22.75 万公顷，水稻产量 126.25 万吨。

瓜菜种植面积 29.81 万公顷，总产量 718.63 万吨。

茶叶种植面积 2 302 公顷，产量 1 323 吨。

园林水果种植面积 17.84 万公顷，收获面积 15.94 万公顷，产量 349.75 万吨。

全省热带作物种植面积 70.79 万公顷，其中橡胶种植面积为 51.92 万公顷，产量为 33.67 万吨；椰子种植面积为 3.57 万公顷，产量为 2.13 亿个；咖啡种植面积为 2.18 万公顷，总产量为 4.13 万吨；槟榔种植面积为 12.47 万公顷，产量为 28.33 万吨；剑麻种植面积为 588 公顷，产量为 1 734 吨；胡椒种植面积为 2.18 万公顷，产量为 4.13 万吨。

（二）种植结构

2020 年，海南省以"减椒增瓜增豆"为瓜菜产业发展基本原则，增加瓜类种植面积 12.05 万亩、豆类面积 7.14 万亩，建立 23 个瓜菜集约化育苗中心，推广嫁接苗技术，逐步形成豇豆、青瓜、辣椒、西瓜、甜瓜、苦瓜、圣女果等瓜菜优势产区，由增产导向到提质导向转变。创建绿色高质高效粮食生产基地，推动种植面积达到 3.32 万亩，其中：核心示范区面积 0.63 万亩；示范区农药使用量减少 20%、化肥使用量减少 23%，通过加工和品牌打造，经济效益增加 50%。开展瓜菜新品种新技术试验示范和推广工作，筛选出 50 个新优品种进行示范推广。开展海南省热带作物标准化生产示范园认定和复评工作，全年认定标准示范园 30 家，累计达 218 家，示范园核心区建设面积达 8 万多亩，辐射带动热带水果生产基地 100 多万亩。印发《关于加快推进 2020 年撂荒地复耕工作的通知》，全力推进撂荒地复耕，安排 1 500 万元财政补贴资金用于撂荒。

（三）"菜篮子"基地建设

2020 年，海南省全年常年蔬菜累计种植面积 7.39 万公顷，产量 105.5 万吨。印发《2019—2020 年度冬春瓜菜产销指导性意见》，推荐 72 个适销对路的品种，推介 6 个种类 61 个绿色防控技术产品；印发《2020 年常年蔬菜基地建设项目实施方案》，安排 2 338.18 万元用于常年蔬菜基地建设，提高蔬菜供应能力。海南省农业农村厅会同海南省财政厅联合印发《2020 年海南冬季瓜果菜采购应急补贴及奖励方案的通知》，安排资金 6 500 万元，用于补贴及鼓励冬季瓜菜运销，切实解决冬季瓜菜价跌卖难的局面。

（四）病虫害防治

2020 年，海南省安排资金 1 700 万元，主要用于水稻重大病虫害、草地贪夜蛾、蝗虫等方面防控。开展农作物重大病虫害防治面积 3 166.62 万亩次，防治效果达到 85% 以上。积极引进植保无人机，开展统防统治病虫害、草害 100 多万亩次。推广绿色防控技术，打造 36 个绿色防控示范基地，核心示范面积 10.6 万亩，辐射带动面积 100 多万亩。引进 5 家天敌和有益微生物企业，加大对天敌微生物企业的试验示范，推动生物防控技术。

（五）测土配方施肥

2020 年，海南省在兼顾粮食作物生产的同时，突出发展蔬菜、果树等经济作物，开展取土化验工作，全省完成了取土化验 1 500 个，田间试验 80 个。在全省推广测土配方施肥技术累计 450 万亩次，推广配方肥面积合计 112 万亩次。

二、南繁种业

海南南繁科研育种基地是国家宝贵的农业科研平台，海南省划定了 26.8 万亩南繁科研育种核心区，建成乐东县抱孔洋、陵水县安马洋配套服务区。每年全国 29 个省份、800 多家科研生产单位、高等院校、科技企业的 8 000 多名专家来海南从事南繁育种，科研育种面积 4 万多亩。三亚、陵水、乐东、东方、临高、昌江等地发展农作物制种产业，常年制种面积超 20 万亩，繁育优质南繁种子 3 800 多万千克。为全国的种子改良和更新换代做出积极贡献。

（一）南繁基地配套服务区建设

截至 2020 年末，三亚落根洋新建核心区替代配套设施建设已完成，建成临时专家科研生活房 573 平方米、晒场 910 平方米、仓库 400 平方米，江苏省南繁单位已进驻。陵水县安马洋新建核心区配套服务区一期项目主体工程（3 号楼和 2 号楼建设）已封顶，已完成总工程量的 93%。

（二）生物安全监管新模式

2019 年，"国家南繁基地植物检疫联合巡察办公室"在海南省南繁管理局挂牌设立。两年来，按照农业农村部要求，海南省南繁管理局有序组织各省检疫机构，联合开展南繁巡查工作。2020 年 12 月 14 日，"南繁基地联巡联检"选为"2020 年第十批海南自由贸易港制度创新案例"。

（三）产地检疫监管全覆盖

为提高生物安全监管效率，改变传统南繁植物检疫现场申报模式，海南省加强南繁基地信息化建设，相继开发中国南网、改造全国农业植物检疫信息化管理系统，实施网上审批，通过"线上＋线下"多管齐下方式，采用信息化平台强化对南繁科研工作的管理，确保科研活动有序进行。基本实现检疫申报全过程不见面、不跑腿。

（四）南繁法制化进程

一是印发实施《海南省南繁登记办法（试行）》。《海南省南繁登记办法（试行）》于 2020 年 11 月 23 日印发实施，进一步加强南繁管理，规范南繁活动，健全南繁法制。

（五）南繁硅谷综合服务平台建设

为解决南繁种业信息基础设施不足、基础数据缺失、南繁信息管理系统建设不完善等问题，为南繁硅谷建设提供信息化支撑，将南繁硅谷综合服务平台项目列为 2019 年度政务信息化建设计划项目。为做好南繁硅谷信息化项目建设：一是起草《关于成立厅南繁硅谷云项目工作专班的通知》，成立由海南省农业农村厅分管副厅长为组长，海南省南繁管理局、海南省现代农业检验检测预警防控中心相关负责人组成的南繁硅谷云项目工作专班，负责统筹推进项目建设；二是建立工作协调推进机制，研究推进具体工作，每周定期召开例会，协调推进项目建设。

（六）其他重点工作

举办南繁检疫业务培训班。2020 年 11 月 30 日，针对全国南繁管理机构和南繁单位业务人员，聘请行业内专家，开展南繁业务专题培训，培训南繁相关法律法规、检疫对象的识别和防控、新品种保护及转基因监管事项等业务。

三、农产品加工业

全省特色农产品种类较多，并具有一定生产规模。但是加工规模小，加工水平有待提高。截至 2021 年 12 月，全省有各类农产品加工企业 3 500 多家，但规模以上企业不足 360 家，加工增加值约 30 亿元，加工转化率仅 35%，低于全国平均水平。因此，热带特色的农产品加工业发展市场广阔，潜力巨大。

农产品加工业涉及国民经济 11 个行业。具体是：

1. 农副食品加工业。企业个数 56 个，同比增长 5.7%；工业总产值 169.99 亿元，同比增长 12.7%。

2. 食品制造业。企业个数 21 个，同比增长 5.0%；工业总产值 46.41 亿元，比上年同期的 50.02 亿元，增长 -7.2%。

3. 酒、饮料和精制茶制造业。企业个数 15 个，与 2020 年持平；工业总产值 10.75 亿元，同比增长 -32.5%。

4. 烟草制品业。企业个数 1 个，与 2020 年持平；工业产值 33.33 亿元，同比增长 4.7%。

5. 纺织业。0 个，同比增长 -100%；工业总产值比 2020 年增长 -100%。

6. 皮革、毛皮、羽毛及其制品和制鞋业。企业个数 1 个，与 2020 年同期的 1 个持平；工业总产值 0.18 亿元，同比增长 -33.3%。

7. 木材加工和竹、藤、棕、草制品业。企业个数 22 个，同比增长 100%；工业总产值 9.45 亿元，同比增长 33.0%。

8. 家具制造业。企业个数 2 个，与 2020 年持平；工业总产值 0.5 亿元，同比增长 -40.9%。

9. 造纸和纸制品业。企业个数 8 个，与 2020 年持平；工业总产值 10.33 亿元，同比增长 -7.6%。

10. 中成药、中药饮片制造业。企业个数 8 个，比上年增长 33.3%，工业总产值 9.96 亿元。

11. 橡胶制品业。企业个数 5 个，同比增长 66.7%；工业总产值 5.67 亿元，同比增长－33.8%。

综上所述，11 个行业有 7 个出现负增长，超过半数。

全省槟榔种植面积 15.3 万公顷，其中收获面积 11 万公顷。2020 年槟榔生果价格走高，突破 25 元/斤*，是 2019 年的 4 倍以上。槟榔加工分初加工和深加工，初加工仅是对槟榔青果进行烘干，给深加工企业提供原料。槟榔初加工企业主要分布在海口、文昌、琼海、万宁、陵水、定安、屯昌、琼中等 8 个市县，共计 69 家，从业人数 4 567 人，产值 32.95 亿元。槟榔深加工企业3 家，分别是万宁市的海南口味王科技发展有限公司和海南雅利农业开发有限公司，以及定安县的海南和畅食品科技有限公司，从业人数 6 719 人，深加工总产值 32.78 亿元。有 2 家深加工企业正在建设当中。

四、农业现代化

（一）农用化肥用量

近年来，随着化肥减施增效技术推广应用，海南省的化肥用量逐年降低（表 1-2）。2005 到 2015 年，化肥用量从 93.60 万吨/年提高至 135.74 万吨/年。2015 年开始，全省的化肥用量逐年降低，2020 年化肥用量为 110.11 万吨/年，与 2015 年相比，降幅为 18.9%。

表 1-2　海南省 2015—2020 年农用化肥施用情况（万吨）

化肥种类	年份							
	2005	2010	2015	2016	2017	2018	2019	2020
总量	93.60	117.50	135.74	130.43	132.87	124.85	116.93	110.11
氮肥	20.35	32.70	38.32	39.20	39.82	37.81	33.60	30.62
磷肥	10.18	25.62	33.78	27.59	28.25	26.19	14.64	23.30
钾肥	35.19	14.36	18.21	17.63	18.00	17.22	16.43	15.37
复合肥	0.96	44.82	45.42	46.01	46.80	43.62	42.27	40.82

（二）农业机械情况

农业机械拥有量是农业现代化的重要方面。全省农业机械总动力从 2010 年的 421.52 万千瓦提高至 2020 年的 615.32 万千瓦，其中提高幅度最大的时

---

* 斤为非法定计量单位，1 斤＝0.5 千克。

段是 2019 至 2020 年，从 558.21 万千瓦提高到 615.32 万千瓦，年度提高幅度为 10.2%。耕作机械的数量也有显著提升，2010 年的大中型拖拉机保有量为 13 203 台，2020 年为 26 062 台。排灌机械动力提高幅度不高，2010 年为 90.52 万千瓦，2020 年为 103.26 万千瓦。需要注意的是，由于近年来联合收割机的普及应用，收获机械的机动脱粒机数量近年来有所降低，从 2010 年的 47 131 台降低至 2020 年的 44 163 台。

五、农业科技创新平台

（一）海南不断夯实农业科技创新基础

海南省科技计划专项设立了省重大科技计划热带特色高效农业领域和省重点研发项目农业领域，先后实施了一批重点科技攻关项目，一批科研成果获得省科学技术奖，为产业持续发展提供了强力支撑。国家耐盐碱水稻技术创新中心已在三亚挂牌运行，成为我国 19 个国家技术创新中心之一，也是农业领域唯一的国家技术创新中心。海南儋州热带农业生态系统国家野外科学观测研究站和国家热带植物种质资源库 2 个国家级科技创新平台获批建设。三亚崖州湾种子实验室目前已建成精准设计育种中心、南繁作物表型研究设施等 10 个公共性、开放性科研平台，总面积超过 24 万平方米，成为我国集中连片、体系配套、设备先进、有影响力的种业创新平台。全省共有涉农重点实验室 41 家，涉农院士工作站 42 家。

（二）农业科技创新资源正加速向海南汇聚

首个中编机构中国农科院南繁育种研究中心揭牌，崖州湾科技城已入驻 17 家知名农业高校和科研院所，已引进国内外知名种业企业 415 家。培育涉农高新技术企业 53 家。李家洋、朱健康、钱前、曹晓风等 42 位院士在海南设立院士工作站，活跃在农业科技创新一线。全省"双百"团队中，热带高效农业类型团队达 15 个。崖州湾种子实验室进驻 40 个团队、750 名科研人员，全球招聘博士后 75 名。

（三）农业科技服务体系进一步完善

海南积极推行科技特派员制度，全省登记科技特派员 2 235 名，实现全省贫困村全覆盖，保障了 11 个中西部市县和曾经的建档立卡贫困村有 1 名以上省级农业科技专家结对服务。已实施 10 期科技副乡镇长派遣计划，累计派遣 488 人次，覆盖 101 个乡镇。全省建设农业科技 110 服务站（科技特派员服务站）251 个，为农民生产增收提供综合性农业科技社会化服务。

参考文献

张书齐.海南岛海岸带土地利用/覆被变化及其对碳储量的影响研究［D］.海口：海南大学，2019.

姚清尹.海南岛地貌与其他自然条件的关系［J］.热带地理，1983（01）：20-26.

傅杨荣.海南岛土壤地球化学与优质农业研究［D］.北京：中国地质大学，2014.

颜家安.海南岛生态环境变迁史研究［D］.南京：南京农业大学，2006.

海南省地方志办公室.海南省志·自然地理志［M］.海口：南海出版公司，2006.

邓芳，苏道迁，杨洋.海南自贸港建设背景下的自然灾害防治对策研究［J］.中国减灾，2020（19）：34-39.

汪志军，方佳，李光辉，张慧坚，刘晓光.海南省农业自然灾害发生特点、成因及对策［J］.热带农业科学，2011，31（11）：58-63.

张春花，董立就，吴俞，冯文，郭冬艳，吴慧，符晓虹，陈小敏.海南岛中部山地地形对天气气候的影响［J］.气象科技进展，2020，10（04）：70-73.

第二章 海南土壤成土因素及耕地资源

第一节 土壤形成自然因素及过程

一、海南土壤成土自然因素

土壤是多种自然因素共同作用的高度时空变异的自然体，其形成是各种环境因素综合作用的结果。成土母质在一定的气候条件和生物条件作用下，经过一系列的物质交换与能量的转化，逐步产生了土壤肥力，形成了土壤。热带土壤是在热带高温湿热的气候环境下，植被、利用方式、人类活动等多种成土因素共同作用的结果。

（一）气候

海南岛为典型的热带海洋性气候，其主要特点表现为日照强度大、热量丰富、雨量充沛且集中、季节性台风等四个方面。

水分和热量不仅直接参与母质的风化过程和物质的地质淋溶等地球化学过程，而更重要的是它们在很大程度上，控制着植物和微生物的生命活动，影响土壤有机质的积累和分解，决定着营养物质的生物学小循环的速度和范围。所有其他条件相同的情况下，温度增加伴之而来的是土壤风化速度的加快。风化速度也与降水量有关，因为水分的存在加快物质的淋溶。总之，高温高湿的气候条件促进岩石和矿物的风化。过度湿润有利于有机质的积累，而干旱和高温，好气微生物比较活跃，有机质易于矿化，不利于有机质积累。海南岛属高度湿热地区，硅酸盐类矿物被强烈分解，硅和钾、钠等盐基遭到显著的淋失，土壤中多形成高岭石类次生矿物，并含较多的铁铝氧化物，形成了海南的地带性土壤——砖红壤。次生黏土矿物以高岭石、三水铝矿及赤铁矿为主。

（二）地形地貌

海南山地占全岛面积的四分之一，以五指山（海拔1 867米）、鹦歌岭（1 811米）为隆起核心，向四周延伸，山地边缘分布着丘陵，其间夹杂着盆地与河谷。海南岛山区海拔每上升 100 米，气温下降 0.6℃，雨量增加 140 毫米，不同海拔高度的山体及其上下部位的气候分异特性为植物群落和土壤类型呈带状更替提供了外界条件。

地形地貌因素对自然条件的多样性和地域分异有决定性的影响，主要表现在三个方面：①为反映海南热带景观最典型的铁铝土形成创造了条件，海南丘陵—盆地及沿海台地、平原的土温在 25.5℃ 以上，属高热土壤温度状况，全岛各地年平均降雨量大部分在 1 500 毫米以上，为湿润土壤水分状况，部分为常湿润土壤水分状况，高温和高湿相结合，极有利于生物物质循环和风化成土作用的进行；海南岛第四纪未受冰川影响，这里的植被和土壤从新第三纪就一直发展下来，经历的时间长，特别是由于环岛沿海平原和海积阶地广布，山前台地发育，并在琼北有大片玄武岩台地，其风化壳厚度可达 10 余米或更厚，如此独特的地貌状况为形成高度富铁铝化作用的铁铝土创造了条件，使它成为反映海南热带景观最典型的土壤。②东西部土壤干湿水分状况及土壤发育类型迥然不同，当东南季风活动时，东部的琼海、万宁、琼中、陵水和保亭部分地区为多雨带，雨日和雨量均比西部多出一倍以上，形成湿润及常湿润土壤水分状况，土壤风化淋溶作用强，发育有湿润铁铝土、湿润及常湿富铁土和雏形土为主的类型系列；而在五指山西部和西南部背风面，尤其是昌江、东方、乐东和三亚市等沿海地带，年降雨量仅 700～1 000 毫米，年日照时数比中部山区多 900 多小时，为少雨、多日照、强蒸发的半干润土壤水分状况，导致了土壤矿物风化和淋溶作用较弱、盐基饱和度较高，土壤虽呈红棕色，仍具有铁质特性，在土壤高级分类位置上与东部有重大区别。③全岛土壤呈 3 个环状土带的总体格局，海南岛土壤的水平分布受地貌结构的制约，围绕中部山地呈环带状分布，海拔 20 米以下的滨海平原，地形平坦开阔，略有轻微起伏，其上有平缓岗地、长垣形沙脊或各种沙丘分布；海拔 20～400 米的海积阶地、不同岩性的台地和低丘陵地；海拔 400 米以上的高丘陵、低山、中山地，地表切割破碎，高低起伏明显，地面坡度大，分布着富铁土、淋溶土、雏形土等类型，在海拔 800 米以上的中山区，气候凉湿，森林郁闭度高，是常湿润淋溶土和雏形土主要分布区。

（三）成土母质

成土母质是岩石风化的产物，在一定成土母质上所发育的任何一种土壤，它的物理、化学和矿物学性状都与母质的性质密切相关。通常，土壤发育时间愈短，土壤性状受成土母质的影响愈为明显，随着风化成土过程进行愈久，土壤性质与原有母质性质的差异就愈大，但母质的某些性质仍残留于土壤性状之中，也对土壤的农业利用与管理带来影响。

1. 成土母质的主要类型及分布状况

海南省成土母质主要有花岗岩、玄武岩、砂页岩、安山岩、石灰岩、紫色砂页岩及海相沉积物、河流冲积物。花岗岩母岩发育的土壤约占土壤总面积的58.11%，分布于全岛各地；玄武岩风化物发育的土壤所占比例约为6.31%，主要分布于琼北地区；砂页岩母岩发育的土壤占土壤总面积19.53%，仅次于花岗岩母岩发育的土壤，以白沙县、东方市较多，保亭、陵水等市县较少；紫色砂页岩母岩发育的土壤占土壤总面积1.63%，分布于白沙、琼中县等地；安山岩母岩发育的土壤占土壤总面积2.65%，分布于三亚市、保亭县和乐东县；石灰岩母岩发育的土壤占土壤总面积0.46%，零星分布于东方市、昌江县、琼中县、三亚市；河流冲积物母质发育的土壤占土壤总面积2.23%，主要在南渡江、万泉河、陵水河、藤桥河、宁远河、望楼河、昌化江下游两岸及小三角洲地区，是肥力肥沃的粮产区；海相沉积物发育的土壤占土壤总面积9.08%，分布于各市县沿海平原。

2. 不同母岩对土壤形成的影响

玄武岩、安山岩等暗色铁镁基性岩风化的母质，含石英颗粒较少，黏粒含量高，富铁、镁等基性矿物，颜色较暗，质地较均一，盐基含量高，矿质养分较丰富。花岗岩、流纹岩等浅色硅质结晶岩风化的母质，其含石英颗粒较多，黏粒含量也高，但颗粒大小不均匀，含铁、镁等基性矿物较少，富钾而贫磷素。浅海沉积物母质，一般是质地较轻，含不等量石砾，透水性良好，土层厚，底土常见有铁质结核体。石英岩、云母片岩等变质岩风化的母质，由于岩性的差异，其颗粒组成及质地不均匀。如石英岩风化物含石英颗粒多，质地轻，透水性良好，矿质养分少，而云母片岩，则相反。此外，由紫色砂页岩、石灰岩风化的母质，质地均较黏重，透水性较弱，土壤通常残留其岩性特征，因而土壤发育较为年幼。

3. 不同年代母质对土壤形成的影响

海南岛具有自更新世早期（Q_1）、中期（Q_2）、晚期（Q_3）及全新世（Q_4）喷发的玄武岩和火山角砾岩山及火山灰，其上所发育的土壤具湿润土壤水分状况，但由于成土因素作用程度不同，土壤景观单元及土壤性质存在很大差异（张仲英等，1987）。①对土壤颜色的影响。Q_1 期玄武岩风化母质上发育的土壤色调呈暗红色（在湿润偏向常湿润水分状况的土壤偏黄），Q_2 期的由暗红棕向棕色变化，Q_3 期的偏棕色，Q_4 期的土壤色调偏黑。而随着风化成土时间的加长，pH 降低而黏粒含量增高。②对土壤中游离铁含量的影响。随着成土时间加长，铁游离度增高，在 $Q_1 \sim Q_3$ 玄武岩风化母质上发育土壤的游离铁含量均高于 100 克/千克，K_2O 含量相对较低，黏土矿物由高岭石、三水铝石、赤铁矿组成，而 Q_4 期的土壤游离铁含量较低，K_2O 含量较高。③对土壤阳离子交换量的影响。随着成土时间加长，土壤黏粒 CEC_7、黏粒 ECEC 明显减小。Q_1 期玄武岩风化母质上发育的土壤黏粒 CEC_7 和黏粒 ECEC 分别小于 16 厘摩尔（＋）/千克和 12 厘摩尔（＋）/千克，而 Q_2、Q_3、Q_4 期的土壤较高（表 2-1）。

　　海南岛的浅海沉积物广为分布，虽同属浅海沉积物，但沉积时期有早、中、晚之分。研究表明，随着风化成土年龄的增加，土壤发育程度相应提高。更新世晚期的（Q_3）为橙色，更新世中期（Q_2）及更新世早期（Q_1）为红棕色，其黏粒及游离铁含量有相应逐渐增高的趋势，而 pH、K_2O 含量、盐基饱和度及黏粒 CEC_7 和 ECEC 有明显降低（表 2-2），土壤发育类型也有明显差异，由此可见成土年龄对土壤发育的深刻影响。

二、成土过程

（一）有机质积累过程

　　有机质积累过程是指在木本或草本植被下有机质在土体上部积累的过程。在海南岛高温多雨、湿热同季的热带、亚热带气候条件下，一方面岩石、母质强烈地进行着盐基和硅酸盐淋失和铁铝富集的过程，母质的不断风化使养分元素不断释放为各种植物生长提供了丰富的物质基础，促进了各类植物的迅速生长。在植物强烈光合作用下合成大量有机物质，每年形成大量的凋落物参与土壤生物循环，促进了土壤中有机质的积累。另一方面，林下地表凋落物中微生物和土壤动物丰富，特别是对植物残体起着分解任务的土壤微生物数量巨大，种类多样和数量巨大的微生物群，加速了凋落物的矿化、灰分富集和植物吸收，土壤的生物物质循环和富集作用十分强烈。通常在自然植被茂盛区域，土壤有机质含量是比较高的，但随着农业开垦利用，土壤有机质发生很大变化，如合理耕作和施肥，可促进土壤有机质的形成，肥力的提高；否则，土壤有机质迅速分解，土壤肥力逐渐降低。

（二）黏化过程

　　黏化过程是指原生硅铝酸盐不断变质而形成次生硅铝酸盐，由此产生的黏粒积聚的过程。黏化过程可进一步分为残积黏化、淀积黏化和残积—淀积黏化三种。

表 2-1 玄武岩母质上发育土壤的一般特性和黏土矿物

单个土体号	地点	玄武岩年代	成土年龄 (×10⁴ a B.P.)	层次	干态颜色	pH (KCl)	黏粒 (<0.002毫米, 克/千克)	K_2O (克/千克)	游离铁 (Fe_2O_3, 克/千克)	铁游离度 (%)	CEC/ECEC [厘摩尔(+)/千克黏粒]	主要黏土矿物
H18	澄迈县福山	Q_1^1	—	B1	红棕	4.1	695	0.9	111.2	55	10.1 / 2.7	—
C1	澄迈县福山	Q_1^1	—	B1	—	—	844	2.2	143.7	88	11.3 / 2.3	高岭石、赤铁矿、三水铝石
玄-6	琼山	Q_1^1	—	B	—	—	579	1.1	193.3	78	6.2 / 5.5	高岭石、赤铁矿、三水铝石
HW02	儋州新盈农场	Q_1^1	181±8	B2	红棕	4.5	608	2.1	167.3	66	6.0 / 2.2	三水铝石、赤铁矿、高岭石
HE11	琼山三门坡	Q_1^1	148±16	B2	亮红棕	4.2	614	4.2	147.8	64	6.0 / 3.4	高岭石、三水铝石
HE10	琼山云龙	Q_1^1	133±18	B2	红棕	4.8	601	2.7	148.2	66	8.2 / 2.7	高岭石、三水铝石、针铁矿
H15	文昌县蓬莱	Q_1^1	—	B1	红棕	3.9	606	0.9	122.3	55	9.8 / 3.1	—
HW04	儋州德义岭	Q_2^1	—	B	暗红棕	3.9	566	4.1	131.7	62	28.1 / 14.5	高岭石、赤铁矿
H16	定安龙堂	Q_2^2	—	B	暗红棕	4.8	437	3.1	107.0	59	40.9 / 16.6	—
HE05	定安石坡	Q_2^2	14.6±0.9	B1	棕	5.0	362	—	141.8	61	34.0 / 17.4	高岭石
HW03	儋州洋浦	Q_3^1	9.0±2.0	AC	棕	4.7	454	3.2	123.3	58	48.7 / 32.7	高岭石
玄-4	琼山永兴	Q_4^1	—	B	红棕	6.4	310	4.9	67.6	40	72.3 / 47.0	水铝英石、高岭石
HW10	琼山永兴	Q_4^1	1.3±0.93	AC	黑棕	—	185	4.0	54.6	37	— / —	高岭石、水铝英石
HE09	琼山十字路	Q_4^1	—	AC	黑棕	—	331	1.9	104.5	46	— / —	高岭石

表 2-2　浅海沉积物母质发育土壤的一般特性和交换性能

土体号	地点	沉积物年代	层次	干态颜色	pH(KCl)	黏粒(<0.002毫米,克/千克)	K_2O(克/千克)	盐基饱和度(%)	游离铁(Fe_2O_3,克/千克)	铁游离度(%)	CEC₇	ECEC	主要黏土矿物
HE08	琼山甲子镇	Q_1	B1	亮红棕	3.2	431	2.46	27.19	83.09	56.62	13.46	7.42	腐殖简育湿润铁铝土(中堂系)
			B2	亮红棕	3.3	370	2.57	26.89	92.19	47.46	14.67	7.85	
			B3	亮红棕	3.3	516	2.95	25.23	82.27	56.28	10.52	6.29	
			B4	亮红棕	3.3	399	3.52	28.81	81.34	55.31	13.48	6.62	
HE12	文昌新桥圩	Q_1	B1	红棕	3.6	519	2.62	30.33	106.87	86.12	8.77	3.14	普通暗红湿润铁铝土(新桥圩系)
			B2	红棕	3.8	493	2.45	45.52	117.84	81.30	8.82	4.68	
HW06	儋州新州镇	Q_2	B1	橙色	3.2	180	7.02	34.88	18.88	74.30	14.33	12.00	普通简育湿润铁铝土(新州系)
			B2	橙色	3.2	185	8.09	42.49	22.60	77.21	18.70	14.76	
			B3	橙色	3.1	346	7.26	29.12	31.50	90.18	12.80	11.71	
HE06	定安城关镇	Q_3	B1	橙色	3.2	386	4.31	35.54	39.42	52.67	9.4	6.5	盐基简育湿润铁铝土(下洋坡系)
			B2	橙色	3.1	259	4.98	41.92	41.61	51.64	11.03	9.2	
HW15	昌江乌烈镇	Q_3	B1	橙色	4.7	109	5.23	61.91	16.99	85.59	50.83	32.84	普通铁质干润雏形土(乌烈系)
			B2	橙色	4.6	147	8.14	56.33	25.04	70.56	46.73	27.14	
			B3	橙色	4.6	230	7.19	52.22	32.35	87.22	34.22	18.39	

1. 残积黏化指就地黏化，为土壤形成中的普遍现象之一。残积黏化主要特点是：土壤颗粒只表现为由粗变细，不涉及黏土物质的移动或淋失；化学组成中除 CaO、Na₂O 稍有移动外，其他活动性小的元素皆有不同程度积累；黏化层无光性定向黏粒出现。

2. 淀积黏化是指新形成的黏粒发生淋溶和淀积。这种作用均发生在碳酸盐从土层上部淋失，土壤中呈中性或微酸性反应，新形成的黏粒失去了与钙相固结的能力，发生淋溶并在下层淀积，形成黏化层。土体化学组成沿剖面不一致，淀积层中铁铝氧化物显著增加，但胶体组成无明显变化，黏土矿物尚未遭分解或破坏，仍处于开始脱钾阶段。淀积黏化层出现明显的光性定向黏粒，淀积黏化仅限于黏粒的机械移动。

3. 残积—淀积黏化系残积和淀积黏化的综合表现形式。在实际工作中很难将上述三种黏化过程截然分开，常是几种黏化作用相伴在一起。海南岛土壤的黏化过程主要属残积黏化。

（三）脱硅富铝化过程

脱硅富铝化过程是指热带、亚热带地区，水热丰沛、化学风化深刻、生物循环活跃土壤物质由于矿物的风化，形成弱碱性条件，随着可溶性盐、碱金属和碱土金属盐基及硅酸的大量流失，而造成铁铝在土体内相对富集的过程。在高温多雨、湿热同季的气候条件下，海南的岩石矿物风化和盐基离子淋溶强烈，原生矿物强烈风化，基性岩类矿物和硅酸盐物质彻底分解，形成了以高岭石和游离铁氧化物为主等次生黏土矿物，盐基和硅酸盐物质被溶解而遭受强烈的淋失，而铁铝氧化物相对富集。

在强烈淋溶作用下，表土层因盐基淋失而呈酸性时，少量铁铝氧化物受到溶解而发生垂直迁移，由于表土层下部盐基含量相对高而使酸度有所降低，使下淋的铁铝氢氧化物达到一定深度而发生凝聚沉淀；在炎热干燥条件下水化氧化物失去水分成为难溶性的 Fe₂O₃ 和 Al₂O₃；在长期反复干湿季节交替作用下，使土体上层铁铝氧化物愈积愈多，以致形成铁锰结核或铁磐。

（四）氧化还原过程

氧化还原过程是海南岛平缓地区潮湿雏形土和水耕人为土的重要成土过程。潮湿雏形土发生的氧化还原过程主要与地下水的升降有关，水耕人为土中发生的氧化还原过程主要与种植水稻季节性人为灌溉有关。两者均致使土体干湿交替，引起铁锰化合物氧化态与还原态的变化，产生局部的铁锰氧化物移动或淀积，从而形成一个具有铁锰斑纹、结核或胶膜的土层。

（五）潜育化过程和脱潜化过程

土壤长期渍水，受到有机质嫌气分解，而使铁锰强烈还原，形成灰蓝—青灰色土体的过程，是潜育土纲主要成土过程。当土壤处于常年淹水时，土壤中水、气比例失调，几乎完全处于闭气状态，土壤氧化还原电位低，Eh 一般都在 250mV 以下，因而，发生潜育化过程，形成具有潜育特征的土层。土层中氧化还原电位低，还原性物质富集，铁、锰以离子或络合物状态淋失，产生还原淋溶。潜育化过程主要出现在海南岛的河流阶地、海积平原等地势较低的区域，这些区域地下水位高，土体长期滞水，容易发生还原过程。

脱潜育化过程是指渍水或水分饱和的土壤在采取排水措施条件下，土壤含水量降低、氧化还原电位增加的过程。在低洼渍水区域，通过开沟排水，地下水位降低，使渍水土壤发生脱沼泽脱潜育化，土壤氧化还原电位明显提高。历史上，海南岛中部、北部的丘陵坡脚地带曾经地下水位较高，土壤潜育化明显，后经开沟排水并在人为耕种下，地下水位下降，土壤层化逐渐明显，形成犁底层和水耕氧化还原层，水耕表层和水耕氧化还原层逐渐出现锈纹锈斑，从原来 Ag-Bg、A-Bg 型，逐渐变化为 Ap1 – Ap2 – Br-Bg 型。

三、土壤类型特征及空间分布

（一）土壤类型特征

1. 岩性特征

土表至 125 厘米范围内土壤性状明显或较明显保留母岩或母质的岩石学性质特征，包括砂质沉积物岩性特征、碳酸盐岩岩性特征等。在海南西北部分布有紫色砂页岩母质发育的旱地土壤具有紫色砂页岩岩性特征。

2. 石质接触面与准石质接触面

石质接触面是指土壤与紧实黏结的下垫物质（岩石）之间的界面层，不能用铁铲挖开，下垫物质为整块状者，其莫氏硬度＞3；为碎裂块体者，在水中或六偏磷酸钠溶液中振荡 15 小时不分散。准石质接触面是指土壤与连续黏结的下垫物质之间的界面层，湿时用铁铲勉强挖开，下垫物质为整块状者，其莫氏硬度＜3；为碎裂块体者，在水中或六偏磷酸钠溶液中振荡 15 小时，可或多或少分散。在低山丘陵地带部分地区及北部火山锥地带均出现石质接触面。

3. 潜育特征

潜育特征是指长期被水饱和，导致土壤发生强烈还原的特征。它具有以下一些条件：50％以上的土壤基质（按体积计）的颜色值为：a. 色调比 7.5Y 更绿或更蓝，或为无彩色（N）；或 b. 色调为 5Y，但润态明度≥4，润态彩度≤4；或 c. 色调为 2.5Y，但润态明度≥4，润态彩度≤3；或 d. 色调为 7.5YR～10YR，但润态明度 4～7，润态彩度≤2；或 e. 色调比 7.5YR 更红或更紫，但润态明度 4～7，润态彩度 1；或在上述还原基质内外的土体中可以兼有少量锈斑纹、铁锰凝团、结核或铁锰管状物；或取湿土土块的新鲜断面，10 克/千克铁氰化钾［$K_3Fe(CN)_6$］水溶液测试，显深蓝色。潜育现象是指土壤发生弱-中度还原作用的特征，仅 30%～50% 的土壤基质（按体积计）符合"潜育特征"的全部条件。在海南岛的河流阶地、海积平原等地势较低的区域地下水位偏高，土体长期滞水，广泛存在潜育特征。

4. 氧化还原特征

氧化还原特征是由于潮湿水分状况、滞水水分状况或人为滞水水分状况的影响，大多数年份某一时期土壤受季节性水分饱和，发生氧化还原交替作用而形成的特征。它具有以下一个或一个以上的条件：①有锈斑纹，或兼有由脱潜而残留的不同程度的还原离铁基质；②有铁质或软质铁锰凝团结核，或铁锰斑块、铁磐；③无斑纹，但土壤结构体表面或土壤基质中占优势的润态彩度≤2；若其上、下层未受季节性水分饱和影响的土壤的基质颜色本来就较暗，即占优势润度为 2，则该层结构体表面或土壤基质中占优势的润态彩度应＜1；④还原基质按体积计＜30%。氧化还原特征广泛出现于海南岛平原区域和植稻土壤中。

（二）土壤类型空间分布

海南的土壤是在海南特定的自然地理环境条件下，各成土因素共同作用的结果。海南地处低纬度，属热带季风气候，高温多雨的热带季风气候，使化学风化得以顺利进行，水、氧和二氧化碳对岩石进行氧化和水解，造成风化层中的铁质含量较高，土壤的富铝化作用强烈，形成了海南的地带性土壤——砖红壤。受中高周低的环状地形和东南季风及热带风暴的影响，造成水热条件的差异，使局部地区出现非地带性土壤类型及砖红壤亚类之间的差别，土壤分布受海南岛地形影响极为明显，呈若干个环状带围绕中部山地分布。由于五指山的屏障作用，造成海南岛东部降水多、西部降水稀少。湿润的东部地区原生矿物分解较快，物质淋溶较强，化学过程和生物过程相对较强，使土壤为黄色砖红壤；而西部的昌江、东方、乐东和三亚市的沿海地带和内陆丘陵地带，降水较少，原生矿物较多、次生矿物较少，各种元素的迁移以物理过程为主，化学过程和生物过程微弱，受"焚风效应"的影响，使土壤形成了褐色砖红壤和燥红土。

海南受热带季风气候影响，降水丰富，河网发达，形成以中部向四周呈放射状奔流入海，但河流短、落差大、河水含沙量多。由于干湿季明显，降水不均，径流洪枯悬殊。在洪水期洪水会挟带来大量泥沙，淤积于中下游，形成大面积的冲积土。并在洪水的分选作用下，靠近上游的土层越细、质地越重；越近河床，颗粒越粗、质地越轻，远离河床的则土粒越细、质地越重。此外，地下水的埋藏条件对土壤的发展方向也有明显的影响。地下水位过高时，水分充满土壤孔隙，造成水多气少，土壤处于还原状态，土壤微生物以厌氧型为主，有利于土壤有机质的积累；但土温低、氧气少，不利于植物根系的发育。潜育型水稻土就由此而形成。反之则气多水少，土壤处于氧化状态，以好氧型微生物为主，有利于有机质的分解矿化。

第二节 耕地资源概况

一、耕地数量及空间分布

解放初期，根据党中央关于"海南应加速发展热带作物，发展热带作物应以橡胶为纲"的指示，海南地区的土地规划工作中对作物及热带、亚热带经济作物用地的规划的基本方针就是以发展橡胶为纲，以热带作物为主。对于一切能种植橡胶的或经改造后能种橡胶的土地基本上都布置了种植橡胶，与橡胶用地发生矛盾的作物尽量减少或者不布置。

海南解放后，采取了大抓兴修水利，推广绿肥，大搞农田基本建设，改造低产田等一系列措施，人的力量参与了土壤的形成过程，改善了土壤条件。在许多地区的村边田，由于人们精耕细作，增施有机肥料，逐渐发展为稳产高产的泥肉田。大量施用化学氮肥，少施或不施有机肥和磷、钾肥，也使土壤磷、钾素得不到应有的补充，造成土壤氮、磷、钾三要素的比例失调，形成海南土壤中少磷缺钾的状态。

在20世纪初，海南省委、省政府印发的《海南省土地利用总体规划（2006—2020年）》中，明确了农用地结构调整方向为着力控制耕地减少，增加园地和林地面积，满足热带高效农业用地需求。并且，根据海南省土地利用功能定位、农用地分等定级成果，按照严格保护、优化布局、提高质量的原则，适当调整耕地和基本农田布局，将集中成片、大面积、高质量的优质耕地优先划为基本农田，适当减少东南部滨海旅游区、西北部重点工业发展区域的基本农田，增加大广坝二期灌区、新建红岭水库灌区、河谷及山间盆地的基本农田面积。大广坝二期灌区范围内宜耕的荒地规划开垦为耕地。将分布相对集中、面积较大、坡度较缓、未划入基本农田的耕地纳入后备基本农田资源。优化调整后，基本农田主要分布在儋州、澄迈、海口、文昌、乐东、临高、定安、东方、琼海、屯昌、昌江、万宁、陵水等 13 个市（县），其余部分分布在三亚、五指山、保亭、琼中和白沙等市（县）。同时，在中西部增加橡胶园地，在东部和南部丘陵台地区重点发展果园和其他热作园地。同时，注重园地和林地在空间布局上的结合。

根据《2019 年海南省省级耕地质量调查与评价报告》可知，海南省耕地总面积为 722 728.31 公顷，其中水田面积最大，为 388 005.52 公顷，占比 53.69%；其次是旱地，面积为 334 344.25 公顷，占比 46.26%；最后是水浇地，面积 378.54 公顷，占比 0.05%。

海南省耕地土壤土类主要为水稻土和砖红壤，其中水稻土的面积为 388 092.89 公顷，占比为 53.70%，砖红壤为 245 228.92 公顷，占比为 33.93%，二者占比之和接近 90%。其余燥红土、火山灰土、紫色土和风沙土等占比仅 10%左右。具体数量分布见表 2-3。

表 2-3 分耕地土壤类型数量分布

土类名	面积（公顷）	占比（%）
水稻土	388 092.89	53.70
砖红壤	245 228.92	33.93
燥红土	28 677.84	3.97
火山灰土	22 825.79	3.16
紫色土	9 608.27	1.33
风沙土	7 371.91	1.02
赤红壤	6 821.17	0.94
新积土	5 450.78	0.75
黄壤	3 977.65	0.55
滨海盐土	1 839.66	0.25
石质土	1 686.98	0.23
石灰（岩）土	681.00	0.09
磷质石灰土	287.22	0.04
酸性硫酸盐土	178.24	0.02

　　从行政区划上看，耕地主要分布在儋州、临高、澄迈、海口、文昌、琼海、万宁、陵水、三亚、东方、昌江等市县的沿海一带平原阶地。耕地面积最大的是儋州市，为 105 029.86 公顷，占全省耕地的 14.53%，其次是海口市为 6 853.81 公顷，占全省耕地的 9.48%，再次是澄迈县 65 874.51 公顷，占全省耕地的 9.11%；水田的主要分布区域与耕地的相似，主要分布在文昌、儋州、海口、澄迈等市县，水田面积最大的是文昌市，为 49 111.24 公顷，占全省水田的 12.66%，其次是儋州市为 39 508.03 公顷，占全省水田的 10.18%，再次是海口市为 35 814.33 公顷，占全省水田的 9.23%；旱地同样主要分布在儋州、临高、澄迈、海口、文昌、琼海、万宁、陵水、三亚、东方、昌江等市县的沿海一带平原阶地，其中面积最大的是儋州市，为 65 521.83 公顷，占全省旱地的 19.60%，其次是澄迈县，为 34 829.64 公顷，占全省旱地的 10.42%，再次是海口市，为 32 719.48 公顷，占全省旱地的 9.79%；水浇地仅分布在保亭、乐东、陵水、琼海、屯昌、万宁和五指山 7 个市县，其中面积最大的是乐东县，为 118.11 公顷，占全省水浇地的 31.20%，其次是保亭县，为 76.34 公顷，占全省水浇地的 20.17%，其余详见表 2 - 4。

表 2 - 4　分区域不同耕地类型面积占比

单位：公顷、%

地区	水田面积及占比		旱地面积及占比		水浇地面积及占比		总计面积及占比	
海口市	35 814.33	9.23	32 719.48	9.79	0.00	0.00	68 533.81	9.48
三亚市	15 264.44	3.93	8 050.52	2.41	0.00	0.00	23 314.96	3.23
五指山市	3 618.16	0.93	631.35	0.19	28.54	7.54	4 278.05	0.59
文昌市	49 111.24	12.66	6 380.58	1.91	0.00	0.00	55 491.82	7.68
琼海市	24 690.16	6.36	12 964.16	3.88	73.99	19.55	37 728.31	5.22
万宁市	20 934.41	5.40	8 425.12	2.52	21.89	5.78	29 381.42	4.07
定安县	19 881.60	5.12	31 022.64	9.28	0.00	0.00	50 904.24	7.04
屯昌县	18 561.74	4.78	14 724.95	4.40	38.98	10.30	33 325.67	4.61
澄迈县	31 044.87	8.00	34 829.64	10.42	0.00	0.00	65 874.51	9.11
临高县	23 536.66	6.07	23 799.23	7.12	0.00	0.00	47 335.89	6.55
儋州市	39 508.03	10.18	65 521.83	19.60	0.00	0.00	105 029.86	14.53
东方市	19 269.84	4.97	28 258.63	8.45	0.00	0.00	47 528.47	6.58
乐东县	29 225.80	7.53	18 450.34	5.52	118.11	31.20	47 794.25	6.61
保亭县	7 596.65	1.96	599.76	0.18	76.34	20.17	8 272.75	1.14
琼中县	9 004.20	2.32	2 169.22	0.65	0.00	0.00	11 173.42	1.55

（续）

地区	水田面积及占比		旱地面积及占比		水浇地面积及占比		总计面积及占比	
陵水县	18 312.11	4.72	6 892.71	2.06	20.69	5.47	25 225.51	3.49
白沙县	9 251.09	2.38	15 007.05	4.49	0.00	0.00	24 258.14	3.36
昌江县	13 380.19	3.45	23 897.04	7.15	0.00	0.00	37 277.23	5.16
总计	388 005.52	100.00	334 344.25	100.00	378.54	100.00	722 728.31	100.00

从地貌类型看，海南省耕地主要分布在平原低阶地，面积为 408 723.68 公顷，占比为 56.55%；其次是宽谷盆地，面积为 158 485.98 公顷，占比为 21.93%；再次是丘陵，面积为 136 693.28 公顷，占比为 18.91%。极少部分分布在山地和山间盆地，面积占比分别为 1.36% 和 1.24%，详见表 2-5。

表 2-5 分地貌不同耕地类型数量分布

地貌类型	面积（公顷）	占比（%）
平原低阶	408 723.68	56.55
宽谷盆地	158 485.98	21.93
丘陵	136 693.28	18.91
山间盆地	8 997.75	1.24
山地	9 827.62	1.36
总计	722 728.31	100.00

二、主要耕作土壤的形成

（一）水稻土

水稻土是自然土壤或旱作土壤，经过人类开垦长期种植水稻后形成的。由于种植了水稻，进行周期性的灌溉和排水，改变了土壤的水分状况，使土壤发生了一系列的变化。在灌水种稻时，耕层土壤水分过饱和，使土壤处于还原状态，铁锰三价氧化物被还原为二价，增加了溶解度，二价铁锰氧化物随着重力水下渗至底土层重新被氧化为三价而沉淀，从而增加了铁锰物质的下移，并增加了土壤有效磷的含量。由于耕层水分过饱和，土壤处于嫌气状态，土壤微生物以厌氧微生物为主。厌氧微生物的活动，增加了腐殖质的形成，促进土壤有机质的积累。在水耕的影响下，土壤高度分散，土壤黏粒随重力水下移。在耕作层之下，由于经常受犁耙工具的镇压和水分下渗时从耕层带来的黏粒的积累，使之形成一个坚实密致的犁底层。由于长期种植水稻和周期性的水耕，从而形成了特殊的剖面构型和肥力特点，即形成了平坦均匀和肥沃的耕作层（A）、比较紧密有托水保肥能力的犁底层（Ap）、具有明显铁锰淀积斑纹的潴育层（w）及地下水浸渍土色青灰的潜育层（G）或母质层（C）。

由于海南地处热带，高温多雨，干湿季节明显，淋溶作用强烈，植物生长旺盛，有机质分解迅速。水稻土保留了原地带性土壤母土砖红壤的酸性强，盐基饱和度低，代换量小，磷、钾缺乏的特点。此外，海南的耕作特点是复种指数高，休耕时间短，这也导致矿物养分元素迁移率高。

海南地形复杂，地型地貌多样，有阶地、平原、台地、低丘、高丘和中山。水稻土在各种地貌均有分布。其分布规律是滨海阶地滨海石灰田、滨海沙质田、浅海赤土田、浅海沙漏田和咸田分布；台地、丘陵地区分布有赤土田、红赤土田、页赤土田、泥肉田和火山灰田；高丘陵和山地有赤土田、洪积黄泥田、冷底田、烂沸田；在南渡江、万泉河等大小河流沿岸和三角洲平原有潮沙泥田、河沙泥田、泥肉田和冷浸田等分布。

（二）旱耕地

旱耕地是在非耕土的基础上经过人类耕作利用之后形成的。非耕土的土壤性质不同，环境条件的差异，对旱耕地的形成有极大的影响。

长期种植需要的耕作、施肥、灌溉、轮作和土壤管理等一系列农业技术措施的作用会改善土壤的水热状况，促使土壤疏松，减少板结现象，增加保蓄水分的能力，改善了土壤微生物的活动环境，使有益微生物在耕层定居并大量繁殖，从而加速了有机质的分解和矿化。同时人类增施有机肥料，又促进腐殖质的积累，使有机质的消耗和积累呈良性循环状况，改善了土壤的化学性质。土壤中物质的变化以氧化为主，土壤酸性降低，阳离子交换量增加，增加了土壤的保肥能力，提高了生产性能。

旱耕地包括种植粮、油、糖等一般作物用地和种植橡胶、菠萝等热带作物用地。粮、油、糖等一般作物用地以小面积块状散布于全岛各地，一般多分布于村庄附近，坡度较小的地带。橡胶、菠萝等热作用地多分布在丘陵地带的海拔 100～350 米的山坡地上，一般坡度在 100 左右的较多，但最大坡度不超过 300，以砖红壤土为主要土壤类型。以花岗岩赤土地、砂页岩赤土地、砂页岩褐赤土地和玄武岩赤土地为多。此外，还有小面积的浅海赤土地、花岗岩褐赤土地和赤红土地分布。

参考文献

龚子同，张甘霖，漆智平．海南岛土系概论［M］．北京：科学出版社，2004．

海南省农业厅土肥站．海南土壤［M］．海口：三环出版社，海南出版社，1994．

华南热带作物学院．海南岛热带作物土壤图（1∶50 000）　［M］．北京：科学出版社，1985．

梁继兴．海南岛主要土壤类型概要［J］．热带作物学报，1988，9（1）：53－72．

漆智平，王登峰，魏志远．中国土系志海南卷［M］．北京：科学出版社，2018．

张甘霖，王秋兵，张凤荣，等．中国土壤系统分类土族和土系划分标准［J］．土壤学报，2013，50（4）：826－834．

赵文君，陈志诚．海南岛主要土壤的类型鉴别与检索［M］．中国土壤系统分类进展．北京：科学出版社，1993．

中国科学院南京土壤研究所土壤系统分类课题组，中国土壤系统分类课题研究协作组．中国土壤系统分类检索（第三版）［M］．合肥：中国科学技术大学出版社，2001．

第三章　海南耕地土壤资源概况

第一节／砖红壤土类

砖红壤是热带雨林、季雨林的生物气候条件下形成的地带性土壤。分布地区年平均气温 23～24.5℃，年降雨量 1 400～2 700 毫米，≥10℃年积温 8 200～9 000℃。成土母质（母岩）主要为玄武岩、花岗岩、砂页岩、安山岩及浅海沉积物。海南岛的砖红壤主要分布于各市县海拔 400 米以下的丘陵、台地与沿海阶地，砖红壤分布区的地势较平缓，是全省发展热带经济作物，特别是橡胶、胡椒、椰子、咖啡、菠萝、南药等的重要基地。砖红壤土类可续分为砖红壤、黄色砖红壤、褐色砖红壤三个亚类。

一、砖红壤亚类

全岛除万宁市外，各市县均有分布。地形为低丘、台地、阶地，近年来，逐渐被开垦利用。该土壤亚类根据成土母质母岩不同和耕作影响，可续分为 5 个土属 18 个土种。

（一）玄武岩砖红壤土属

玄武岩砖红壤，俗称赤土。玄武岩砖红壤风化彻底，土层较厚，质地较黏重，土壤暗棕红至深红色。基性矿物强烈分解，铁铝高度富集。由于地形等因素的影响，按土体厚薄划分为赤土、中赤土、灰赤沙泥、灰赤土、灰铁子赤土等 5 个土种。

典型土种及分布

（1）名称：赤土。

（2）土种归属和分布：系砖红壤土类，砖红壤亚类，玄武岩砖红壤土属，非耕型。根据表层有机质层厚薄还分为厚有机质赤土、中有机质赤土、薄有机质赤土 3 个变种。主要分布在海南省北部台地。

（二）浅海沉积物砖红壤土属

浅海沉积物砖红壤土属为发育于浅海沉积物母质的砖红壤，该土属可划分为浅海赤土、灰浅海赤土 2 个土种。

典型土种及分布

（1）名称：浅海赤土。

（2）归属和分布：系砖红壤土类，砖红壤亚类，浅海沉积物砖红壤土属，非耕型。根据表层有机质层厚薄，续分为厚有机质层浅海赤土，中有机质层浅海赤土，薄有机质层浅海赤土三个变种。主要分布在海南省沿海地区地势比较平坦的阶地上，分布区域的海拔高度多低于 50 米。

（三）砂页岩砖红壤土属

砂页岩砖红壤，简称页赤土，该土属面积 331.7 万亩，占砖红壤土类总面积的 12.19%。成土母质为砂页岩风化物，其中页岩的土层深厚，砂岩风化不彻底，土层较浅，常夹有砾石。同时土体中含有铁离子的新生体较多，常聚积形成豆粒或块状的铁结核和铁盘成层或分散分布于剖面中。受成土母质和地形影响，按土体厚薄划分为页赤土、中页赤土、薄页赤土、灰页赤土 4 个土种。

典型土种及分布

（1）名称：页赤土。

（2）归属和分布：系砖红壤土类，砖红壤亚类，砂页岩砖红壤土属，非耕型。根据表土有机质层厚薄，续分为厚有机质层页赤土，中有机质层页赤土，薄有机质层页赤土 3 个变种。主要分布于砂页岩母质分布区。

（四）安山岩砖红壤土属

安山岩砖红壤发育于安山岩风化物。由于成土母质和地形的影响，按土体厚薄划分为安赤土、中安赤土、灰安赤土 3 个土种。

典型土种及分布

（1）名称：安赤土。

（2）归属和分布：系砖红壤土类，砖红壤亚类，安山岩砖红壤土属，非耕地。根据表土有机质层厚薄，续分为厚有机质层安赤土、中有机质层安赤土 2 个变种。主要分布于三亚市、陵水县的丘陵山地地区。

二、黄色砖红壤亚类

主要分布于海南省东部、中部地区，年辐射总量为 130～140 千卡/平方厘米；≥10℃积温为 8 700～9 200℃，年平均 24℃左右，年降雨量 2 000～

2 700毫米，干燥度为0.7左右。植被为热带雨林和季雨林，黄色砖红壤土体发育良好，土层深厚，土体含结晶水较多，铁的化合物以褐铁矿与针铁矿形态存在，使土体呈黄棕色或淡棕色，淋溶作用强烈，心土层淀积较多的铁锰结核。根据成土母质和利用现状，划分为玄武岩黄色砖红壤、浅海沉积物黄色砖红壤、花岗岩黄色砖红壤、砂页岩黄色砖红壤、安山岩黄色砖红壤等5个土属。

（一）玄武岩黄色砖红壤土属

玄武岩黄色砖红壤，根据土层厚度，划分为黄赤土、灰黄赤土、灰黄铁子赤土3个土种。

典型土种及分布

（1）名称：黄赤土。

（2）归属和分布：属砖红壤土类，黄色砖壤亚类，玄武岩黄色砖红壤土属，非耕地。根据该土种表土有机质层厚薄不同，续分为厚有机质层黄赤土、中有机质层黄赤土、薄有机质层黄赤土三个变种。分布于琼海等4个市县。

（二）浅海沉积物黄色砖红壤土属

本土属母质为浅海沉积物，土层深厚，含砂量大，细土颗粒大小均匀。各层次土色较为一致。根据土种划分依据，划分为浅黄赤土、灰浅黄赤土2个土种。

典型土种及分布

（1）名称：浅黄赤土。

（2）归属和分布：属砖红壤土类，黄色砖红壤亚类，浅海黄色砖红壤土属，非耕地。根据表土层有机质层厚薄续分为厚有机质层浅黄赤土，中有机质层浅黄赤土，薄有机质层浅黄赤土3个变种。主要分布在降雨较多的沿海地带。

（三）花岗岩黄色砖红壤土属

主要分布在海南省高温多雨，湿度较大的中部及东南部地区，土壤呈酸性至微酸性，有效态元素铁锰含量高，铜、锌、棚中等，钼缺乏。根据成土母质风化程度不同，按土体厚薄划分为麻黄赤土、中麻黄赤土、灰麻黄赤土3个土种。

典型土种及分布

（1）名称：麻黄赤土。

（2）归属和分布：系砖红壤土类，黄色砖红壤亚类，花岗岩黄色砖红壤土属，自然土。根据表土层有机质厚薄不同，续分为厚有机质层麻黄赤土、中有机质层麻黄赤土、薄有机质层麻黄赤土 3 个变种。主要分布于琼海、万宁、定安、屯昌、澄迈、五指山、陵水、琼中、保亭等市县。

（四）砂页岩黄色砖红壤土属

砂页岩黄色砖红壤，简称黄色页赤土，面积 1 368 万亩。主要分布在海南省东、中部地区，土体湿润，黏土矿物以高岭石、针铁矿为主，土体中含有较多的半风化的砾石。根据成土母质风化程度不同，划分为页黄赤土、中页黄赤土、灰页黄赤土 3 个土种。

典型土种及分布

（1）名称：页黄赤土。

（2）归属和分布：系砖红壤土类，黄色砖红壤亚类，砂页岩黄色砖红壤土属。续划分厚有机质层页赤土，中有机质层页黄赤土，薄有机质层页黄赤土 3 个变种。主要分布于琼海、万宁和屯昌等市县。

（五）安山岩黄色砖红壤土属

本土属根据成土母质风化程度，划分为安黄赤土 1 个土种。

典型土种及分布

（1）名称：安黄赤土。

（2）归属和分布：系砖红壤土类，黄色砖红壤亚类，安山岩黄色砖红壤土属。主要分布在保亭县的丘陵地区。

三、褐色砖红壤亚类

褐色砖红壤亚类是砖红壤土类中一种比较干燥的土壤。主要分布于海南省西部的低丘台地，年降雨量少，蒸发量大，干燥度高，风速大，成土环境比较干热，是热带半干旱气候条件下形成的。这类土壤，年降雨量 1 200～1 300 毫米，蒸发量≥2 300 毫米。年均温 24.2℃，≥10℃年积温 8 800℃。植被主要为旱坡热带树种，土壤富铁铝作用不显著，硅铝率大于 2.0。心土层为棕色至棕红色，土壤呈酸性，pH 5.5～5.8。根据成土母质和人为耕作影响，划分为花岗岩褐色砖红壤，砂页岩褐色砖红壤，安山岩褐色砖红壤等 3 个土属。

（一）花岗岩褐色砖红壤土属

根据土层厚薄划分为麻褐赤土、薄麻褐赤土、灰麻褐赤土 3 个土种。

典型土种及分布

（1）名称：麻褐赤土。

（2）归属和分布：系砖红壤土类，砖红壤亚类，花岗岩褐色砖红壤土属，非耕地。根据表土层有机质层厚薄续分为厚有机质层麻褐赤土、中有机质层麻褐赤土、薄有机质层麻褐赤土 3 个变种。

（二）砂页岩褐色砖红壤土属

根据土层厚薄划分为页褐赤土、中页褐赤土、灰褐赤土 3 个土种。

典型土种及分布

（1）名称：页褐赤土。

（2）归属和分布：系砖红壤土类，褐色砖红壤亚类，砂页岩褐色砖红壤土属，非耕型。根据表土层有机质厚薄差异，续划分为厚有机质层页褐赤土、中有机质层页褐赤土、薄有机质层页褐赤土 3 个变种。面积 30 万亩，占土类 1.10％。分布于东方、昌江、乐东等市县的低丘、台地一带。

（三）安山岩褐色砖红壤土属

由安山岩风作物发育而成，只划分厚土层安褐赤土壤一个土种。

典型土种及分布

（1）名称：安褐赤土。

（2）归属和分布：系砖红壤土类，褐色砖红壤亚类，安山岩褐色砖红壤土属，非耕地。

第二节 赤红壤土类

垂直分布于 400 米至 800 米的高丘低山上。成土气候条件介于砖红壤和黄壤之间，而且有高温多雨的特点，年平均温度 10～27℃，≥10℃年积温 6 500～8 400℃，降雨量 1 800～2 600 毫米。自然植被以常绿阔叶林为主，部分为次生林和灌丛草地。土壤剖面大多具有深厚的风化层，层次发育明显，富铁、铝作用较砖红壤差，但较黄壤强烈。黏土矿物以高岭土为主，土体活性铁含量较砖红壤低。土壤呈酸性反应，pH4.2～5.4。根据成土条件和特性，划分为赤红壤、黄色赤红壤、赤红壤性土 3 个亚类。

一、赤红壤亚类

赤红壤亚类具有典型的赤红壤特征特性，土层较深厚，成土过程中富铁铝化作用和生物积累较砖红壤弱，但较黄壤强。土壤呈酸性。根据成土母质的差异和人为活动的影响，划分为花岗岩赤红壤、砂页岩赤红壤、安山岩赤红壤等 3 个土属。

（一）花岗岩赤红壤土属

根据土层厚薄不同，划分为麻赤红土、灰麻赤红土 2 个土种。

典型土种及分布

（1）名称：麻赤红土。

（2）归属和分布：系赤红壤土类，赤红壤亚类，花岗岩赤红壤土属，属自然土。根据表土有机层厚薄差异程度不同，续分为厚有机质层麻赤红土、中有机质层麻赤红土、薄有机质层麻赤红土 3 个变种。

（二）砂页岩赤红壤土属

由砂页岩发育的赤红壤，土层相对比花岗岩发育的弱，但质地较黏。根据母质风化程度，土层厚薄的差异，划分为页赤红土、中赤红土、薄页赤红土、灰页赤红土等 4 个土种。

典型土种及分布

（1）名称：页赤红土。

（2）归属和分布：系赤红壤土类，赤红壤亚类，砂页岩赤红壤土属。非耕地。根据表土层有机质层厚薄不同，续分为厚有机质层页赤红土、中有机质层页赤红土、薄有机质层页赤红土 3 个变种。

（三）安山岩赤红壤土属

本土属由安山岩风化物发育而成。根据土层厚薄划分为安赤红土 1 个土种。

典型土种及分布

（1）名称：安赤红土壤。

（2）归属和分布：系赤红壤土类，赤红壤亚类，安山岩赤红壤土属，非耕地。根据表土层有机质层厚薄差异，续划分为厚有机质层安山岩赤红土，中有机质层安山岩赤红土 2 个变种。

二、黄色赤红壤亚类

黄色赤红壤亚类分布区域受东南季风的影响，雨量充沛，比赤红壤地区降雨量多。一般年降雨量大于 2 000 毫米，在繁茂湿热的植被条件下，土体含结晶水多，土壤呈黄色。根据成土母质和人为活动的影响，划分为花岗岩黄色赤红壤、砂页岩黄色赤红壤、安山岩黄色赤红壤等 3 个土属。

（一）花岗岩黄色赤红壤土属

本土属只划分麻黄赤红土 1 个土种。

典型土种及分布

（1）名称：麻黄赤红土。

（2）归属和分布：系砖红壤土类，黄色赤红壤亚类，花岗岩黄色赤红壤土属，非耕地。根据表土有机质层厚薄差异，续分为厚有机质层黄赤红土、中有机质层黄赤红土、薄有机质层黄赤红土3个变种。

（二）砂页岩黄色赤红壤土属

本土属土层较厚，土层大于80厘米，只划分1个页黄赤红土土种。

典型土种及分布

（1）名称：页黄赤红土。

（2）归属和分布：系赤红壤土类，黄色赤红壤亚类，砂页岩黄色赤红壤土属，非耕地。根据表土有机质厚薄的差异，续分为厚有机质层页黄赤红土、中有机质层页黄赤红土、薄有机质层页黄赤红土3个变种。

（三）安山岩黄色赤红壤土属

本土属划分安黄赤红土1个土种。

典型土种及分布

（1）名称：安黄赤红土。

（2）归属和分布：系赤红壤土类，黄色赤红壤亚类，安山岩黄色赤红壤。分布于保亭县丘陵山区。

三、赤红壤性土亚类

赤红壤性土多分布在山顶岭腰或陡坡处。土层很薄，表层以下的心土层发育不明显，且夹带较多母岩砾石。根据成土母质的差异，划分为花岗岩赤红壤性土和砂页岩赤红壤性土2个土属。

（一）花岗岩赤红壤性土土属

本土属仅划分为麻赤红性土1个土种。

典型土种及分布

（1）名称：麻赤红性土。

（2）归属和分布：系赤红壤土类、赤红壤性土亚类、花岗岩赤红壤性土土属，非耕地。分布在东方市、乐东山地区域。

（二）砂页岩赤红壤性土土属

本土属只划分一个页赤红性土土种。

典型土种及分布

（1）名称：页赤红性土。

（2）归属和分布：系赤红壤土类，赤红壤性亚类，砂页岩红壤性土土属，非耕地。分布在东方市的丘陵陡坡地带。

第三节 黄壤土类

黄壤垂直分布在海南省海南岛中部山区，海拔高度 800 米以上一带。由于地处热带，高温多雨，常在温凉雾多的森林植被下形成。土壤处于湿润状态，富铁铝化作用表现较砖红壤、赤红壤弱，原生矿物分解程度较慢，游离铁被水化而成为结晶形态的氧化铁，因而使土壤呈黄色，盐基饱和度低，多呈酸性反应。根据成土条件，划分为黄壤、黄壤性土 2 个亚类，3 个土属 7 个土种。

一、黄壤亚类

根据成土母岩的差异，划分花岗岩黄壤、砂页岩黄壤 2 个土属。

（一）花岗岩黄壤土属

根据土层厚薄程度不同，划分为麻黄土 1 个土种。

典型土种及分布

（1）名称：麻黄土

（2）归属和分布：系黄壤土类，黄壤亚类，花岗岩黄壤土属，非耕地。根据表土层有机质厚薄不同，续分为有机质层麻黄土、中有机质层麻黄土、薄有机质层麻黄土 3 个变种。

（二）砂页岩黄壤土属

根据土层厚薄划分为页黄土、中页黄土 2 个土种。

典型土种及分布

（1）名称：页黄土。

（2）归属和分布：系黄壤土类，黄壤亚类，砂页岩黄壤土属，非耕地。根据表土有机质层厚薄差异，续分为厚有机质层页黄土、中有机质层页黄土、薄有机质层页黄土 3 个变种。分布在海南省中部，高温多雨，海拔高度为 700 米以上山区。

二、黄壤性土亚类

本亚类只有砂页岩黄壤性土 1 个亚类，页黄性土 1 个土种。

典型土种及分布

（1）名称：页黄性土。

（2）归属和分布：系黄壤土类，黄壤性土亚类，砂页岩黄壤土属，非耕地。分布于东方市高、中山的山腰或陡坡地带。

第四节 燥红土土类

燥红土又称热带稀树草原土。分布在海南省西部、西南部的沿海地区海拔10～60米的台阶地上。由于五指山岭的屏障，东南季风难于加入，加上西南干热风影响，使土壤呈现干燥的生态条件和景观，形成了温度高，降雨量少，蒸发量大，长期干旱的特点。一般年平均温度24.6℃，年降雨量1 000毫米左右，年蒸发量为2 443毫米，为降雨量的2.4倍，干燥度1.76，植被为热带稀树灌丛草原，灌木有仙人掌、洒并树、鸡压树、刺葵等。根据土壤工作分类依据，只有1个燥红土亚类，划分为浅海沉积物燥红土、花岗岩燥红土、砂页岩燥红土、安山岩燥红土等4个土属。

（一）浅海沉积物燥红土土属

浅海沉积物红壤土，根据土层厚薄划分为浅燥红土、灰燥红土2个土种。

典型土种及分布

（1）名称：浅燥红土。

（2）归属和分布：系燥红土土类，燥红土亚类，浅海沉积物燥红土土属。根据表土层有机质层厚薄差异，续划分为厚有机质层浅燥红土，中有机质层浅燥红土，薄有机质层浅燥红土3个变种。分布在东方、昌江、乐东等三个县的沿海地区海拔50米以内的阶地上。

（二）花岗岩燥红土土属

根据土层厚薄程度不同，划分为麻燥红土、中麻燥红土、灰麻燥红土3个土种。

典型土种及分布

（1）名称：麻燥红土。

（2）归属和分布：系燥红土土类，燥红土亚类，花岗岩燥红土土属。根据表土有机质层厚薄差异，续分为厚有机质层麻燥红土，中有机质层麻燥红土，薄有机质层麻燥红土3个变种。分布于东方、昌江、乐东、三亚等市县。

（三）砂页岩燥红土土属

分布在海南省西南部地区。根据土层厚薄不同，划分为页燥红土、中页燥红土、灰页燥红土等 3 个土种。

典型土种及分布

（1）名称：页燥红土。

（2）归属和分布：系燥红土土类，燥红土亚类，砂页岩燥红土土属，非耕地。分布在东方、昌江 2 个市县。

（四）安山岩燥红土土属

本土属由于分布连片，面积小，土层厚薄较一致，只划分为安燥红土 1 个土种。

典型土种及分布

（1）名称：安燥红土。

（2）归属和分布：系燥红土土类，燥红土亚类，安山岩燥红土土属，非耕地。分布在乐东县九所镇靠近滨海一带。

第五节 新积土土类

海南形成新积土母质为河流冲积物，主要由河流夹带大量泥沙泛滥沉积而成。分布于大小河流中下游两岸。由于流水沉积分选作用，近河岸处，质地偏砂且粗，远距河岸，一般沉积细砂多黏性逐渐偏重。根据海南土壤工作分类划分依据，分为冲积土 1 个亚类，续分为冲积土 1 个土属。

冲积土土属

本土属划分为潮沙泥土、灰潮沙泥土、菜土 3 个土种。

典型土种及分布

（1）名称：潮沙泥土。

（2）归属和分布：系新积土土类，冲积土亚类，冲积土土属。根据土层质地微小的差异，续分为潮泥土、潮沙土、潮砾石土 3 个变种。分布于靠近河流两岸尚未开垦的土壤。

第六节 风沙土土类

风沙土主要分布在海南省四周滨海地带，一般为海拔高度在 10 米以下的沙堤沙滩。成土母质为近代滨海沉积物，沉积时间短，甚至还未完全脱离海潮影响。没有明显的发育层次，除流动沙土外土壤一般含盐量低于 0.1%。本土类只划一个滨海风沙土亚类，续分为固定沙土、半固定沙土、流动沙土 3 个土属。

（一）固定沙土土属

本土属划分为固定沙土、灰滨海沙土、灰滨海砂姜土 3 个土种。

典型土种及分布

（1）名称：固定沙土。

（2）归属和分布：系风沙土土类，滨海风沙土亚类，固定沙土土属，非耕地。部分土层中含有贝壳和珊瑚碎块，续分为滨海贝屑沙土 1 个变种。海南省沿海各县均有分布。

（二）半固定沙土土属

半固定沙土土属，仅划分为 1 个半固定沙土土种。

典型土种及分布

（1）名称：半固定沙土。

（2）归属和分布：系风沙土土类，滨海风沙土亚类，半固定沙土土属，非耕地。分布在海口琼山、琼海、临高、澄迈、儋州、东方、昌江、乐东、三亚、陵水等沿海市县。

（三）流动沙土土属

流动沙土土属，仅划分 1 个流动沙土土种。

典型土种及分布

（1）名称：流动沙土。

（2）归属和分布：系风沙土土类，滨海风沙土亚类，流动沙土土属。分布于儋州、乐东、陵水等市县。

第七节 石灰（岩）土土类

石灰土成土母质为石灰岩风化物发育而成。在热带生物气候条件下，由于受雨水的淋溶，碳酸钙被分解流失，使土体中存在着游离 $CaCO_3$。而表土层在干湿变化影响下，黏粒随水沿孔隙向下移动，使土壤形成淀积层。因此，表土层有弱石灰反应，pH 6.5～7.5，质地壤土。心土层 pH 7.5～8.0，质地为重壤质黏土，有铁锰结核至铁盘出现。

本土类只划分1个红色石灰土亚类,红色石灰土1个土属。

红色石灰土土属

本土属划分为红石赤土、中红石赤土、灰红石赤土3个土种。

典型土种及分布

(1)名称:红石灰土。

(2)归属和分布:系石灰(岩)土土类,红色石灰土亚类,红色石灰土土属,非耕地。分布在东方和儋州。

第八节 火山灰土土类

火山灰土是在新生代第四纪晚更新世末期后的玄武岩质火山喷出物母质上发育形成的。在这种玄武岩质的火山喷出物上形成的土壤,母质特性十分明显,在土体中,火山砾石,火山弹很多,发育微弱,风化程度低,红化现象很弱或基本没有红化。据分析,有效态微量元素铜、锰、铁含量丰富,锌含量中等,钼与硼含量低于临界值,交换性盐基总量、代换量和盐基饱和度比砖红壤、赤红壤、黄壤高。主要分布在海口琼山、定安、儋州等市县三个火山喷发区。根据火山灰土的特性,划分为基性岩火山灰土亚类,基性火山灰土1个土属。

基性火山灰土土属

根据土层厚薄程度不同,续分为火山灰土、中火山灰土、薄火山灰土、灰火山灰土、灰火山灰铁子土等5个土种。

典型土种及分布

(1)名称:火山灰土。

(2)归属和分布:系火山灰土类,基性岩火山灰土亚类,基性火山灰土土属,非耕地。主要分布在海口琼山区。

第九节 紫色土土类

紫色土是由紫色砂页岩发育而成的岩性土。紫色砂页岩在风化成土过程中,由于岩石吸热性强,昼夜温差大,易受热胀冷缩影响而进行物理崩解,使岩石迅速变成细碎的母质,因此,母岩受物理风化作用强,化学风化作用弱,形成的土壤仍保留了母质的颜色。土体剖面无明显发育,含较多的半风化母岩，土壤 pH4.5～6.2，无石灰反应。根据该土类无石灰反应，仅划分 1 个酸性紫色土亚类，续分为酸性紫色土 1 个土属。

酸性紫色土土属

根据土层厚薄程度不同，划分为紫色土、中紫色土、灰紫色土 3 个土种。

典型土种及分布

（1）名称：紫色土。

（2）归属和分布：系紫色土土类，酸性紫色土亚类，酸性紫色土土属，非耕地。分布在琼海、儋州、琼中等市县的丘陵地区。

第十节 石质土土类

零星分布于各市县。存在于无植被防护或仅生长稀疏植被，可见薄层山丘土壤。土层厚度小于 10 厘米，表土层下为基岩层，属土壤初期发育阶段，剖面中风化较弱未显物质的淋溶与累积。本土类划分为酸性石质土、中性石质土 2 个亚类。

一、酸性石质土亚类

划分为花岗岩石质土和砂页岩石质土 2 个土属。

（一）花岗岩石质土土属

本土属只分为麻石质土 1 个土种。

典型土种及分布

（1）名称：麻石质土。

（2）归属和分布：系石质土类，酸性石质土亚类，花岗岩石质土土属，自然土。分布于澄迈、东方、昌江等市县。

（二）砂页岩石质土土属

本土属划分为石英变质岩石质土 1 个土种。

典型土种及分布

（1）名称：石英变质岩石质土。

（2）归属和分布：系石质土土类，酸性石质土亚类，砂页岩石质土土属，自然土。主要分布在琼海等市县。

二、中性石质土亚类

本亚类划分为玄武岩石质土和基性石质土 2 个土属。

（一）玄武岩石质土土属

本土属划分为玄武岩赤石质土 1 个土种。

典型土种及分布

（1）名称：玄武岩赤石质土。

（2）归属和分布：系石质土土类，中性石质土亚类，玄武岩石质土土属，自然土。

（二）基性石质土土属

本土属仅划分为 1 个火山灰石质土土种。

典型土种及分布

（1）名称：火山灰石质土。

（2）归属和分布：系石质土土类，中性石质土亚类，火山灰石质土土属，自然土。分布于海口和儋州市。

第十一节 酸性硫酸盐土土类

酸性硫酸盐土形成之前，为滨海林滩后经人工围海垦区，修筑堤坝，引淡水灌溉逐渐形成酸性硫酸盐土。本土类只划分 1 个酸性硫酸盐土亚类，1 个酸性硫酸盐土土属，续分为灰硫酸盐土 1 个土种。

典型土种及分布

（1）名称：灰硫酸盐土。

（2）归属和分布：系酸性硫酸盐土土类，酸性硫酸盐土亚类，酸性硫酸盐土地土属，旱坡地。集中分布在海口琼山区三江农场围海垦区。

第十二节 水稻土土类

水稻土是在自然土壤或旱坡地土壤上，经人类开垦长期种植水稻后形成的。在周期性的灌溉并培育下，使土壤发生了一系列的变化，其特点是水耕熟化为主，包括灌溉、翻耕、施肥等，经过干湿交替的氧化还原过程，土壤中物质淋溶和淀积，形成了特有的剖面层次结构。土壤具有较疏松的耕作层（Aa），比较紧密有托水托肥能力的犁底层（Ap），有明显铁锰斑纹的潴育层（W），通透性差的还原状潜育层（G）。水稻土的土体构型为 Aa-Ap-C、Aa-Ap-W-C、Aa-Ap-G、Aa-Ap-G-C 等。成土母岩母质主要有花岗岩、砂页岩、玄武岩、安山岩、紫色砂页岩、石灰岩、浅海沉积物、河流冲积物等。根据土壤水分状况，成土母岩、母质和剖面性态的差异，将水稻土划为 7 个亚类，50 个土属，88 个土种。

一、潴育水稻土亚类

潴育水稻土所处的地形位置较低平，具有悠久耕作历史。土壤水源充足，灌溉条件好，熟化程度高，土壤有明显的潴育层。这类田耕作水平较高，土壤肥力、生产性能都比其他亚类的水稻土好。是海南省水稻土面积最大，产量较高的 1 个亚类。分布在沿海平原的洋田，丘陵山区的垌田。根据水稻土的成土母质不同，划分为 14 个土属，27 个土种。

（一）紫泥田土属

酸性紫色土经开垦种植水稻后形成，分布于紫色砂页岩低丘沟谷地带。本土属划分为紫砂泥田 1 个土种。

典型土种及分布

（1）名称：紫砂泥田。

（2）归属、面积和分布：系水稻土土类，潴育水稻土亚类，紫泥田土属。分布在琼海、定安、儋州、白沙、琼中等市县。

（二）炭质黑泥田土属

新生代第四纪期间，海南岛间歇性上升，差异性运动较强烈形成了多级海成阶地，潟湖。在阶地沉积和潟湖沉积中泥沙掩埋了大量海草等生物，在嫌气状态下，这些植物逐步炭化，形成黑泥层。这种海相沉积物经人类开垦种植水稻后，形成了炭质黑泥田。多分布在海成阶地的低洼外。根据黑泥层分布位置不同，划分为黑泥沙田、黑泥底田 2 个土种。

典型土种及分布

（1）名称：黑泥沙田。

（2）归属和分布：系水稻土土类，潴育水土亚类，炭质黑泥田土属。分布于文昌、琼海、万宁、临高、陵水等市县的海成阶地。

（三）赤土田土属

分布在海南省北部台地玄武岩砖红壤发育的垌田、坑田。根据剖面性状的差异，划分为赤土田、彩土田 2 个土种。

典型土种及分布

（1）名称：赤土田。

（2）归属和分布：系水稻土土类，潴育水稻土亚类，赤土田土属。根据耕作层质地的差异，续分为赤砂泥田、赤坶土田、乌赤土田3个变种。

（四）火山灰田土属

火山灰田分布在第三期喷发的火山口附近的低洼地带，是火山灰土经人类开垦，清理火山碎屑，平整土地，周期性灌溉排水种植水稻后逐渐形成的。由于耕作年代较久，在表面水和地下水的共同影响下，出现氧化还原的潴育层。根据心土层火山碎屑含量，划分为铁子底火山灰土田、火山灰田2个土种。

典型土种及分布

（1）名称：铁子底火山灰田。

（1）归属和分布：系水稻土土类，潴育水稻土亚类，火山灰田土属。分布于海口、定安、儋州市县。

（五）洪积黄泥田土属

本土属只有洪积沙泥田1个土种。

典型土种及分布

（1）名称：洪积沙泥田。

（2）归属和分布：系水稻土土类，潴育水稻土亚类，洪泥黄泥田土属。根据土壤质地的差异，续分为洪积沙质田、洪积泥田2个变种。

（六）宽谷冲积土田土属

本土属划分为谷积沙泥田1个土种。

典型土种及分布

（1）名称：谷积沙泥田。

（2）归属和分布：系水稻土土类，潴育水稻土亚类，宽谷冲积土田土属。根据耕层质地的差异，续划分为谷积沙质田、谷积泥田2个变种。

（七）河沙泥田土属

分布于河流两岸靠近河床的地带，经常受河水泛滥影响，是河流冲积物母质经人类开垦种植水稻而成。根据底土层母质不同，划分为河沙泥田1个土种。

典型土种及分布

（1）名称：河沙泥田。

（2）归属和分布：系水稻土土类，潴育水稻土亚类，河沙泥田土属。根据土壤质地的差异，续分为河沙质田、河泥田2个变种。

(八)潮沙泥田土属

本土属仅划分为潮沙泥田 1 个土种。

典型土种及分布

(1)名称：潮沙泥田。

(2)归属和分布：系水稻土土类，潴育水稻土亚类，潮沙泥田土属。根据表土质地不同，续分为潮沙田、潮泥田、乌潮泥田 3 个变种。

(九)泥肉田土属

泥肉田是人类长期精耕细作，大量施用有机肥料，高度熟化的高产水稻土。分布于人多地少的村庄周围的洋田和垌田中。根据成土母质不同，划分为潮泥肉田、赤泥肉田、麻泥肉田、浅海泥肉田、页泥肉田等 5 个土种。

典型土种及分布

(1)名称：潮泥肉田。

(2)归属和分布：系水稻土土类，潴育水稻土亚类，泥肉田土属。根据表土油泥，松软情况，续分为油泥底泥肉田、松泥肉田 2 个变种。

(十)花岗岩赤土田土属

花岗岩砖红壤经人类开垦种植水稻，水耕施肥熟化而成。分布于海南省中部、南部、西部花岗岩地区的丘陵沟谷的坑、垌田。

典型土种及分布

(1)名称：麻赤土田。

(2)归属和分布：系水稻土土类，潴育水稻土亚类，花岗岩赤土田土属。根据表层质地的差异，续划分为麻沙土田、麻赤泥田等 2 个变种。

(十一)砂页岩赤土田土属

成土母质为砂页岩发育的谷底冲积物或坡积物。根据质地砂黏程度不同，划分为页赤土田、页赤黏土田 2 个土种。

典型土种及分布

(1)名称：页赤土田。

(2)归属和分布：系水稻土土类，潴育水稻土亚类，砂页岩赤土田土属。

(十二)安山岩赤土田土属

本土属由安山岩坡积物经垦植水稻而成，仅划分为安赤土田 1 个土种。

典型土种及分布

(1)名称：安赤土田。

（2）归属和分布：系水稻土土类，潴育水稻土亚类，安山岩赤土田土属。分布在五指山市和保亭县的丘陵山坑田。

（十三）花岗岩褐色赤土田土属

成土母质为花岗岩褐色砖红壤经垦植水稻而成。分布于低丘陵的坑田、垌田。分为麻褐赤土田1个土种。

典型土种及分布

（1）名称：麻褐赤土田。

（2）归属和分布：系水稻土土类，潴育水稻土亚类，花岗岩褐色赤土田土属，根据表层质地的差异，续划分为麻褐赤砂泥田，麻褐赤砂质田2个变种，以麻褐赤砂泥田面积较大，占土属面积81.69%。

（十四）砂页岩褐色赤土田土属

本土属由砂页岩褐色砖红壤经人们种植水稻而成，分为页褐赤土田1个土种。

典型土种及分布

（1）名称：页褐赤土田。

（2）归属和分布：系水稻土土类，潴育水稻土亚类，砂页岩褐色赤土田土属，续分为页褐赤砂田1个变种。

二、淹育水稻土亚类

本亚类多分布在山区、丘陵沟谷上段或台地边斜坡地带以及新开垦农田。由于地势较高，水源缺乏，多靠降雨，提水灌溉。土壤主要特征特性：土壤水分以向下渗漏为主，由于灌水不足，淹水时间短，土壤氧化还原电位较高，没有出现潴育现象，剖面发育不明显，心土层还保持母质层的特点，颜色相似，剖面构型以 Aa-Ap-C 型为主，新开垦稻田，耕作时间更短，犁底层尚未形成，剖面为 Aa-C 型。按其成土母质和剖面形态特征，划分为12个土属，19个土种。

（一）红色石灰土田土属

成土母质为石灰英坡积物经垦植水稻发育而成。只划分为石灰田1个土种。

典型土种及分布

（1）名称：石灰田。

（2）归属和分布：系水稻土土类，淹育水稻土亚类，红色石灰田土属。主要分布在东方市新龙乡、天安乡等地的石灰岩地区台地坡田。

（二）浅脚紫泥田土属

成土母质为紫色砂页岩坡积物，经人类开垦种植水稻后形成。本土属划分浅脚紫泥田 1 个土种。

典型土种及分布

（1）名称：浅紫泥田。

（2）归属和分布：系水稻土土类，淹育水稻土亚类，浅脚紫泥田土属。分布于儋州、白沙和琼中等市县紫色砂页岩的低丘台地上。

（三）浅脚赤土田土属

成土母质玄武岩砖红壤经人类开垦，平整土地，在水耕植稻的条件下形成的。分布于玄武岩台地区垌田较高处。多为单造田或两熟田。划分为浅脚赤土田 1 个土种。

典型土种及分布

（1）名称：浅赤土田。

（2）归属和分布：系水稻土土类，淹育水稻土亚类，浅脚赤土田土属。耕层偏黏，还续分为浅脚赤泥田一个变种。分布于海口、琼山、定安、临高、澄迈、儋州等市县。

（四）浅脚火山灰田土属

成土母质是人们在火山灰土上清理火山砾石后，开垦种植水稻和灌溉水较少的环境下形成的。仅划分为浅火山灰田 1 个土种。

典型土种及分布

（1）名称：浅火山灰田。

（2）归属和分布：系水稻土土类，淹育水稻土亚类，浅脚火山灰田土属。分布在琼山、定安、儋州等 3 个市县。

（五）浅脚炭质黑泥田土属

成土母质为浅海沉积物经人们垦植水稻发育而成。只划分为浅脚炭质黑泥田 1 个土种。

土壤名称及分布

（1）名称：浅炭质黑泥田。

（2）归属和分布：系水稻土土类，淹育水稻土亚类，浅脚炭质黑泥田土属。分布于三亚市崖州区的海积洋田。

（六）浅脚燥红土田土属

成土母质为浅海沉积物经垦植水稻而成，只划分为浅脚燥红土田1个土种。

典型土种及分布

（1）名称：浅燥红土田。

（2）归属和分布：系水稻土土类，淹育水稻土亚类，浅脚燥红土田土属。根据表土质地偏砂，还续分为浅脚燥红砂质田1个变种。分布于东方、昌江、乐东和三亚等市县。

（七）生泥田土属

本土属为新开垦的水稻田，由于耕作时间短，受水作用弱，熟化程度低，部分农田尚未形成犁底层，土体仍保持原母质的特性。根据成土母质不同，划分为生紫泥田等8个土种。

典型土种及分布

（1）名称：生紫泥田。

（2）归属和分布：系水稻土土类，淹育水稻土亚类，生泥田土属。分布于儋州市。

（八）浅脚花岗岩赤土田土属

花岗岩砖红壤经开垦水耕植稻而成。只划分为浅脚麻赤土田1个土种。

典型土种及分布

（1）名称：浅脚麻赤土田。

（2）归属和分布：系水稻土土类，淹育水稻土亚类，浅脚花岗岩赤土田土属。根据土体质地的差异，续分为浅脚麻沙土田、浅脚石子底麻赤土田2个变种。

（九）浅海沉积物赤土田土属

成土母质为浅海沉积物经开垦植稻而成，主要分布于沼海地区的阶地上，水源较缺乏。本土属只划分为浅海赤土田1个土种。

典型土种及分布

（1）名称：浅海赤土田。

（2）归属和分布：系水稻土土类，淹育水稻土亚类，浅脚浅海沉积物赤土田土属。

（十）浅脚砂页岩赤土田土属

由砂页岩砖红壤开垦种植水稻，在水源不足淹水时间又不长的条件下形成。分布在砂页岩低丘坡脚处，地势较高。本土种划分为浅脚页赤土田1个土种。

典型土种及分布

（1）名称：浅脚页赤土田。

（2）归属和分布：系水稻土土类，淹育水稻土亚类，浅脚砂页岩赤土田土属。根据质地的差异，续分为浅页沙土田1个变种。

（十一）浅脚河流冲积物赤土田

成土母质为河流冲积物经开垦种植稻而成。只划分浅脚河沙土田1个土种。

典型土种及分布

（1）名称：浅河沙土田。

（2）归属和分布：系水稻土土类，淹育水稻土亚类，浅脚河流冲积物赤土田土属。零星分布在海口、万宁、屯昌、澄迈、儋州等市县靠近河流一带。

（十二）浅脚安山岩赤土田土属

由安山岩坡积物经垦植水稻而成，只划分为浅安赤土田1个土种。

典型土种及分布

（1）名称：浅安赤土田。

（2）归属和分布：系水稻土土类，淹育水稻土亚类，浅脚安山岩赤土田土属。分布于三亚和保亭两个市县。

三、渗育水稻土亚类

渗育水稻土是由于原成土母质质地偏砂，长期受灌溉水直渗淋洗作用，使表土层中的铁、锰、铝等有色离子和黏粒淋失，出现淡黄色土层。根据成土母质发育情况不同，划分为滨海石灰田、浅海沉积物赤土田、浅海燥红土田等3个土属。

（一）滨海石灰田土属

划分为滨海石灰田和浅海石灰田2个土种。

典型土种及分布

（1）名称：滨海石灰田。

（2）归属和分布：系水稻土土类，渗育水稻土亚类，海积石灰田土属。分布于文昌市东郊、清澜及三亚市田独的海相沉积阶地。

（二）浅海沉积物赤土田土属

成土母质为第四纪海相、滨海相和潟湖沉积物，经人们长期开垦种植水稻而形成浅海沉积物赤土田。结构松散，剖面发育不明显，根据上述情况，只划分为浅海沉积物赤土田1个土种。

典型土种及分布

（1）名称：浅海赤土田。

（2）归属和分布：系水稻土土类，渗育水稻土亚类，浅海沉积物赤土田土属。根据耕层质地的差异，续划分为浅海赤沙土田、浅海赤砂粉田、浅海赤黏土田、浅海赤沙泥田、浅海赤土田等5个变种。

（三）浅海燥红土田土属

成土母质为浅海沉积物发育的燥红土经垦植水稻而成。本土属只划分为浅海燥红土田1个土种。

典型土种及分布

（1）名称：浅海燥红土田。

（2）归属和分布：系水稻土土类，渗育水稻亚类，浅海燥红土田土属。分布于东方、昌江、乐东和三亚等市县。

四、潜育水稻土亚类

潜育水稻土分布在地势较低，排水较困难的低洼地，丘陵山区的坑尾田，地下水位高。剖面构型为 Aa-Ap-G，Aa-Ap-W-G 或 Aa-Ap-G-W 型。根据潜育层形成的部位不同，划分为冷底田、乌泥底田、青泥格田、青泥底田、烂洴田、冷浸田、渍水田、泥炭土田等8个土属。

（一）冷底田土属

划分为冷底田、铁锈水田、顽泥田3个土种。

典型土种及分布

（1）名称：冷底田。

（2）归属和分布：系水稻土土类，潜育水稻土亚类，冷底田土属。分布在除海口、东方外的各市县。

（二）乌泥底田土属

本土属划分为乌泥底田1个土种。

典型土种及分布

（1）名称：乌泥底田。

（2）归属和分布：系水稻土土类，潜育水稻土亚类，乌泥底田土属。

（三）青泥格田土属

本土属原来是潴育水稻土，由于水分管理不当，造成田间长期浸渍，地下水位升高，使犁底层下产生次生潜育层。根据成土母质不同，划分为河青泥格田、赤青泥格田、麻青泥田、浅海青泥格田、页青泥格田等 5 个土种。

典型土种及分布

（1）名称：河青泥格田。

（2）归属和分布：系水稻土土类，潜育水稻土亚类，青泥格田土属。根据表土质地不同，续划分为河沙青泥格田 1 个变种。

（四）青泥底田土属

本土属只划分青泥底田 1 个土种。

典型土种及分布

（1）名称：青泥底田。

（2）归属和分布：系水稻土土类，潜育水稻土亚类，青泥底田土属。根据底层质地的差异，续分为青低砂泥田，青低砂质田 2 个变种。

（五）烂泮田土属

本土属地下水位高，以地下水上升为主，造成土壤水分饱和，整个土层稀烂，土粒分散，全层为暗青灰色的潜育层。本土层只划分烂泮田 1 个土种。

典型土种及分布

（1）名称：烂泮田。

（2）归属和分布：系水稻土土类，潜育水稻土亚类，烂泮田土属。根据冷泉水影响程度不同，续划分为深泮田、泮眼田 2 个变种。除三亚市外的海南岛各市县均有分布。

（六）冷浸田土属

由于分布地形较广泛，冷泉水长期浸渍田面，耕层土温较低，烂泥不深，成土母质清楚，有别于其他土种。根据成土母质不同，划分为河冷渍田、赤冷浸田、麻冷浸田 3 个土属。

典型土种及分布

（1）名称：河冷渍田。

（2）归属分布：系水稻土土类，潜育水稻土亚类，冷浸田土属。

（七）渍水田土属

本土属分布在河流两岸低洼处，耕作困难，特别是秋季雨水较多，河水泛滥，形成季节性渍水潜育层，只划分为渍水田 1 个土种。

典型土种及分布

（1）名称：渍水田。

（2）归属和分布：系水稻土土类，潜育水稻土亚类，渍水田土属。分布于海口、万宁、定安、澄迈、东方、三亚、陵水等市县。

(八) 泥炭土土属

本土属只划分为泥炭土田 1 个土种。

典型土种及分布

(1) 名称：泥炭土田。

(2) 归属和分布：系水稻土土类，潜育水稻土亚类，泥炭土田土属。

五、脱潜水稻土亚类

脱潜水稻土原为潜育水稻土，经过大搞农田排灌系统后，地下水位下降，潜育层逐步脱落，形成的潴育层，其剖面构型为 A-P-GW-G，但 G 层大部分仍在 60 厘米以内，对水稻生长影响不大。只划分为低青泥田 1 个土属。

低青泥田土属

本土属根据成土母质不同，划分为潮低青泥田、赤低青泥田、麻低青泥田、浅海低青泥田、页低青泥田等 5 个土种。

典型土种及分布

(1) 名称：潮低青泥田。

(2) 归属和分布：系水稻土土类，脱潜水稻土亚类，低赤泥田土属。

六、漂洗水稻土亚类

水稻土受灌溉水或泉水的侧渗淋洗作用，使土壤的铁、锰等有色金属离子被淋溶，产生明显的白化土层。本亚类划分为白鳝泥田、滨海沙质田、沙漏田等 3 个土属。

(一) 白鳝泥田土属

本土属多处于丘陵山坑田和谷底边缘地段，成土母质多为页岩风化物，只划分白鳝泥田 1 个土种。

典型土种及分布

(1) 名称：白鳝泥田。

(2) 归属和分布：系水稻土土类，漂洗水稻土亚类，白鳝泥田土属。由于发生层次较低，续划分为低白鳝泥田 1 个变种。

(二) 滨海沙质田土属

由近代滨海沉积物母质发展而成，本土属划分为滨海沙土田 1 个土种。

典型土种及分布

（1）名称：滨海沙土田。

（2）归属和分布：系水稻土土类，漂洗水稻土亚类，滨海沙质田土属。根据耕层土色不同，续划分为滨海黑沙土田、白沙土田、黄沙土田3个变种。分布于海南省沿海地区。

（三）沙漏田土属

本土属多处于丘陵台地缓坡坡脚或沟谷上段地势倾斜处，由于受侧渗水的漂洗作用，在犁底层下产生白砂层，造成漏水漏肥的"漏底田"。划分为麻沙漏田、页沙漏田、浅海沙漏田、潮沙漏田、燥沙漏田5个土种。

典型土种及分布

（1）名称：麻沙漏田。

（2）归属和分布：系水稻土土类，漂洗水稻土亚类，沙漏田土属。

七、盐渍水稻土亚类

盐渍水稻土的成土母质为近代海相沉积物，原潮间带生长有红树林的林滩，经围垦造田形成。由于有红树林埋藏层残体在嫌气条件下，产生大量的硫化氢或其他硫化物，形成咸酸田。在无红树林的潮间带泥滩，围垦造田后，底层的盐分（以氯化钠为主）随着水分沿毛细管孔隙上升到表层，使土壤出现"反咸"现象。这类田划分为咸田。本亚类划分为咸田、咸酸田2个土属。分布于海南省沿海各县河流出口处。

（一）咸田土属

本土属处于滨海低洼地区，是原滨海盐渍沼泽土或滨海泥滩经围垦种稻后形成。根据耕层含盐分高低，划分为轻咸田和中咸田2个土种。

典型土种及分布

（1）名称：轻咸田。

（2）归属和分布：系水稻土土类，盐渍水稻土亚类，咸田土属。

（二）咸酸田土属

本土属只划分轻咸酸田一个土种。

典型土种及分布

（1）名称：轻咸酸田。

（2）归属和分布：系水稻土土类，盐渍水稻土亚类，咸酸田土属。

第四章 海南耕地质量调查评价方法

第一节 耕地质量调查与评价工作概况

一、耕地质量等级公报

根据《耕地质量调查与评价办法》和有关法律法规，各级耕地质量监测机构应当运用耕地质量调查和监测数据，对本行政区域内耕地质量等级情况进行评价。

农业农村部每 5 年发布一次全国耕地质量等级信息，省级人民政府农业主管部门每 5 年发布一次本行政区域耕地质量等级信息，并报农业农村部备案。2014 年底，原农业部组织力量对全国耕地地力调查与质量评价结果进行汇总分析，并发布第一期《全国耕地质量等级情况公报》；2019 年，农业农村部公告了第二期《全国耕地质量等级情况公报》。海南省依据 2019 年耕地质量评价成果在省农业农村厅官网以公告形式发布《海南省耕地质量等级情况公报》。

二、相关文件和技术标准

1.《耕地质量等级》（GB/T 33469—2016）。

2.《耕地质量调查监测与评价办法》（农业部令 2016 年第 2 号）。

3.《耕地地力调查与质量评价技术规程》（NY/T 1634—2008）。

4. 农业农村部耕地质量监测保护中心关于印发《全国耕地质量等级评价指标体系》的通知（耕地评价函〔2019〕87 号）。

三、耕地质量评价成果的应用

海南省省级耕地质量评价工作于 2013 年启动，逐年进行变更评价，完成年度报告、相关图件和工作空间更新，参与《华南区耕地》《华南区耕地主要性状数据集》编写并出版。耕地质量等级评价成果一是纳入耕地保护相关考核；二是为自然资源负债表和省长粮食安全考核提供数据依据，为制定耕地质量保护和粮食安全政策提供决策支持；三是为补充耕地的验收和基本农田补划的质量核定提供数据支持。

第二节 资料收集和调查

一、资料收集

海南省土壤图、土地利用现状图、行政区划图的矢量图层、补充耕地矢量数据、占用耕地矢量数据、高标准农田矢量数据，以及各类自然和社会有关资料。

二、野外调查和土壤采样

（一）调查内容

通过野外实地考察和农户调查，收集耕地采样点的地理位置、土壤类型、地形地貌、土壤理化性状、农田设施、生产性能、施肥情况、管理措施、种植制度、产量水平、投入与产出等基本情况。按照统一的标准和用词填写采样点的基本情况调查表和农户调查表，并将野外调查产生的调查数据经技术负责人审核后，由专业人员按照数据库要求进行编码、整理和录入。通过耕地土壤采样分析，调查海南耕地土壤的质地、容重、pH、有机质、阳离子交换量、缓效钾、速效钾、全钾、全氮、碱解氮、全磷、有效磷、有效锌、有效硼、交换性钙镁等理化性状。详见表4-1。耕地质量调查指标属性划分见表4-2。

表4-1 耕地质量等级调查内容

项目	项目	项目	项目
统一编号	地形部位	盐化类型	有效铜（毫克/千克）
省（市）名	海拔高度	地下水埋深（米）	有效锌（毫克/千克）
地市名	田面坡度	障碍因素	有效铁（毫克/千克）
县（区、市、农场）名	有效土层厚度（厘米）	障碍层类型	有效锰（毫克/千克）
乡镇名	耕层厚度（厘米）	障碍层深度（厘米）	有效硼（毫克/千克）
村名	耕层质地	障碍层厚度（厘米）	有效钼（毫克/千克）
采样年份	耕层土壤容重（克/立方厘米）	灌溉能力	有效硫（毫克/千克）

（续）

项目	项目	项目	项目
经度（度）	质地构型	灌溉方式	有效硅（毫克/千克）
纬度（度）	常年耕作制度	水源类型	铬（毫克/千克）
土类	熟制	排水能力	镉（毫克/千克）
亚类	生物多样性	有机质（克/千克）	铅（毫克/千克）
土属	农田林网化程度	全氮（克/千克）	砷（毫克/千克）
土种	土壤 pH	有效磷（毫克/千克）	汞（毫克/千克）
成土母质	耕层土壤含盐量（%）*	速效钾（毫克/千克）	主栽作物名称
地貌类型	盐渍化程度*	缓效钾（毫克/千克）	年产量（千克/亩）
主栽作物	年产量		

表 4-2　耕地质量调查指标属性划分

调查指标	属性划分
成土母质	湖相沉积物、江海相沉积物、第四纪红土、残坡积物、洪冲积物、河流冲积物、火山堆积物
地貌类型	平原、山地、丘陵、盆地
地形部位	平原低阶、平原中阶、平原高阶、宽谷盆地、山间盆地、丘陵下部、丘陵中部、丘陵上部、山地坡下、山地坡中、山地坡上
灌溉方式	沟灌、漫灌、喷灌、滴灌、无灌溉条件
水源类型	地表水、地下水
熟制	一年一熟、一年两熟、一年三熟、一年多熟、常年生
主栽作物	水稻、花生、甘蔗、玉米、小麦
有效土层厚度（厘米）	≥100、60~100、<60
耕地质地	中壤、重壤、沙壤、轻壤、沙土、黏土
质地构型	上松下紧型、海绵型、松散型、紧实型、夹层型、上紧下松型、薄层型
生物多样性	丰富、一般、不丰富
清洁程度	清洁、尚清洁
障碍因素	侵蚀、沙化、酸化、瘠薄、潜育化、盐渍化、无障碍层次
灌溉能力	充分满足、满足、基本满足、不满足
排水能力	充分满足、满足、基本满足、不满足
农田林网化	高、中、低

（二）土样采集

为避免耕作施肥对土壤样品的影响，耕地质量调查土样采集统一安排在当年的 10 月至次年 1 月进行。旱地和水田耕层样品采集深度均为 0～20 厘米，采用"S"法均匀随机采取 10～15 个以上采样点的土壤，充分混合后四分法留取 1 千克。采样工具用铲刀和不锈钢土钻。一袋土样填写两张标签，内外各一张。标签主要内容为：样品野外编号、采样深度、采样地点、采样时间、采样人等。

1. 采样布点的原则

按照《测土配方施肥技术规程》要求，耕地质量调查的野外布点和采样遵循以下原则：①要有广泛的代表性，充分考虑土壤类型、分布、地形地貌及种植作物的种类等；②基本保证乡镇范围内每一种土壤类型至少布设一个样点，同时样点的分布尽可能均匀；③耕地质量调查点与耕地测土配方施肥采样点相衔接；④原则上在第二次土壤普查取样点上布设样点；⑤采集样品点所在的评价单元应具有代表性，避免各种非调查因素的影响，选择具有代表性的一个农户同一田块进行随机多点取样。

2. 样点密度

按要求，全省耕地质量调查的野外布点和采样遵循以上原则，一般地势平坦的沿海四周平原地区为 4 000～5 000 亩一个样点，而稍内陆的丘陵台地区为 2 000～3 000 亩一个样点。

三、土壤样品检测

根据《耕地质量等级》（GB/T 33469—2016）中耕地质量等级调查内容的要求，土壤样品检测项目包括：土壤 pH、耕层土壤容重、机械组成、土壤有机质、水溶性盐总量、氯离子、硫酸根离子等；各地结合其他工作可增加检测土壤全氮、有效磷、缓效钾、速效钾、有效态铜、锌、铁、锰、有效硼、有效钼、有效硫、有效硅以及重金属铬、镉、铅、汞、砷。

第三节　评价指标体系的建立

耕地质量评价是种综合性的多因素评价，难以用单一因素的方法进行划定，所以就必须选定一种行之有效的方法来对其影响因素进行综合性的分析。

影响耕地质量的因素很多，从影响度来看，有些是直接影响因素，如土壤有机质、土壤剖面构型等；有些是间接影响因素，如成土母质、林网化程度等。从影响因素的稳定性来看，有些是通过耕作可以改善的，如耕层厚度、土壤有机质；有些是很难改善的，如土层厚度、土壤质地。根据耕地质量的概念和内涵，影响耕地质量的因子又可分为自然因素和社会经济因素两类。我们将自然因素形成的耕地质量称作内在质量；社会经济因素形成的耕地质量称作外在质量。根据耕地质量评价指标体系的变更，海南省耕地质量评价工作可划分为两个阶段。

第一阶段：耕地质量评价指标体系和分级方案由省里确定。2013年按照全国农技中心印发的关于《省级耕地地力汇总评价工作方案》要求，经原海南省农技中心土壤肥料站组织专家研讨，选取了pH、质地、耕层厚度、降雨量、成土母质、坡度、高程、灌溉保证率、有机质、有效磷和速效钾等11个耕地地力评价指标，专家通过特尔菲法，形成成果，分为六个等级。

2013—2018年省级耕地质量评价依据此套指标体系。指标权重、等级划分指数如表4-3和表4-4所示：

表4-3　指标权重（2013—2018年）

指标	组合权重（1.000 0）	排序
耕层厚度	0.147 5	1
灌溉保证率	0.143 8	2
有机质	0.138 9	3
成土母质	0.134 7	4
降水量	0.101 8	5
坡度	0.075 8	6
质地	0.063 4	7
高程	0.059 7	8
pH	0.045 7	9
速效钾	0.045 4	10
有效磷	0.043 2	11

表4-4 等级划分指数（2013—2018年）

耕地质量等级	综合指数范围
一级地	≥0.755
二级地	0.725～0.755
三级地	0.695～0.725
四级地	0.665～0.695
五级地	0.635～0.665
六级地	<0.635

第二阶段：耕地质量评价指标体系和分级方案由国家确定。2016年《耕地质量等级》（GB/T 33469—2016）颁布后，在农业农村部相关部门指导下，经九大农区农业技术部门细化，得出耕地质量评价指标的权重和隶属度，划分十等级的分值。2019年，农业农村部耕地质量监测保护中心关于《全国耕地质量等级评价指标体系》的通知印发（耕地评价函〔2019〕87号）。通知中，海南属于华南区的琼雷及南海诸岛农林区二级区，选取灌溉能力、排水能力、有机质、地形部位、质地构型、pH、耕层质地、速效钾、土壤容重、有效磷、有效土层厚度农田林网化程度、障碍因素、生物多样性、清洁程度等15个评价因子，（2018）2019—2020年依据此套指标体系。指标权重、等级划分指数分别如表4-5、表4-6所示：

表4-5 指标权重（2019—2020年）

指标名称	指标权重	排序
灌溉能力	0.110 9	1
排水能力	0.101 1	2
有机质	0.091 0	3
地形部位	0.089 8	4
质地构型	0.071 3	5
耕层质地	0.070 1	6
pH	0.068 9	7
速效钾	0.067 9	8
土壤容重	0.055 3	9
有效磷	0.053 2	10

（续）

指标名称	指标权重	排序
有效土层厚度	0.052 9	11
农田林网化	0.049 7	12
障碍因素	0.043 7	13
生物多样性	0.040 9	14
清洁程度	0.033 3	15

表 4-6　等级划分指数（2019—2020 年）

耕地质量等级	综合指数范围	耕地质量等级	综合指数范围
一级地	≥0.885 0	六级地	0.769 5～0.792 6
二级地	0.861 9～0.885 0	七级地	0.746 4～0.769 5
三级地	0.838 8～0.861 9	八级地	0.723 3～0.746 4
四级地	0.815 7～0.838 8	九级地	0.700 2～0.723 3
五级地	0.792 6～0.815 7	十级地	<0.700 2

第四节　耕地质量的评价方法

一、评价的原理

耕地质量等级评价是从农业角度出发，通过综合指数法对耕地地力、土壤健康状况和田间基础设施构成的满足农产品持续产出和质量安全能力进行的综合性评价。

确定耕地质量评价指标后，首先分析耕地是否存在污染，对于存在污染的耕地，计算土壤单项污染指数及内梅罗综合污染指数，进而对耕地清洁程度进行判定，达到耕地质量综合评估；对于不存在污染的耕地，根据层次分析法确定各指标权重，然后采用特尔菲法确定各指标隶属度，计算出耕地质量综合指数，从而划分耕地质量等级。

二、评价的流程

1. 定范围。在土地利用现状图上提取耕地作为评价对象，并通过收集的数据资料，布设调查样点，采样并检测，建立耕地质量等级评价属性数据库。

2. 通过土壤图、行政区划图和土地利用现状图叠加形成评价单元图。

3. 对评价单元属性赋值，建立耕地资源管理信息系统。

4. 通过收集的数据资料、土壤样品重金属检测结果，对耕地运用内梅罗综合指数法进行耕地清洁程度评价，判定耕地的清洁程度并提出耕地保护的方案及污染修复的建议。

5. 选取耕地质量评价指标，通过层次分析法确定各评价指标权重，采用特尔斐法确定各指标隶属度，建立耕地质量评价指标体系。

6. 计算耕地质量综合指数，划分耕地质量等级。通过对耕地质量等级结果的分析、验证，结合点位调查数据、评价指标属性以及专家建议，分析制约农业生产的障碍因素，并提出培肥改良的措施和建议。

三、形成评价单元

（一）评价底图及其数据库的建立

借助 ArcGIS 软件从 1∶100 000 海南省土地利用现状图中提取耕地利用图斑矢量数据，建立海南省耕地利用现状空间数据库，与设定坐标和投影后的数字化 1∶50 000 的土壤类型分布图进行局部配准转绘，转绘耕地图斑的土壤类型信息，形成海南省耕地原土壤类型（即第二次土壤普查的土壤类型）空间属性数据库，并编辑输出海南省耕地原土壤类型分布图。选择合适的野外调查线路，深入实地开展海南省耕地土壤类型变化规律调查。利用野外调查的结果，结合耕地图斑的利用类型、地形条件、成土母质和熟化度等资料，对可能发生变化的耕地图斑综合判断确定其土壤类型，建立海南省耕地现状土壤类型空间属性数据库，形成海南省耕地质量调查评价底图及其空间属性数据库。

（二）耕地质量评价单元空间属性数据库建立

利用海南省耕地质量调查评价底图空间属性数据，以耕地图斑叠加土壤类型图斑生成的叠加图斑作为评价单元，建立海南省耕地质量评价单元空间属性数据库，全省共划分 41 690 个评价单元。

四、面积统计汇总

利用耕地质量调查底图数据库中的耕地图斑的平差面积，以市县、土属类型、土地利用类型等为统计字段进行耕地质量等级、中低产田、限制因素和养分丰缺分区的面积汇总统计。

五、评价成果图的编绘和成果报告

对评价成果图进行编辑修饰，输出耕地质量评价系列成果图，包括海南省土地利用现状图、土壤类型分布图、耕地质量等级图以及海南省耕地土壤养分分布图等，形成成果报告，并对1～10等等级面积、位置、养分、有机质等情况进行分析，针对耕地土壤问题提出土壤改良措施并为种植结构调整提出建议。

第五章　海南耕地主要土壤养分状况

土壤养分是指主要依靠土壤来供给植物生长所必需的营养元素，不仅包含氮、磷、钾三大元素，还涉及铁、锰、铜、锌、钼、硼等微量元素以及钠、硅、钴等有益元素。植物生长对微量元素的需求不多，但又不能缺，缺乏任何一种微量元素都将影响到植物的健康生长。

第一节　土壤全氮

土壤全氮是指土壤中有机态氮和无机氮的总和，它不包括土壤空气中的氮。氮元素是植物主要"生命"元素，是构成蛋白质的主要成分，也是植物合成叶绿素的重要成分，跟作物的产量和品质关系极大。因此，土壤中的氮对植物茎叶的生长和果实的发育有重要作用，是农业生产中影响作物产量的主要养分限制因子。分析土壤全氮及其各种形态氮的含量是评价土壤肥力、拟定合理施用氮肥的主要依据。

土壤全氮含量处于动态变化中，主要来源为生物固氮、降水及肥料，土壤的水热条件、微生物、耕层质地等自然条件会对其含量有显著影响，特别是土壤有机质的生物积累和水解作用。此外，耕作方式、施肥情况和灌溉等人为活动也会对土壤氮素含量产生影响。

一、土壤全氮含量及空间差异

根据全省 2 816 个土样的检测结果，海南省耕地土壤全氮总体样点平均值为 0.95 克/千克，琼中县的平均含量最高，为 1.27 克/千克，其次是万宁市，为 1.06 克/千克，白沙县的土壤全氮含量最低，为 0.70 克/千克；变异系数最大的是儋州市，为 62.14%，最小的是保亭县，为 36.59%。其余详见表 5-1 和图 5-1。

表 5 - 1 海南省各市县耕地土壤全氮含量

地区	采样点数（个）	平均值（克/千克）	标准差	变异系数（%）
海口市	276	0.95	0.55	57.32
三亚市	150	0.89	0.37	41.81
五指山市	49	0.95	0.42	44.55
文昌市	196	0.97	0.38	39.31
琼海市	120	1.02	0.49	48.05
万宁市	151	1.06	0.49	46.00
定安县	196	1.01	0.42	41.93
屯昌县	200	0.86	0.38	44.43
澄迈县	235	0.91	0.39	43.34
临高县	200	0.87	0.36	40.94
儋州市	318	1.03	0.64	62.14
东方市	128	0.90	0.46	51.59
乐东县	144	0.97	0.46	47.64
保亭县	51	0.94	0.34	36.59
琼中县	45	1.27	0.78	61.23
陵水县	120	0.86	0.39	45.08
白沙县	113	0.70	0.35	49.53
昌江县	124	1.01	0.51	50.24
总计	2 816	0.95	0.47	50.13

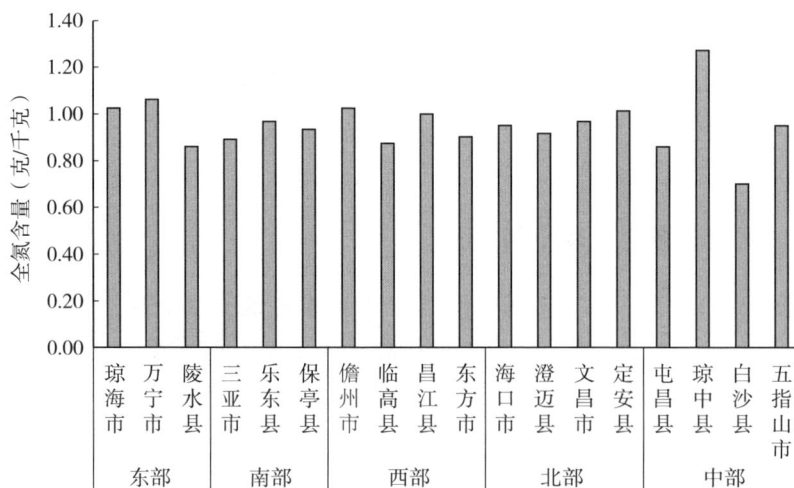

图 5 - 1 海南省各市县耕地土壤全氮含量平均值对比

二、土壤全氮含量及其影响因素

(一) 不同土壤类型土壤全氮含量差异

海南省耕地主要土壤类型中，土壤全氮含量以火山灰土的含量最高，平均值为 1.34 克/千克，在 0.50～4.00 克/千克之间变动。水稻土和砖红壤的采样点数较多，分别为 2 199 个和 514 个，其土壤全氮含量平均值分别为 0.95 克/千克和 0.92 克/千克，在 0.28～4.5 克/千克和 0.3～1.35 克/千克之间变动。海南省耕地主要土壤类型土壤全氮含量见表 5-2。

表 5-2　海南省耕地主要土壤类型土壤全氮含量

土类	采样点数（个）	平均值（克/千克）	标准差	变异系数（%）
赤红壤	7	0.90	0.32	35.72
风沙土	11	0.92	0.22	24.26
黄壤	1	0.70	—	—
火山灰土	21	1.34	0.86	64.26
石质土	1	1.20	—	—
水稻土	2 199	0.95	0.47	49.34
新积土	32	0.88	0.33	37.35
燥红土	20	0.99	0.52	52.52
砖红壤	514	0.92	0.48	52.53
紫色土	10	0.62	0.16	26.12
总计	2 816	0.95	0.47	50.13

(二) 不同地貌类型土壤全氮含量差异

海南省耕地的地貌类型仅有平原和丘陵两种。平原的土壤全氮含量平均值较高，为 0.96 克/千克，丘陵的为 0.90 克/千克，相差不大。其中，平原地貌中的平原中阶的土壤全氮含量平均值最高，为 0.97 克/千克；丘陵地貌中丘陵中部的土壤全氮含量平均值最高，为 0.97 克/千克。海南省耕地地貌类型土壤全氮含量见表 5-3。

表 5-3　海南省耕地地貌类型土壤全氮含量

地貌类型		采样点数（个）	平均值（克/千克）	标准差	变异系数（%）
平原	平原低阶	1 261	0.96	0.50	51.61
	平原高阶	339	0.95	0.42	43.71
	平原中阶	537	0.97	0.49	50.73

（续）

地貌类型		采样点数（个）	平均值（克/千克）	标准差	变异系数（%）
丘陵	丘陵上部	183	0.87	0.47	53.86
	丘陵下部	343	0.87	0.38	43.80
	丘陵中部	153	0.97	0.51	53.20

（三）不同成土母质土壤全氮含量差异

海南省不同成土母质发育的耕地土壤中，土壤全氮含量平均值最高的是洪积物，为1.17克/千克；其次是沉积物，为0.96克/千克；最低的是坡积物，为0.91克/千克。洪积物的土壤全氮变异系数最大，为56.08%，最小的是冲积物，为42.58%。海南省不同成土母质耕地土壤全氮含量见表5-4。

表5-4　海南省不同成土母质耕地土壤全氮含量

成土母质	采样点数（个）	平均值（克/千克）	标准差	变异系数（%）
残积物	1 329	0.93	0.47	49.89
沉积物	734	0.96	0.49	51.24
冲积物	425	0.95	0.41	42.58
洪积物	77	1.17	0.66	56.08
坡积物	251	0.91	0.50	55.13
总计	2 816	0.95	0.47	50.13

（四）不同质地类型土壤全氮含量差异

海南省不同耕地土壤质地类型中，沙壤的土壤全氮含量平均值最高，为0.99克/千克；其次是轻壤，为0.97克/千克；最低的是重壤，为0.88克/千克。沙土的变异系数最大，为54.26%，最小的是重壤，为45.19%。海南省不同土壤质地耕地土壤全氮含量见表5-5。

表5-5　海南省不同土壤质地耕地土壤全氮含量

质地	采样点数（个）	平均值（克/千克）	标准差	变异系数（%）
黏土	350	0.94	0.45	47.56
轻壤	556	0.97	0.51	52.44
沙壤	855	0.99	0.51	51.70
沙土	130	0.94	0.51	54.26
中壤	439	0.92	0.44	47.94
重壤	486	0.88	0.40	45.19
总计	2 816	0.95	0.47	50.13

三、土壤全氮含量分级与分布情况

参照第二次全国土壤普查土壤养分分级标准，将土壤全氮含量划分为六个等级。海南省各市县耕地土壤全氮含量各等级采样点数量和变异系数情况见表 5-6。

表 5-6 海南省各市县耕地土壤全氮统计

地区	一级 ≥1.5 克/千克		二级 1.25~1.5 克/千克		三级 1.0~1.25 克/千克		四级 0.75~1.0 克/千克		五级 0.5~0.75 克/千克		六级 <0.5 克/千克	
	个数	变异系数	个数	变异系数	个数	变异系数	个数	变异系数	个数	变异系数	个数	变异系数
海口市	32	34.82	15	3.57	49	7.79	82	5.66	65	13.42	33	11.20
三亚市	10	30.31	10	3.53	32	8.26	40	5.56	48	13.91	10	8.11
五指山市	3	19.58	6	2.95	14	7.45	5	0.00	16	12.57	5	16.11
文昌市	19	15.67	22	3.24	57	7.20	33	5.52	51	14.66	14	12.62
琼海市	12	38.78	11	3.88	34	7.19	29	5.42	25	10.95	9	11.67
万宁市	20	28.77	24	3.78	33	7.16	26	5.61	43	13.58	5	2.21
定安县	21	24.29	26	3.78	49	7.88	37	5.16	52	13.02	11	3.73
屯昌县	9	31.26	17	3.30	38	6.85	47	5.77	72	13.74	17	12.37
澄迈县	17	24.74	28	3.33	49	7.99	51	5.91	65	13.13	25	7.06
临高县	10	21.76	19	3.04	27	7.63	64	5.01	59	13.44	21	11.60
儋州市	35	33.86	22	3.76	69	7.82	85	5.82	80	13.71	27	9.39
东方市	14	29.95	11	3.88	19	7.02	30	5.98	35	13.54	19	11.05
乐东县	16	26.77	15	3.73	27	6.91	37	5.92	36	14.90	13	12.34
保亭县	2	23.57	9	3.66	8	7.50	14	5.99	16	12.65	2	0.00
琼中县	12	21.20	5	3.39	10	8.57	5	6.52	8	16.18	5	11.77
陵水县	9	23.57	2	5.24	29	6.90	23	5.99	46	15.13	11	0.00
白沙县	4	14.92	3	4.33	11	6.94	18	6.05	51	14.10	26	12.75
昌江县	10	43.86	20	3.35	30	6.69	30	5.99	25	15.77	9	16.29
总计	255	32.17	265	3.71	585	7.48	656	5.68	793	13.82	262	10.72

全氮平均含量最高的是琼中县，三级以上水平的频率为 60.00%；平均含量第二的万宁市，三级以上水平的频率则为 50.99%，与琼中县接近。六个等

级中，占比最高的是五级，为28.16%，其次是四级，占比为23.30%，表明海南省耕地土壤的全氮含量偏低。四级水平中儋州市的点位数最多，为85个，占四级水平的12.96%；其次是海口市，为82个，占比为12.96%。五级水平中儋州市的点位数最多，为80个，占五级水平的10.09%；其次是屯昌县，为72个，占比9.08%。

第二节 土壤有效磷

磷是植物生长发育的必需营养元素之一，既是植物体内许多重要有机化合物如磷脂类和核蛋白的重要组分，又能够以多种方式参与植物体内各种代谢过程，促进各种代谢正常进行。土壤有效磷，是指土壤中可被植物吸收利用的磷的总称。它包括全部水溶性磷、部分吸附态磷、一部分微溶性的无机磷和易矿化的有机磷等，只是后二者需要经过一定的转化过程后方能被植物直接吸收。土壤中有效磷含量与全磷含量之间虽不是直线相关，但当土壤全磷含量低于0.03%时，土壤往往缺少有效磷。土壤有效磷是土壤磷素养分供应水平高低的指标，土壤磷素含量高低在一定程度上反映了土壤中磷素的贮量和供应能力。

一、土壤有效磷含量及空间差异

根据全省2 816个土样的检测结果，海南省耕地土壤有效磷总体样点平均值为21.54毫克/千克，各市县中白沙县的平均含量最高，为38.92毫克/千克；其次是定安县，为26.70毫克/千克；儋州市的土壤有效磷含量最低，为16.72毫克/千克；变异系数最大的是儋州市，为183.48%，最小的是乐东县，为116.36%。其余详见表5-7和图5-2。

表5-7 海南省各市县耕地土壤有效磷含量

市县名	采样点数（个）	平均值（毫克/千克）	标准差	变异系数（%）
海口市	276	23.18	33.71	145.40
三亚市	150	19.93	31.91	160.13
五指山市	49	18.19	30.13	165.65
文昌市	196	18.98	26.26	138.34
琼海市	120	17.13	25.99	151.70
万宁市	151	24.13	37.68	156.13

（续）

市县名	采样点数（个）	平均值（毫克/千克）	标准差	变异系数（%）
定安县	196	26.70	34.47	129.10
屯昌县	200	17.89	29.88	167.03
澄迈县	235	24.20	35.42	146.33
临高县	200	19.60	28.01	142.93
儋州市	318	16.72	30.68	183.48
东方市	128	24.23	38.21	157.67
乐东县	144	21.06	24.51	116.36
保亭县	51	18.65	28.82	154.51
琼中县	45	19.00	25.25	132.87
陵水县	120	21.41	28.68	133.98
白沙县	113	38.92	48.08	123.54
昌江县	124	18.57	24.66	132.84
总计	2 816	21.54	32.24	149.71

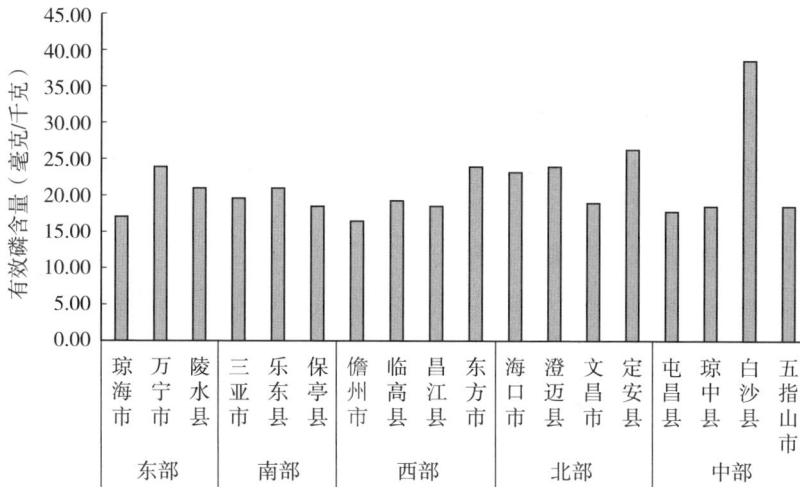

图 5-2　海南省各市县耕地土壤有效磷含量平均值对比

二、土壤有效磷含量及其影响因素

（一）不同土壤类型土壤有效磷含量差异

海南省耕地主要土壤类型中，土壤有效磷含量以紫色土的含量最高，平均值为73.78毫克/千克,在4.10～223.19毫克/千克之间变动。水稻土和砖红壤的采样点数较多,分别为2 199个和514个,其土壤有效磷含量平均值分别为21.23毫克/千克和22.31毫克/千克,在3.50～230.80毫克/千克和3.50～230.20毫克/千克之间变动。海南省耕地主要土壤类型土壤有效磷含量见表5-8。

表5-8 海南省耕地主要土壤类型土壤有效磷含量

土类	采样点数(个)	平均值(毫克/千克)	标准差	变异系数(%)
赤红壤	7	27.50	52.02	189.17
风沙土	11	11.71	7.41	63.30
黄壤	1	5.60	—	—
火山灰土	21	15.26	22.25	145.81
石质土	1	7.50	—	—
水稻土	2 199	21.23	31.50	148.36
新积土	32	20.91	25.34	121.18
燥红土	20	21.61	35.40	163.83
砖红壤	514	22.31	34.07	152.68
紫色土	10	73.78	74.49	100.96
总计	2 816	21.54	32.24	149.71

(二)不同地貌类型土壤有效磷含量差异

海南省耕地的地貌类型仅有平原和丘陵两种。平原的土壤有效磷含量平均值较低,为22.25毫克/千克,丘陵的为23.48毫克/千克,相差不大。其中,平原地貌中平原高阶的土壤有效磷含量平均值最高,为24.23毫克/千克;丘陵地貌中丘陵上部的土壤有效磷含量平均值最高,为30.63毫克/千克。海南省耕地地貌类型土壤有效磷含量见表5-9。

表5-9 海南省耕地地貌类型土壤有效磷含量

地貌类型		采样点数(个)	平均值(毫克/千克)	标准差	变异系数(%)
平原	平原低阶	1 261	19.53	29.47	150.89
	平原高阶	339	24.23	34.27	141.39
	平原中阶	537	23.00	33.03	143.64
丘陵	丘陵上部	183	30.63	43.04	140.51
	丘陵下部	343	19.77	29.32	148.28
	丘陵中部	153	20.03	35.73	178.42

（三）不同成土母质土壤有效磷含量差异

如表5-10所示，海南省不同成土母质发育的耕地土壤中，土壤有效磷含量平均值最高的是冲积物，为23.73毫克/千克；其次是坡积物，为23.44毫克/千克；最低的是沉积物，为18.34毫克/千克。残积物的土壤有效磷变异系数最大，为152.15%，最小的是洪积物，为123.14%。

表5-10　海南省不同成土母质耕地土壤有效磷含量

成土母质	采样点数（个）	平均值（毫克/千克）	标准差	变异系数（%）
残积物	1 329	22.42	34.11	152.15
沉积物	734	18.34	25.85	140.92
冲积物	425	23.73	35.41	149.20
洪积物	77	18.43	22.70	123.14
坡积物	251	23.44	35.15	149.93
总计	2 816	21.54	32.24	149.71

（四）不同质地土壤有效磷含量差异

如表5-11所示，海南省耕地不同质地土壤类型中，黏土的土壤有效磷含量平均值最高，为24.39毫克/千克；其次是重壤，为22.69毫克/千克；最低的是沙土，为16.04毫克/千克。重壤的变异系数最大，为163.30%，最小的是沙土，为127.37%。

表5-11　海南省耕地不同质地土壤有效磷含量

质地	采样点数（个）	平均值（毫克/千克）	标准差	变异系数（%）
黏土	350	24.39	35.09	143.90
轻壤	556	21.40	32.42	151.52
沙壤	855	21.32	30.67	143.86
沙土	130	16.04	20.43	127.37
中壤	439	20.21	29.54	146.13
重壤	486	22.69	37.06	163.30
总计	2 816	21.54	32.24	149.71

三、土壤有效磷含量分级与分布情况

参照第二次全国土壤普查土壤养分分级标准，将土壤有效磷含量划分为六个等级。海南省各市县耕地土壤有效磷含量各等级采样点数量和变异系数情况见表5-12。

有效磷平均含量最高的是白沙县，三级以上水平的频率为46.02％；平均含量第二的定安县，三级以上水平的频率则为32.14％，占比较低。六个等级中，占比最高的是五级，为52.95％，其次是四级，占比为14.91％，表明海南省耕地土壤的有效磷含量偏低。四级水平中儋州市的点位数最多，为44个，占四级水平的10.48％；其次是澄迈县，为39个，占比为9.29％。五级水平中同样是儋州市的点位数最多，为196个，占五级水平的13.15％；其次是海口市，为150个，占比10.06％。

表5-12 海南省各市县耕地土壤有效磷统计

市县名	一级 ≥40 毫克/千克		二级 30～40 毫克/千克		三级 20～30 毫克/千克		四级 10～20 毫克/千克		五级 5～10 毫克/千克		六级 <5 毫克/千克	
	个数	变异系数	个数	变异系数	个数	变异系数	个数	变异系数	个数	变异系数	个数	变异系数
海口市	47	53.66	9	10.40	15	11.82	38	17.66	150	15.76	17	7.18
三亚市	15	63.57	6	11.23	15	12.36	23	21.74	74	13.31	17	6.68
五指山市	4	53.17	4	5.37	1	—	6	20.95	30	13.96	4	4.76
文昌市	22	51.58	10	6.51	13	10.89	34	21.93	106	14.66	11	6.78
琼海市	10	45.56	3	11.09	9	7.65	18	21.79	68	14.05	12	4.26
万宁市	24	52.00	2	6.63	12	11.52	20	19.94	85	15.04	8	4.52
定安县	43	46.63	11	7.79	9	11.25	27	20.29	89	13.64	17	6.16
屯昌县	18	55.20	4	1.87	12	13.06	32	20.02	112	12.18	22	5.72
澄迈县	35	55.20	9	6.68	29	10.84	39	23.96	109	13.22	14	7.05
临高县	26	48.50	5	6.92	11	10.14	31	20.56	115	14.61	12	3.76
儋州市	24	54.58	4	7.91	14	10.82	44	23.39	196	14.70	36	5.95
东方市	22	57.19	5	10.13	6	12.47	13	17.75	67	13.76	15	7.68
乐东县	25	33.46	4	10.31	10	13.15	29	20.48	66	13.91	10	6.84
保亭县	6	54.49	2	5.90	2	13.18	3	37.40	34	15.04	4	4.51
琼中县	4	47.78	4	7.97	3	6.34	6	16.86	24	14.98	4	8.66
陵水县	16	41.62	6	9.59	11	10.26	23	20.83	61	13.79	5	4.08
白沙县	35	49.95	5	4.40	12	12.16	11	28.24	44	13.76	6	0.00
昌江县	17	56.41	4	8.64	8	13.48	23	19.18	61	12.03	11	3.91
总计	393	52.45	97	8.19	190	11.40	420	21.47	1 491	14.13	225	6.00

钾元素是植物生长发育必要的三元素之一，在许多植物体内含量仅次于氮。而且还能提高植物适应外界不良环境的能力，因此它有品质元素和抗逆元素之称。速效钾，是指土壤中易被作物吸收利用的钾素。包括土壤溶液钾及土壤交换性钾。速效钾占土壤全钾量的 0.1%～2%。其中土壤溶液钾占速效钾的 1%～2%，由于其所占比例很低，常将其计入交换钾。速效钾含量是表征土壤钾素供应状况的重要指标之一。

一、土壤速效钾含量及空间差异

根据全省 2 816 个土样的检测结果，海南省耕地土壤样点速效钾总体平均值为 47.89 毫克/千克，各市县中定安县的平均含量最高，为 62.11 毫克/千克；其次是保亭县，为 56.03 毫克/千克，文昌市的土壤速效钾含量最低，为 38.14 毫克/千克；变异系数最大的是琼中县，为 122.40%，最小的是屯昌县，为 85.43%。其余详见表 5-13 和图 5-3。

表 5-13 海南省各市县耕地土壤速效钾含量

市县名	采样点数（个）	平均值（毫克/千克）	标准差	变异系数（%）
海口市	276	49.00	50.39	102.83
三亚市	150	40.91	41.12	100.50
五指山市	49	49.65	45.43	91.49
文昌市	196	38.14	37.35	97.91
琼海市	120	38.98	34.84	89.37
万宁市	151	53.58	49.52	92.42
定安县	196	62.11	61.20	98.54
屯昌县	200	51.23	43.77	85.43
澄迈县	235	55.28	49.62	89.76
临高县	200	41.71	39.89	95.64
儋州市	318	46.58	44.50	95.53
东方市	128	38.35	33.04	86.15
乐东县	144	46.46	49.51	106.57

(续)

市县名	采样点数（个）	平均值（毫克/千克）	标准差	变异系数（%）
保亭县	51	56.03	62.20	111.01
琼中县	45	45.98	56.28	122.40
陵水县	120	43.52	39.33	90.36
白沙县	113	46.50	52.12	112.09
昌江县	124	56.03	49.11	87.64
总计	2 816	47.89	46.94	98.02

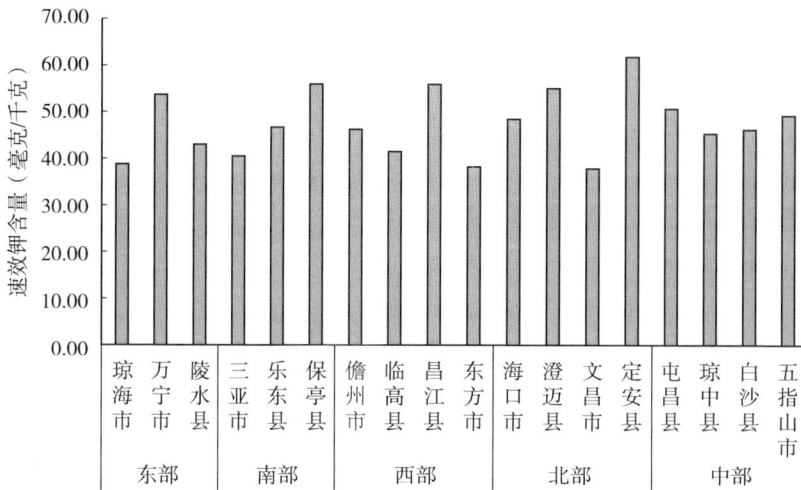

图 5-3 海南省各市县耕地土壤速效钾含量平均值对比

二、土壤速效钾含量及其影响因素

（一）不同土壤类型土壤速效钾含量差异

如表 5-14 所示，海南省耕地主要土壤类型中，土壤速效钾含量以黄壤的含量最高，但其采样点仅有一个，除此之外，平均值最高的为赤红壤，为 54.83 毫克/千克，在 10.00～148.00 毫克/千克之间变动。水稻土和砖红壤的采样点数较多，分别为 2 199 个和 514 个，其土壤速效钾含量平均值分别为 47.31 毫克/千克和 50.96 毫克/千克，在 10.00～321.00 毫克/千克和 10.00～295.00 毫克/千克之间变动。

表5-14 海南省耕地主要土壤类型土壤速效钾含量

土类	采样点数（个）	平均值（毫克/千克）	标准差	变异系数（%）
赤红壤	7	54.83	47.51	86.65
风沙土	11	52.20	36.51	69.95
黄壤	1	94.60	—	—
火山灰土	21	49.72	43.70	87.89
石质土	1	38.20	—	—
水稻土	2 199	47.31	47.29	99.94
新积土	32	33.53	25.09	74.82
燥红土	20	54.11	40.96	75.70
砖红壤	514	50.96	47.34	92.89
紫色土	10	32.30	16.83	52.11
总计	2 816	47.89	46.94	98.02

（二）不同地貌类型土壤速效钾含量差异

如表5-15所示，海南省耕地的地貌类型仅有平原和丘陵两种。平原的土壤速效钾含量平均值较高，为50.26毫克/千克，丘陵的为47.11毫克/千克，相差不大。其中，平原地貌中的平原高阶的土壤速效钾含量平均值最高，为55.35毫克/千克；丘陵地貌中的丘陵中部的土壤速效钾含量平均值最高，为51.33毫克/千克。

表5-15 海南省耕地地貌类型土壤速效钾含量

地貌类型		采样点数（个）	平均值（毫克/千克）	标准差	变异系数（%）
平原	平原低阶	1 261	45.19	44.78	99.10
	平原高阶	339	55.35	52.41	94.69
	平原中阶	537	50.25	48.53	96.57
丘陵	丘陵上部	183	45.75	44.68	45.75
	丘陵下部	343	44.25	47.62	44.25
	丘陵中部	153	51.33	49.73	51.33

（三）不同成土母质土壤速效钾含量差异

如表5-16所示，海南省不同成土母质发育的耕地土壤中，土壤速效钾含量平均值最高的是洪积物，为55.11毫克/千克；其次是残积物，为50.21毫克/千克；最低的是沉积物，为43.94毫克/千克。洪积物的土壤速效钾变异系数最大，为112.43%，最小的是坡积物，为90.38%。

表5-16　海南省不同成土母质耕地土壤速效钾含量

成土母质	采样点数（个）	平均值（毫克/千克）	标准差	变异系数（%）
残积物	1 329	50.21	48.07	95.73
沉积物	734	43.94	44.40	101.04
冲积物	425	46.19	46.25	100.14
洪积物	77	55.11	61.96	112.43
坡积物	251	47.81	43.21	90.38
总计	2 816	47.89	46.94	98.02

（四）不同质地土壤速效钾含量差异

如表5-17所示，海南省耕地不同质地土壤类型中，黏土的土壤速效钾含量平均值最高，为54.99毫克/千克；其次是沙壤，为49.04毫克/千克；最低的是中壤，为43.35毫克/千克。轻壤的变异系数最大，为103.00%，最小的是重壤，为90.81%。

表5-17　海南省耕地不同质地土壤速效钾含量

质地	采样点数（个）	平均值（毫克/千克）	标准差	变异系数（%）
黏土	350	54.99	52.29	95.09
轻壤	556	48.72	50.19	103.00
沙壤	855	49.04	49.22	100.36
沙土	130	46.86	45.79	97.71
中壤	439	43.35	39.85	91.93
重壤	486	44.16	40.10	90.81
总计	2 816	47.89	46.94	98.02

三、土壤速效钾含量分级与分布情况

参照第二次全国土壤普查土壤养分分级标准，将土壤速效钾含量划分为六个等级。海南省各市县耕地土壤速效钾含量各等级采样点数量和变异系数情况见表5-18。

速效钾平均含量最高的是定安县，三级以上水平的频率为45.07%；平均含量第二的保亭县，三级以上水平的频率则为 15.69%，占比较低。六个等级中，占比最高的是六级，为 44.03%，其次是五级，占比为 25.07%，表明海南省耕地土壤的速效钾含量偏低。五级水平中海口市的点位数最多，为 72 个，占五级水平的 10.20%；其次是儋州市，为 67 个，占比 9.49%。六级水平中儋州市的点位数最多，为 152 个，占六级水平的 12.26%；其次是海口市，为 127 个，占比为 10.24%。

表 5-18　海南省各市县耕地土壤速效钾统计

单位：个、%

地区	一级 ≥200 毫克/千克		二级 150~200 毫克/千克		三级 100~150 毫克/千克		四级 50~100 毫克/千克		五级 30~50 毫克/千克		六级 <30 毫克/千克	
	个数	变异系数	个数	变异系数	个数	变异系数	个数	变异系数	个数	变异系数	个数	变异系数
海口市	7	12.96	11	6.33	14	11.80	45	19.06	72	15.23	127	32.34
三亚市	2	3.12	3	4.38	5	12.32	29	19.04	37	15.84	74	34.04
五指山市	1	—	1	—	3	9.36	12	21.87	14	16.19	18	27.74
文昌市	2	10.08	3	1.47	7	10.07	26	21.10	54	14.65	104	33.23
琼海市	1	—	1	—	3	15.52	19	18.99	41	13.90	55	32.30
万宁县	4	7.66	3	0.29	9	14.64	43	18.61	42	15.53	50	32.25
定安县	9	9.67	5	9.55	18	8.94	45	20.51	48	14.92	71	29.98
屯昌县	5	16.62	3	4.37	7	10.36	58	20.53	52	15.63	75	27.52
澄迈县	7	14.38	4	5.82	18	10.50	65	20.54	63	13.51	78	31.60
临高县	3	19.86	3	10.24	9	9.43	38	20.21	41	12.81	106	34.34
儋州市	4	4.63	11	8.28	13	10.30	71	19.12	67	16.79	152	33.46
东方市	1	—	1	—	4	8.87	22	23.40	40	12.91	60	28.82
乐东县	4	10.58	2	15.34	4	12.23	32	19.47	31	14.29	71	31.01
保亭县	3	5.38	2	8.59	3	16.52	12	15.75	6	8.88	25	33.18
琼中县	2	5.20	0	—	1	—	8	11.36	14	16.23	20	31.68
陵水县	1	—	0	—	11	11.14	23	17.63	30	15.36	55	34.84
白沙县	4	3.05	0	—	4	9.61	27	18.14	23	14.30	55	32.41
昌江县	3	4.79	4	7.90	12	11.94	30	21.90	31	14.88	44	35.00
总计	63	11.22	57	7.88	145	11.61	605	19.92	706	14.96	1 240	32.59

第四节 土壤有效铁

　　铁是一种重要的微量元素，不仅对植物，而且对人体健康也有重要作用。对于植物来说，铁是构成叶绿素的元素之一，参与光合作用、呼吸作用等代谢过程。植物体内全铁含量（以干重计）为25～500毫克/千克或以上。缺铁在植物中最明显的表现为嫩叶黄化、新梢死亡。由于叶绿素在植株体内很难转移，当植物缺铁时，首先表现在幼嫩叶片上，新长出的嫩叶中将缺少叶绿素，造成叶片的"失绿症"。铁含量过高也会对植物产生毒害作用。铁中毒的症状表现为老叶上有褐色斑点，根部呈灰黑色，易腐烂等。

一、土壤有效铁含量及空间差异

　　全省2 816个土样的检测结果显示，海南省耕地土壤有效铁总体采样点平均值为52.12毫克/千克，各市县中文昌市的平均含量最高，为62.33毫克/千克；其次是三亚市，为60.12毫克/千克；东方市的土壤有效铁含量最低，为39.03毫克/千克；变异系数最大的是五指山市，为62.40%，最小的是陵水县，为41.56%。其余详见表5-19和图5-4。

表5-19　海南省各市县耕地土壤有效铁含量

地区	采样点数（个）	平均值（毫克/千克）	标准差	变异系数（%）
海口市	276	53.73	24.13	44.91
三亚市	150	60.12	30.62	50.93
五指山市	49	48.06	29.99	62.40
文昌市	196	62.33	29.79	47.79
琼海市	120	55.79	27.98	50.15
万宁市	151	45.80	22.60	49.34
定安县	196	47.71	23.82	49.93
屯昌县	200	45.12	23.93	53.03
澄迈县	235	51.07	27.54	53.93
临高县	200	57.63	29.02	50.35
儋州市	318	50.95	24.63	48.35
东方市	128	39.03	21.27	54.49

（续）

地区	采样点数（个）	平均值（毫克/千克）	标准差	变异系数（%）
乐东县	144	50.93	27.07	53.16
保亭县	51	50.98	25.45	49.92
琼中县	45	44.46	21.98	49.45
陵水县	120	58.74	24.41	41.56
白沙县	113	53.01	32.45	61.21
昌江县	124	53.65	26.49	49.37
总计	2 816	52.12	26.85	51.51

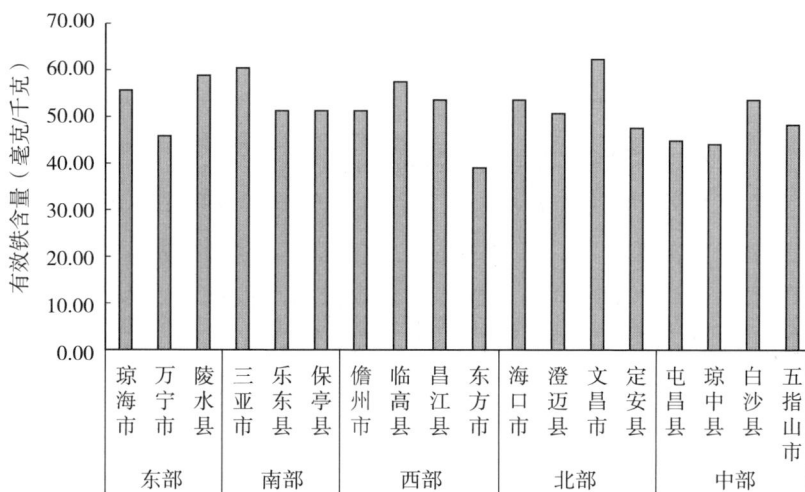

图 5-4　海南省各市县耕地土壤有效铁含量平均值对比

二、土壤有效铁含量及其影响因素

（一）不同土壤类型土壤有效铁含量差异

如表 5-20 所示，海南省耕地主要土壤类型中，土壤有效铁含量以风沙土的含量最高，平均值为 72.22 毫克/千克，在 39.40～153.00 毫克/千克之间变动。水稻土和砖红壤的采样点数较多，分别为 2 199 个和 514 个，其土壤有效铁含量平均值分别为 52.84 毫克/千克和 49.38 毫克/千克，在 3.30～171.20 毫克/千克和3.30～171.20 毫克/千克之间变动。

表 5-20　海南省耕地主要土壤类型土壤有效铁含量

土类	采样点数（个）	平均值（毫克/千克）	标准差	变异系数（%）
赤红壤	7	28.26	11.80	35.72
风沙土	11	72.22	44.43	24.26
黄壤	1	60.20	—	—
火山灰土	21	41.60	23.79	64.26
石质土	1	57.00	—	—
水稻土	2 199	52.84	26.83	49.34
新积土	32	48.08	25.87	37.35
燥红土	20	60.08	29.18	52.52
砖红壤	514	49.38	26.15	52.53
紫色土	10	45.74	31.70	26.12
总计	2 816	52.12	36.74	50.13

（二）不同地貌类型土壤有效铁含量差异

如表 5-21 所示，海南省耕地的地貌类型仅有平原和丘陵两种。平原的土壤有效铁含量平均值较高，为 52.79 毫克/千克，丘陵的为 47.46 毫克/千克。其中，平原地貌中平原低阶的土壤有效铁含量平均值最高，为 54.56 毫克/千克；丘陵地貌中丘陵上部的土壤有效铁含量平均值最高，为 48.21 毫克/千克。

表 5-21　海南省耕地地貌类型土壤有效铁含量

地貌类型		采样点数（个）	平均值（毫克/千克）	标准差	变异系数（%）
平原	平原低阶	1 261	54.56	27.48	50.36
	平原高阶	339	50.27	24.51	48.75
	平原中阶	537	53.55	27.32	51.02
丘陵	丘陵上部	183	48.21	28.45	59.01
	丘陵下部	343	46.99	25.18	53.59
	丘陵中部	153	47.18	23.67	50.17

（三）不同成土母质土壤有效铁含量差异

如表 5-22 所示，海南省不同成土母质发育的耕地土壤中，土壤有效铁含量平均值最高的是沉积物，为 56.95 毫克/千克；其次是冲积物，为 53.62 毫克/千克；最低的是洪积物，为 46.28 毫克/千克。冲积物的土壤有效铁变异系数最大，为 52.76%，最小的是洪积物，为 48.20%。

表 5-22　海南省不同成土母质耕地土壤有效铁含量

成土母质	采样点数（个）	平均值（毫克/千克）	标准差	变异系数（%）
残积物	1 329	49.45	25.47	51.51
沉积物	734	56.95	28.42	49.91
冲积物	425	53.62	28.29	52.76
洪积物	77	46.28	22.31	48.20
坡积物	251	51.36	25.91	50.45
总计	2 816	51.53	26.85	51.51

（四）不同质地类型土壤有效铁含量差异

如表 5-23 所示，海南省不同耕地土壤质地中，沙土的土壤有效铁含量平均值最高，为 59.35 毫克/千克；其次是重壤，为 57.58 毫克/千克；最低的是沙壤，为 50.09 毫克/千克。沙壤的变异系数最大，为 55.47%，最小的是重壤，为 46.36%。

表 5-23　海南省不同土壤质地耕地土壤有效铁含量

质地	采样点数（个）	平均值（毫克/千克）	标准差	变异系数（%）
黏土	350	50.64	23.57	46.54
轻壤	556	50.60	26.17	51.71
沙壤	855	50.09	27.78	55.47
沙土	130	59.35	28.72	48.40
中壤	439	50.97	26.88	52.73
重壤	486	57.58	26.69	46.36
总计	2 816	52.12	26.85	51.51

三、土壤有效铁含量分级与分布情况

参照第二次全国土壤普查养分分级标准，将土壤有效铁含量划分为六个等级。海南省各市县耕地土壤有效铁含量各等级采样点数量和变异系数情况见表 5-24。

有效铁平均含量最高的文昌市，三级以上水平的频率为 98.98%；平均含量第二的三亚市，三级以上水平的频率则为 99.33%。六个等级中，占比最高的是一级，为93.71%，其次是二级，占比为4.62%，几乎全都集中在三级水平以上，表明海南省耕地土壤的有效铁含量丰富。一级水平中儋州市的点位数最多，为297个，占一级水平的11.25%；其次是海口市，为259个，占比为9.81%。二级水平中澄迈县的点位数最多，为17个，占二级水平的13.08%，其次是儋州市，为16个，占比为12.31%。

表5-24　海南省各市县耕地土壤有效铁统计

单位：个、%

地区	一级 ≥20 毫克/千克		二级 15~20 毫克/千克		三级 10~15 毫克/千克		四级 4.5~10 毫克/千克		五级 2.5~4.5 毫克/千克		六级 <2.5 毫克/千克	
	个数	变异系数	个数	变异系数	个数	变异系数	个数	变异系数	个数	变异系数	个数	变异系数
海口市	259	40.14	12	7.70	0	—	5	0.00	0	—	—	—
三亚市	141	46.49	8	3.68	0	—	0	—	1		—	—
五指山市	41	50.52	5	8.45	0	—	3	0.00	0	—	—	—
文昌市	188	44.35	5	8.67	1		0	—	2	0.00	—	—
琼海市	114	46.24	3	3.63	1		2	0.00	0	—	—	—
万宁市	142	44.66	5	8.12	0	—	1	—	3	0.00	—	—
定安县	188	47.10	5	9.18	0	—	3	0.00	0	—	—	—
屯昌县	183	46.76	9	1.36	1		7	0.00	0	—	—	—
澄迈县	213	48.38	17	7.15	3	0.00	2	0.00	0	—	—	—
临高县	189	46.25	8	8.75	0	—	3	0.00	0	—	—	—
儋州市	297	43.87	16	9.40	1		4	0.00	0	—	—	—
东方市	118	52.08	10	8.47	0	—	0	—	0	—	—	—
乐东县	137	50.21	6	7.19	0	—	1	—	0	—	—	—
保亭县	48	45.81	2	0.00	1		0	—	0	—	—	—
琼中县	42	46.09	3	2.07	0	—	0	—	0	—	—	—
陵水县	117	39.98	3	0.00	0	—	0	—	0	—	—	—
白沙县	107	57.72	4	3.37	0	—	2	0.00	0	—	—	—
昌江县	115	45.00	9	7.92	0	—	0	—	0	—	—	—
总计	2 639	47.26	130	8.32	8	10.05	33	0.00	6	0.00	—	—

第五节 土壤有效锰

一、土壤有效锰含量及空间差异

根据全省 2 816 个土样的检测结果，海南省耕地土壤有效锰总体样点平均值为 72.88 毫克/千克，各市县中琼中县的平均含量最高，为 85.19 毫克/千克；其次是保亭县，为 83.61 毫克/千克；屯昌县的土壤有效锰含量平均值最低，为 62.17 毫克/千克；变异系数最大的是文昌市，为 65.49%，最小的是五指山市，为 44.89%。其余详见表 5-25 和图 5-5。

表 5-25　海南省各市县耕地土壤有效锰含量

地区	采样点数（个）	平均值（毫克/千克）	标准差	变异系数（%）
海口市	276	78.31	40.48	51.69
三亚市	150	72.65	37.76	51.98
五指山市	49	72.03	32.34	44.89
文昌市	196	74.76	48.96	65.49
琼海市	120	68.09	43.39	63.72
万宁市	151	75.92	38.68	50.94
定安县	196	75.93	42.47	55.94
屯昌县	200	62.17	39.17	63.00
澄迈县	235	71.24	32.24	45.26
临高县	200	73.94	42.51	57.50
儋州市	318	75.94	41.52	54.67
东方市	128	64.64	37.81	58.49
乐东县	144	74.96	43.01	57.38
保亭县	51	83.61	38.59	46.15
琼中县	45	85.19	40.41	47.43
陵水县	120	68.59	41.00	59.77
白沙县	113	70.52	41.67	59.10
昌江县	124	68.99	33.07	47.94
总计	2 816	72.88	40.53	55.62

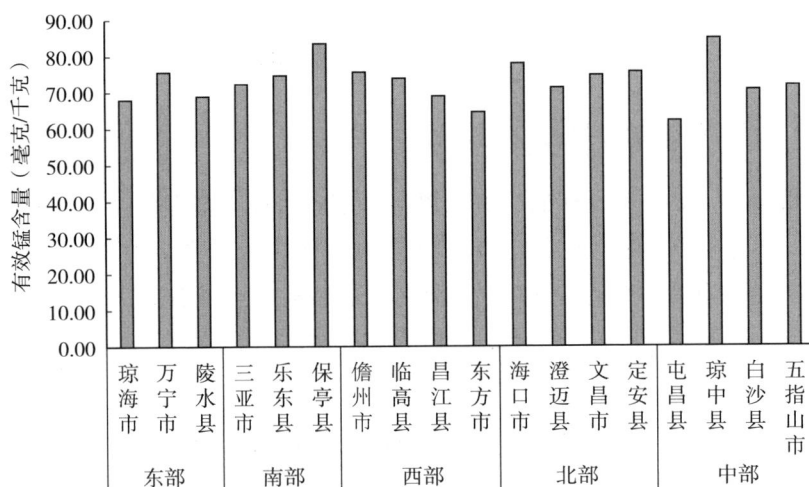

图 5-5 海南省各市县耕地土壤有效锰含量平均值对比

二、土壤有效锰含量及其影响因素

（一）不同土壤类型土壤有效锰含量差异

如表 5-26 所示，海南省耕地主要土壤类型中，土壤有效锰含量以紫色土的含量最高，平均值为 83.06 毫克/千克，在 46.70～139.62 毫克/千克之间变动。水稻土和砖红壤的采样点数较多，分别为 2 199 个和 514 个，其土壤有效锰含量平均值分别为 73.66 毫克/千克和 70.45 毫克/千克，在 7.66～238.46 毫克/千克和 7.66～194.36 毫克/千克之间变动。

表 5-26 海南省耕地主要土壤类型土壤有效锰含量

土类	采样点数（个）	平均值（毫克/千克）	标准差	变异系数（%）
赤红壤	7	79.73	24.92	31.25
风沙土	11	44.68	41.88	93.74
黄壤	1	48.80	—	—
火山灰土	21	73.52	38.85	52.84
石质土	1	64.52	—	—
水稻土	2 199	73.66	41.51	56.35
新积土	32	63.98	38.58	60.31
燥红土	20	73.61	29.27	39.76
砖红壤	514	70.45	36.87	52.34
紫色土	10	83.06	31.38	37.78
总计	2 816	72.88	40.53	55.62

（二）不同地貌类型土壤有效锰含量差异

如表5-27所示，海南省耕地的地貌类型仅有平原和丘陵两种。平原的土壤有效锰含量平均值较高，为73.20毫克/千克，丘陵的为71.20毫克/千克。其中，平原地貌中平原低阶的土壤有效锰含量平均值最高，为73.71毫克/千克；丘陵地貌中丘陵中部的土壤有效锰含量平均值最高，为73.14毫克/千克。

表5-27　海南省耕地地貌类型土壤有效锰含量

地貌类型		采样点数（个）	平均值（毫克/千克）	标准差	变异系数（%）
平原	平原低阶	1 261	73.71	43.35	58.81
	平原高阶	339	70.51	31.64	44.88
	平原中阶	537	75.37	39.42	52.30
丘陵	丘陵上部	183	71.58	38.66	54.00
	丘陵下部	343	68.87	41.64	60.47
	丘陵中部	153	73.14	37.08	50.70

（三）不同成土母质土壤有效锰含量差异

如表5-28所示，海南省不同成土母质发育的耕地土壤中，土壤有效锰含量平均值最高的是洪积物，为80.88毫克/千克；其次是冲积物，为75.34毫克/千克；最低的是残积物，为71.82毫克/千克。沉积物的土壤有效锰变异系数最大，为60.62%，最小的是坡积物，为44.31%。

表5-28　海南省不同成土母质耕地土壤有效锰含量

成土母质	采样点数（个）	平均值（毫克/千克）	标准差	变异系数（%）
残积物	1 329	71.82	40.24	56.03
沉积物	734	71.84	43.55	60.62
冲积物	425	75.34	39.37	52.25
洪积物	77	80.88	43.05	53.22
坡积物	251	74.94	33.20	44.31
总计	2 816	72.88	40.53	55.62

（四）不同质地类型土壤有效锰含量差异

如表5-29所示，海南省不同耕地土壤质地类型中，沙壤的土壤有效锰含量平均值最高，为76.56毫克/千克；其次是黏土，为72.73毫克/千克；最低的是沙土，为67.38毫克/千克。轻壤的变异系数最大，为59.83%，最小的是黏土，为47.49%。

表5-29　海南省不同土壤质地耕地土壤有效锰含量

质地	采样点数（个）	平均值（毫克/千克）	标准差	变异系数（%）
黏土	350	72.73	34.54	47.49
轻壤	556	71.45	42.75	59.83
沙壤	855	76.56	43.19	56.42
沙土	130	67.38	34.15	50.68
中壤	439	70.93	35.35	49.83
重壤	486	71.41	42.70	59.79
总计	2 816	71.74	40.53	55.62

三、土壤有效锰含量分级与分布情况

参照第二次全国土壤普查养分分级标准，将土壤有效锰含量划分为六个等级。海南省各市县耕地土壤有效锰含量各等级采样点数量和变异系数情况见表5-30。

有效锰平均含量最高的琼中县，三级以上水平的频率为91.11%；平均含量第二的保亭县，三级以上水平的频率则为94.12%。六个等级中，占比最高的是一级，为84.66%，其次是五级，占比为4.51%，没有样点处于六级水平，表明海南省耕地土壤的有效锰含量较为丰富。一级水平中儋州市的点位数最多，为279个，占一级水平的11.70%；其次是海口市，为258个，占比为10.82%。五级水平中依旧是儋州市的点位数最多，为26个，占五级水平的20.47%；其次是文昌市，为22个，占比17.32%。

表5-30　海南省各市县耕地土壤有效锰统计

单位：个、%

市县名	一级 ≥30 毫克/千克		二级 20～30 毫克/千克		三级 15～20 毫克/千克		四级 10～15 毫克/千克		五级 5～10 毫克/千克		六级 <5 毫克/千克	
	个数	变异系数	个数	变异系数	个数	变异系数	个数	变异系数	个数	变异系数	个数	变异系数
海口市	258	46.69	5	8.82	9	3.90	3	0.00	1	—		
三亚市	123	33.75	9	6.31	1	—	3	0.00	14	0.12		
五指山市	45	36.09	1	—	0		1	—	2	0.00		
文昌市	164	50.42	4	13.68	2	0.00	4	3.09	22	2.93		—

（续）

市县名	一级 ≥30 毫克/千克		二级 20～30 毫克/千克		三级 15～20 毫克/千克		四级 10～15 毫克/千克		五级 5～10 毫克/千克		六级 <5 毫克/千克	
	个数	变异系数	个数	变异系数	个数	变异系数	个数	变异系数	个数	变异系数	个数	变异系数
琼海市	84	36.22	3	12.86	27	0.00	0	—	6	5.70	—	—
万宁市	133	38.93	3	10.12	1	—	9	2.65	5	0.00		
定安县	158	38.83	16	6.33	8	4.08	10	11.12	4	7.06		
屯昌县	148	37.55	3	8.40	3	5.06	44	4.61	2	0.00		
澄迈县	206	32.94	6	14.68	7	4.13	13	2.66	3	0.00		
临高县	175	47.37	6	7.91	8	4.42	5	0.00	6	5.70		
儋州市	279	42.87	10	5.81	1	—	2	0.00	26	7.09		
东方市	100	41.22	14	12.05	4	4.10	8	0.00	2	0.00		
乐东县	127	47.15	1	—	8	3.85	2	0.00	6	8.02		
保亭县	48	39.63	0	—	0	—	2	0.38	1	—		
琼中县	40	34.90	1	—	0	—	2	0.00	2	10.35		
陵水县	93	40.95	11	8.68	6	4.52	5	2.55	5	0.00		
白沙县	93	41.45	3	2.57	1	—	1	—	15	6.88		
昌江县	110	37.10	3	2.60	2	0.00	4	2.78	5	6.27		
总计	2 384	41.75	99	10.03	88	4.08	118	4.73	127	6.57	—	—

第六节　土壤有效铜

一、土壤有效铜含量及空间差异

全省 2 816 个土样的检测结果显示，海南省耕地土壤有效铜总体样点平均值为 1.93 毫克/千克，各市县中琼海市的平均含量最高，为 3.28 毫克/千克；其次是白沙县，为 2.34 毫克/千克；屯昌县的土壤有效铜含量最低，为 1.16 毫克/千克；变异系数最大的是屯昌县，为 115.95%，最小的是保亭县，为 61.59%。其余详见表 5-31 和图 5-6。

表5-31 海南省各市县耕地土壤有效铜含量

市县名	采样点数（个）	平均值（毫克/千克）	标准差	变异系数（%）
海口市	276	1.97	1.79	90.86
三亚市	150	2.09	1.57	74.96
五指山市	49	1.55	1.57	100.98
文昌市	196	1.78	1.64	92.06
琼海市	120	3.28	2.73	83.14
万宁市	151	1.99	1.50	75.66
定安县	196	2.00	1.86	92.97
屯昌县	200	1.16	1.35	115.95
澄迈县	235	1.70	1.48	87.13
临高县	200	1.91	1.61	84.21
儋州市	318	1.77	1.58	89.01
东方市	128	1.83	1.48	80.79
乐东县	144	1.96	1.76	89.93
保亭县	51	2.25	1.39	61.59
琼中县	45	2.07	1.41	67.91
陵水县	120	2.03	1.61	79.24
白沙县	113	2.34	1.95	83.25
昌江县	124	2.03	1.46	71.96
总计	2 816	1.93	1.71	88.90

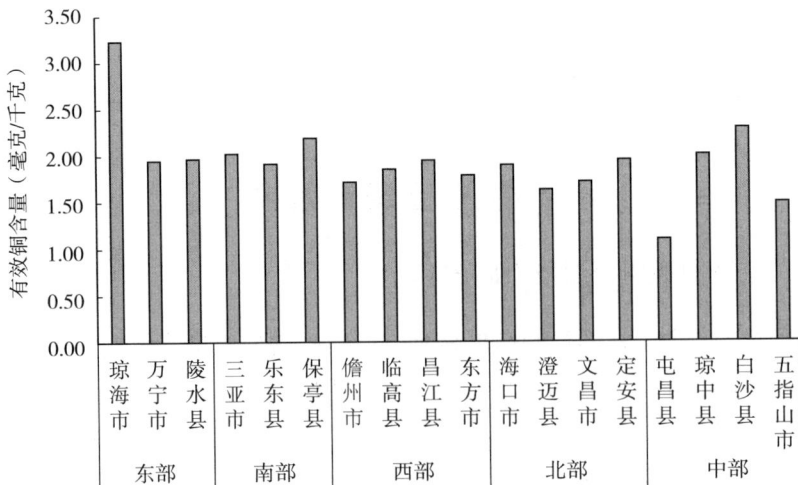

图5-6 海南省各市县耕地土壤有效铜含量平均值对比

二、土壤有效铜含量及其影响因素

（一）不同土壤类型土壤有效铜含量差异

如表 5-32 所示，海南省耕地主要土壤类型中，土壤有效铜含量以石质土的含量最高，但其仅有一个采样点，除此之外，平均值最高的是紫色土，为 2.47 毫克/千克，在 0.61～5.63 毫克/千克之间变动。水稻土和砖红壤的采样点数较多，分别为 2 199 个和 514 个，其土壤有效铜含量平均值分别为 1.98 毫克/千克和 1.70 毫克/千克，均在 0.12～8.22 毫克/千克范围内变动。

表 5-32　海南省耕地主要土壤类型土壤有效铜含量

土类	采样点数（个）	平均值（毫克/千克）	标准差	变异系数（%）
赤红壤	7	1.44	1.85	128.71
风沙土	11	1.15	1.41	123.46
黄壤	1	1.12	—	—
火山灰土	21	2.20	1.79	81.42
石质土	1	4.00	—	—
水稻土	2 199	1.98	1.73	87.54
新积土	32	1.95	1.39	70.93
燥红土	20	1.80	1.48	82.54
砖红壤	514	1.70	1.63	96.11
紫色土	10	2.47	1.70	68.80
总计	2 816	1.97	1.73	88.60

（二）不同地貌类型土壤有效铜含量差异

如表 5-33 所示，海南省耕地的地貌类型仅有平原和丘陵两种。平原的土壤有效铜含量平均值较高，为 1.96 毫克/千克，丘陵的为 1.78 毫克/千克，相差不大。其中，平原地貌中平原低阶的土壤有效铜含量平均值最高，为 2.02 毫克/千克；丘陵上部的土壤有效铜含量平均值最高，为 2.01 毫克/千克。

表 5-33　海南省耕地地貌类型土壤有效铜含量

地貌类型		采样点数（个）	平均值（毫克/千克）	标准差	变异系数（%）
平原	平原低阶	1 261	2.02	1.79	88.64
	平原高阶	339	1.87	1.60	85.70
	平原中阶	537	1.99	1.62	81.43

（续）

	地貌类型	采样点数（个）	平均值（毫克/千克）	标准差	变异系数（%）
	丘陵上部	183	2.01	1.79	89.04
丘陵	丘陵下部	343	1.54	1.68	109.39
	丘陵中部	153	1.80	1.41	78.76

（三）不同成土母质土壤有效铜含量差异

如表 5-34 所示，海南省不同成土母质发育的耕地土壤中，土壤有效铜含量平均值最高的是洪积物，为 2.31 毫克/千克；其次是冲积物，为 2.13 毫克/千克；最低的是残积物，为 1.86 毫克/千克。残积物的土壤有效铜变异系数最大，为 92.76%，最小的是洪积物，为 82.42%。

表 5-34　海南省不同成土母质耕地土壤有效铜含量

成土母质	采样点数（个）	平均值（毫克/千克）	标准差	变异系数（%）
残积物	1 329	1.86	1.72	92.76
沉积物	734	1.88	1.64	87.50
冲积物	425	2.13	1.77	83.08
洪积物	77	2.31	1.91	82.42
坡积物	251	1.98	1.68	84.52
总计	2 816	1.93	1.71	88.90

（四）不同质地类型土壤有效铜含量差异

如表 5-35 所示，海南省不同耕地土壤质地类型中，沙土的土壤有效铜含量平均值最高，为 2.20 毫克/千克；其次是中壤，为 2.10 毫克/千克；最低的是黏土，为 1.82 毫克/千克。重壤的变异系数最大，为 98.51%，最小的是沙土，为 79.89%。

表 5-35　海南省不同土壤质地耕地土壤有效铜含量

质地	采样点数（个）	平均值（毫克/千克）	标准差	变异系数（%）
黏土	350	1.82	1.67	92.06
轻壤	556	1.98	1.67	84.66
沙壤	855	1.85	1.66	89.64
沙土	130	2.20	1.75	79.89
中壤	439	2.10	1.74	82.92
重壤	486	1.85	1.82	98.51
总计	2 816	1.93	1.71	88.90

三、土壤有效铜含量分级与分布情况

参照第二次全国土壤普查土壤养分分级标准,将土壤有效铜含量划分为六个等级。海南省各市县耕地土壤有效铜含量各等级采样点数量和变异系数情况见表5-36。

有效铜平均含量最高的白沙县,三级以上水平的频率为59.29%;平均含量第二的保亭县,三级以上水平的频率则为78.43%。六个等级中,占比最高的是一级,为46.09%,其次是四级,占比为25.75%,表明海南省耕地土壤的有效铜含量较为丰富。一级水平中海口市的点位数最多,为125个,占一级水平的9.63%;其次是儋州市,为123个,占比为9.48%。四级水平中依旧是海口市的点位数最多,为85个,占四级水平的11.72%;其次是儋州市,为84个,占比为11.59%。

表5-36　海南省各市县耕地土壤有效铜统计

单位:个、%

地区	一级 ≥1.8 毫克/千克		二级 1.5~1.8 毫克/千克		三级 1.0~1.5 毫克/千克		四级 0.5~1.0 毫克/千克		五级 0.2~0.5 毫克/千克		六级 <0.2 毫克/千克	
	个数	变异系数	个数	变异系数	个数	变异系数	个数	变异系数	个数	变异系数	个数	变异系数
海口市	125	42.51	0	—	27	6.61	85	11.58	30	13.51	9	15.24
三亚市	86	42.11	6	2.34	16	4.82	16	3.56	23	10.13	3	0.00
五指山市	15	46.64	0	—	11	9.03	14	9.03	3	7.53	6	6.62
文昌市	81	38.05	1	—	16	6.39	66	5.90	24	7.06	8	13.33
琼海市	75	48.71	0	—	15	6.90	17	15.35	9	9.24	4	15.31
万宁市	73	31.54	1	—	22	6.99	38	20.27	11	23.99	6	23.09
定安县	88	47.01	7	1.55	25	6.02	39	14.10	15	26.96	22	14.51
屯昌县	49	42.61	1	—	16	6.39	75	25.13	8	29.78	51	7.38
澄迈县	98	36.54	1	—	32	8.72	68	15.76	15	26.93	21	15.37
临高县	99	40.89	0	—	18	7.49	57	5.94	14	25.81	12	19.50
儋州市	123	31.52	5	2.28	43	7.32	84	6.03	35	20.58	28	12.51
东方市	63	42.50	10	0.00	8	13.17	30	9.01	9	25.62	8	22.93
乐东县	67	42.89	0	—	9	5.83	52	9.87	6	13.22	8	11.73
保亭县	32	32.18	3	1.33	5	5.08	6	19.30	2	30.50	3	10.66

（续）

地区	一级 ≥1.8 毫克/千克		二级 1.5~1.8 毫克/千克		三级 1.0~1.5 毫克/千克		四级 0.5~1.0 毫克/千克		五级 0.2~0.5 毫克/千克		六级 <0.2 毫克/千克	
	个数	变异系数	个数	变异系数	个数	变异系数	个数	变异系数	个数	变异系数	个数	变异系数
琼中县	25	33.34	1	—	7	6.70	6	26.01	4	28.93	2	0.00
陵水县	73	48.22	0	—	10	11.44	22	13.43	6	2.61	9	18.46
白沙县	64	39.73	2	0.00	1	—	23	8.40	15	9.75	8	18.97
昌江县	62	27.46	1	—	17	8.63	27	18.21	12	20.01	5	16.50
总计	1 298	42.47	39	2.66	298	8.07	725	14.32	243	19.43	213	15.95

第七节 土壤有效锌

一、土壤有效锌含量及空间差异

根据全省 2 816 个土样的检测结果，海南省耕地土壤有效锌总体样点平均值为 0.73 毫克/千克，各市县中海口市平均含量最高，为 1.12 毫克/千克；其次是三亚市，为 0.89 毫克/千克；屯昌县的土壤有效锌含量最低，为 0.53 毫克/千克；变异系数最大的是海口市，为 182.61%，最小的是琼中县，为 49.66%。其余详见表 5-37 和图 5-7。

表 5-37 海南省各市县耕地土壤有效锌含量

地区	采样点数（个）	平均值（毫克/千克）	标准差	变异系数（%）
海口市	276	1.12	2.04	182.61
三亚市	150	0.89	0.69	78.38
五指山市	49	0.76	0.81	106.26
文昌市	196	0.68	0.97	141.26
琼海市	120	0.69	0.49	70.65
万宁市	151	0.73	0.79	108.84
定安县	196	0.63	0.40	63.31
屯昌县	200	0.53	0.94	178.83
澄迈县	235	0.68	1.15	169.71

（续）

地区	采样点数（个）	平均值（毫克/千克）	标准差	变异系数（%）
临高县	200	0.72	1.11	153.65
儋州市	318	0.71	1.04	145.49
东方市	128	0.70	0.41	57.98
乐东县	144	0.67	0.81	120.55
保亭县	51	0.78	0.58	74.47
琼中县	45	0.66	0.33	49.66
陵水县	120	0.73	0.54	74.02
白沙县	113	0.60	0.33	54.74
昌江县	124	0.64	0.84	131.07
总计	2 816	0.73	1.03	141.29

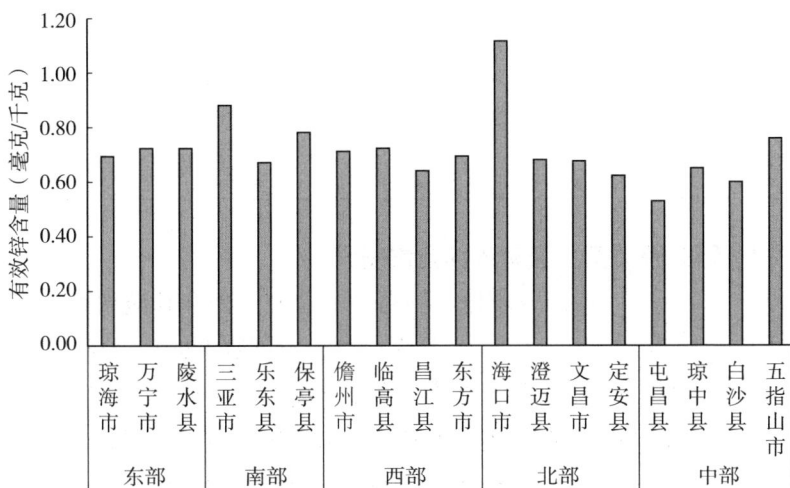

图 5-7 海南省各市县耕地土壤有效锌含量平均值对比

二、土壤有效锌含量及其影响因素

（一）不同土壤类型土壤有效锌含量差异

如表 5-38 所示，海南省耕地主要土壤类型中，土壤有效锌含量以黄壤的含量最高，但其采样点仅有 1 个，除此之外新积土的平均值最高，为 0.84 毫克/千克，在 0.08~3.09 毫克/千克之间变动。水稻土和砖红壤的采样点数较多，分别为 2 199 个和 514 个，其土壤有效锌含量平均值分别为 0.75 毫克/千克和 0.65 毫克/千克，变化范围均在 0.05～8.85 毫克/千克之间。

表 5-38　海南省耕地主要土壤类型土壤有效锌含量

土类	采样点数（个）	平均值（毫克/千克）	标准差	变异系数（%）
赤红壤	7	0.46	0.19	41.49
风沙土	11	0.27	0.08	27.62
黄壤	1	3.09	—	—
火山灰土	21	0.62	0.40	65.60
石质土	1	0.71	—	—
水稻土	2 199	0.75	1.03	137.49
新积土	32	0.84	0.70	84.05
燥红土	20	0.45	0.31	68.89
砖红壤	514	0.65	1.08	166.46
紫色土	10	0.67	0.34	51.05
总计	2 816	0.73	1.03	141.29

（二）不同地貌类型土壤有效锌含量差异

如表 5-39 所示，海南省耕地的地貌类型仅有平原和丘陵两种。平原的土壤有效锌含量平均值较高，为 0.75 毫克/千克，丘陵的为 0.69 毫克/千克。其中，平原地貌中平原高阶的土壤有效锌含量平均值最高，为 0.83 毫克/千克；丘陵地貌中丘陵中部的土壤有效锌含量平均值最高，为 0.81 毫克/千克。

表 5-39　海南省耕地地貌类型土壤有效锌含量

地貌类型		采样点数（个）	平均值（毫克/千克）	标准差	变异系数（%）
平原	平原低阶	1 261	0.77	1.07	139.15
	平原高阶	339	0.83	1.46	175.53
	平原中阶	537	0.65	0.58	89.23
丘陵	丘陵上部	183	0.67	0.52	78.76
	丘陵下部	343	0.59	0.99	167.08
	丘陵中部	153	0.81	1.24	154.19

（三）不同成土母质土壤有效锌含量差异

如表 5-40 所示，海南省不同成土母质发育的耕地土壤中，土壤有效锌含量平均值最高的是坡积物，为 1.00 毫克/千克；其次是冲积物，为 0.75 毫克/千克；最低的是沉积物，为 0.66 毫克/千克。坡积物的土壤有效锌变异系数最大，为 181.00%，最小的是洪积物，为 53.60%。

表 5-40　海南省不同成土母质耕地土壤有效锌含量

成土母质	采样点数（个）	平均值（毫克/千克）	标准差	变异系数（%）
残积物	1 329	0.71	1.05	147.41
沉积物	734	0.66	0.70	106.97
冲积物	425	0.75	0.85	112.95
洪积物	77	0.71	0.38	53.60
坡积物	251	1.00	1.82	181.00
总计	2 816	0.73	1.03	141.29

（四）不同质地类型土壤有效锌含量差异

如表 5-41 所示，海南省不同耕地土壤质地类型中，重壤的土壤有效锌含量平均值最高，为 0.84 毫克/千克；其次是中壤，为 0.76 毫克/千克；最低的是沙土，为 0.60 毫克/千克。重壤的变异系数最大，为 189.19%，最小的是沙土，为 66.12%。

表 5-41　海南省不同土壤质地耕地土壤有效锌含量

质地	采样点数（个）	平均值（毫克/千克）	标准差	变异系数（%）
黏土	350	0.69	1.03	149.38
轻壤	556	0.68	0.65	95.34
沙壤	855	0.71	0.81	113.65
沙土	130	0.60	0.40	66.12
中壤	439	0.76	1.13	147.97
重壤	486	0.84	1.59	189.19
总计	2 816	0.73	1.03	141.29

三、土壤有效锌含量分级与分布情况

参照第二次全国土壤普查和海南省的分级标准，将土壤有效锌含量划分为六个等级。海南省各市县耕地土壤有效锌含量各等级采样点数量和变异系数情况见表5-42。

有效锌平均含量最高的海口市，三级以上水平的频率为25.36%，占比较低；平均含量第二的三亚市，三级以上水平的频率则为49.33%。六个等级中，占比最高的是五级，为28.13%，其次是四级，占比为25.78%，表明海南省耕地土壤的有效锌含量处于中等偏下水平。四级水平中儋州市的点位数最多，为85个，占四级水平的12.96%；其次是海口市，为82个，占比为12.5%。六级水平中海口市的点位数最多，为33个，占六级水平的12.6%；其次是儋州市，为27个，占比为10.31%。

表5-42　海南省各市县耕地土壤有效锌统计

单位：个、%

市县	一级 ≥3.0 毫克/千克		二级 1.5~3.0 毫克/千克		三级 1.0~1.5 毫克/千克		四级 0.5~1.0 毫克/千克		五级 0.3~0.5 毫克/千克		六级 <0.3毫克/千克	
	个数	变异系数	个数	变异系数	个数	变异系数	个数	变异系数	个数	变异系数	个数	变异系数
海口市	32	34.82	15	3.57	49	7.79	82	5.66	65	13.42	33	11.20
三亚市	10	30.31	10	3.53	32	8.26	40	5.56	48	13.91	10	8.11
五指山市	3	19.58	6	2.95	14	7.45	5	0.00	16	12.57	5	16.11
文昌市	19	15.67	22	3.24	57	7.20	33	5.52	51	14.66	14	12.62
琼海市	12	38.78	11	3.88	34	7.19	29	5.42	25	10.95	9	11.67
万宁市	20	28.77	24	3.78	33	7.16	26	5.61	43	13.58	5	2.21
定安县	21	24.29	26	3.78	49	7.88	37	5.16	52	13.02	11	3.73
屯昌县	9	31.26	17	3.30	38	6.85	47	5.77	72	13.74	17	12.37
澄迈县	17	24.74	28	3.33	49	7.99	51	5.91	65	13.13	25	7.06
临高县	10	21.76	19	3.04	27	7.63	64	5.01	59	13.44	21	11.60
儋州市	35	33.86	22	3.76	69	7.82	85	5.82	80	13.71	27	9.39
东方市	14	29.95	11	3.88	19	7.02	30	5.98	34	13.54	9	11.05
乐东县	16	26.77	15	3.73	27	6.91	37	5.92	36	14.90	13	12.34
保亭县	2	23.57	9	3.66	8	7.50	14	5.99	16	12.65	2	0.00
琼中县	12	21.20	5	3.39	10	8.57	5	6.52	9	16.18	5	11.77
陵水县	9	23.57	2	5.24	29	6.90	23	5.99	46	15.13	11	0.00
白沙县	4	14.92	3	4.33	11	6.94	18	6.05	51	14.10	26	12.75
昌江县	10	43.86	20	3.35	30	6.69	30	5.99	25	15.77	9	16.29
总计	255	32.17	265	3.71	585	7.48	656	5.68	793	13.82	262	10.72

土壤有效钼

一、土壤有效钼含量及空间差异

根据全省 2 816 个土样的检测结果，海南省耕地土壤有效钼总体样点平均值为 0.21 毫克/千克，各市县中东方市的平均含量最高，为 0.87 毫克/千克；其次是儋州市，为 0.25 毫克/千克；乐东县的土壤有效钼含量最低，为 0.11 毫克/千克；变异系数最大的是文昌市，为 445.35%，最小的是澄迈县，为 57.75%。其余详见表 5-43 和图 5-8。

表 5-43　海南省各市县耕地土壤有效钼含量

地区	采样点数（个）	平均值（毫克/千克）	标准差	变异系数（%）
海口市	276	0.15	0.13	88.20
三亚市	150	0.22	0.78	348.60
五指山市	49	0.17	0.19	112.11
文昌市	196	0.15	0.68	445.35
琼海市	120	0.17	0.12	68.36
万宁市	151	0.14	0.10	70.64
定安县	196	0.18	0.67	367.31
屯昌县	200	0.20	0.74	363.35
澄迈县	235	0.18	0.10	57.75
临高县	200	0.14	0.12	86.53
儋州市	318	0.25	1.08	433.49
东方市	128	0.87	2.52	290.54
乐东县	144	0.11	0.10	90.33
保亭县	51	0.16	0.13	83.00
琼中县	45	0.12	0.09	76.51
陵水县	120	0.18	0.12	65.49
白沙县	113	0.16	0.12	76.22
昌江县	124	0.14	0.10	71.03
总计	2 816	0.21	0.76	371.51

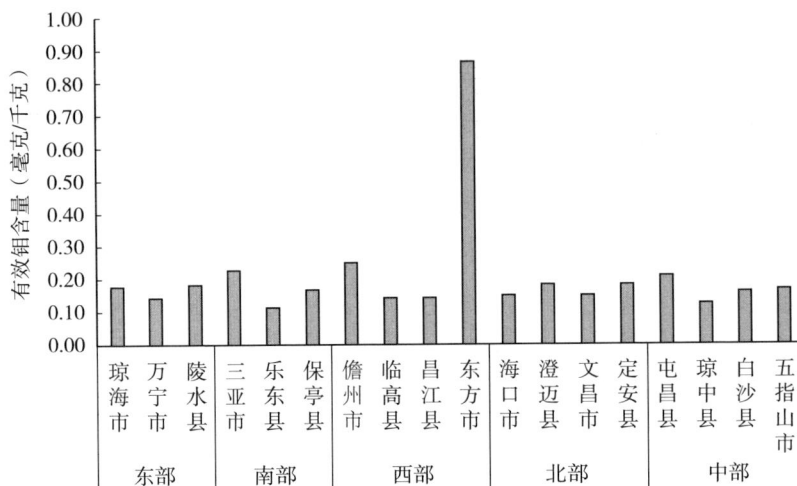

图 5 - 8　海南省各市县耕地土壤有效钼含量平均值对比

二、土壤有效钼含量及其影响因素

(一) 不同土壤类型土壤有效钼含量

如表 5 - 44 所示,海南省耕地主要土壤类型中,黄壤和石质土的有效钼含量较高,但其采样点仅有 1 个,除此之外水稻土的平均值最高,为 0.22 毫克/千克,在 0.006~9.48 毫克/千克之间变动。砖红壤的采样点数仅次于水稻土,为 514 个,其土壤有效钼含量平均值为 0.16 毫克/千克,在 0.006~0.68 毫克/千克之间变动。

表 5 - 44　海南省耕地主要土壤类型土壤有效钼含量

土类	采样点数 (个)	平均值 (毫克/千克)	标准差	变异系数 (%)
赤红壤	7	0.12	0.09	76.21
风沙土	11	0.10	0.09	90.59
黄壤	1	0.68	—	—
火山灰土	21	0.12	0.07	61.14
石质土	1	0.25	—	—
水稻土	2 199	0.22	0.86	394.62
新积土	32	0.16	0.16	98.32
燥红土	20	0.14	0.09	66.49
砖红壤	514	0.16	0.12	76.50
紫色土	10	0.18	0.14	79.25
总计	2 816	0.21	0.76	371.51

(二) 不同地貌类型土壤有效钼含量差异

如表 5-45 所示，海南省耕地的地貌类型仅有平原和丘陵两种。平原的土壤有效钼含量平均值较高，为 0.19 毫克/千克，丘陵的为 0.17 毫克/千克，相差不大。其中，平原地貌中平原低阶的土壤有效钼含量平均值最高，为 0.26 毫克/千克；丘陵地貌中丘陵下部的土壤有效钼含量平均值最高，为 0.19 毫克/千克。

表 5-45　海南省耕地地貌类型土壤有效钼含量

地貌类型		采样点数 (个)	平均值 (毫克/千克)	标准差	变异系数 (%)
平原	平原低阶	1 261	0.26	1.06	413.48
	平原高阶	339	0.17	0.41	240.27
	平原中阶	537	0.15	0.11	74.75
丘陵	丘陵上部	183	0.16	0.14	90.07
	丘陵下部	343	0.19	0.65	339.52
	丘陵中部	153	0.15	0.11	76.25

(三) 不同成土母质土壤有效钼含量差异

如表 5-46 所示，海南省不同成土母质发育的耕地土壤中，土壤有效钼含量平均值最高的是残积物，为 0.26 毫克/千克；其次是沉积物，为 0.17 毫克/千克；最低的是冲积物，为 0.14 毫克/千克。残积物的土壤有效钼变异系数最大，为 383.70%，最小的是洪积物，为 71.56%。

表 5-46　海南省不同成土母质耕地土壤有效钼含量

成土母质	采样点数 (个)	平均值 (毫克/千克)	标准差	变异系数 (%)
残积物	1 329	0.26	1.01	383.70
沉积物	734	0.17	0.61	367.65
冲积物	425	0.14	0.12	88.22
洪积物	77	0.15	0.10	71.56
坡积物	251	0.16	0.11	73.47
总计	2 816	0.21	0.76	371.51

(四) 不同质地类型土壤有效钼含量差异

如表 5-47 所示，海南省不同耕地土壤质地类型中，轻壤有效钼含量平均值最高，为 0.36 毫克/千克；其次是黏土和中壤，均为 0.18 毫克/千克；最低的是沙土，为 0.13 毫克/千克。轻壤变异系数最大，为 390.19%，最小的是沙土，为 71.55%。

表 5-47 海南省不同土壤质地耕地土壤有效钼含量

质地	采样点数（个）	平均值（毫克/千克）	标准差	变异系数（%）
黏土	350	0.18	0.41	224.51
轻壤	556	0.36	1.40	390.19
沙壤	855	0.16	0.47	286.40
沙土	130	0.13	0.09	71.55
中壤	439	0.18	0.58	316.12
重壤	486	0.16	0.55	341.51
总计	2 816	0.21	0.76	371.51

三、土壤有效钼含量分级与分布情况

参照第二次全国土壤普查土壤养分分级标准，将土壤有效钼含量划分为六个等级。海南省各市县耕地土壤有效钼含量各等级采样点数量和变异系数情况见表 5-48。

有效钼平均含量最高的东方市，三级以上水平的频率为 25.00%，占比较低；平均含量第二的儋州市，三级以上水平的频率则为 20.75%，占比较低。六个等级中，占比最高的是五级，为 45.49%，其次是四级，占比为 20.99%，表明海南省耕地土壤的有效钼较为缺乏。四级水平中儋州市的点位数最多，为 85 个，占四级水平的 12.96%；其次是海口市，为 82 个，占比为 12.50%。六级水平中海口市的点位数最多，为 33 个，占六级水平的 12.60%；其次是儋州市，为 27 个，占比为 10.31%。

表 5-48 海南省各市县耕地土壤有效钼统计

单位：个、%

地区	一级 ≥0.3 毫克/千克		二级 0.25~0.3 毫克/千克		三级 0.2~0.25 毫克/千克		四级 0.15~0.2 毫克/千克		五级 0.1~0.15 毫克/千克		六级 <0.1毫克/千克	
	个数	变异系数	个数	变异系数	个数	变异系数	个数	变异系数	个数	变异系数	个数	变异系数
海口市	32	34.82	15	3.57	49	7.79	82	5.66	65	13.42	33	11.20
三亚市	10	30.31	10	3.53	32	8.26	40	5.56	48	13.91	10	8.11

（续）

地区	一级 ≥0.3 毫克/千克		二级 0.25～0.3 毫克/千克		三级 0.2～0.25 毫克/千克		四级 0.15～0.2 毫克/千克		五级 0.1～0.15 毫克/千克		六级 <0.1毫克/千克	
	个数	变异系数	个数	变异系数	个数	变异系数	个数	变异系数	个数	变异系数	个数	变异系数
五指山市	3	19.58	6	2.95	14	7.45	5	0.00	16	12.57	5	16.11
文昌市	19	15.67	22	3.24	57	7.20	33	5.52	51	14.66	14	12.62
琼海市	12	38.78	11	3.88	34	7.19	29	5.42	25	10.95	9	11.67
万宁市	20	28.77	24	3.78	33	7.16	26	5.61	43	13.58	5	2.21
定安县	21	24.29	26	3.78	49	7.88	37	5.16	52	13.02	11	3.73
屯昌县	9	31.26	17	3.30	38	6.85	47	5.77	72	13.74	17	12.37
澄迈县	17	24.74	28	3.33	49	7.99	51	5.91	65	13.13	25	7.06
临高县	10	21.76	19	3.04	27	7.63	64	5.01	59	13.44	21	11.60
儋州市	35	33.86	22	3.76	69	7.82	85	5.82	80	13.71	27	9.39
东方市	14	29.95	11	3.88	19	7.02	30	5.98	35	13.54	19	11.05
乐东县	16	26.77	15	3.73	27	6.91	37	5.92	36	14.90	13	12.34
保亭县	2	23.57	9	3.66	8	7.50	14	5.99	16	12.65	2	0.00
琼中县	12	21.20	5	3.39	10	8.57	5	6.52	8	16.18	5	11.77
陵水县	9	23.57	2	5.24	29	6.90	23	5.99	46	15.13	11	0.00
白沙县	4	14.92	3	4.33	11	6.94	18	6.05	51	14.10	26	12.75
昌江县	10	43.86	20	3.35	30	6.69	30	5.99	25	15.77	9	16.29
总计	255	32.17	265	3.71	585	7.48	656	5.68	793	13.82	262	10.72

第九节 土壤有效硼

一、土壤有效硼含量及空间差异

根据全省 2 816 个土样的检测结果，海南省耕地土壤有效硼总体样点平均值为 0.34 毫克/千克，各市县中白沙县的平均含量最高，为 0.39 毫克/千克；其次是万宁市，为 0.38 毫克/千克；琼海市、三亚市、屯昌县和陵水县的土壤有效硼含量较低，均为 0.30 毫克/千克；变异系数最大的是五指山市，为 65.69%，最小的是昌江县，为 39.47%。其余详见表 5-49 和图 5-9。

表 5 - 49　海南省各市县耕地土壤有效硼含量

地区	采样点数（个）	平均值（毫克/千克）	标准差	变异系数（%）
海口市	276	0.33	0.16	48.28
三亚市	150	0.30	0.17	55.78
五指山市	49	0.32	0.21	65.69
文昌市	196	0.35	0.17	48.31
琼海市	120	0.30	0.19	64.00
万宁市	151	0.38	0.18	46.34
定安县	196	0.35	0.17	47.17
屯昌县	200	0.30	0.16	54.49
澄迈县	235	0.36	0.15	42.82
临高县	200	0.35	0.17	48.28
儋州市	318	0.37	0.18	48.78
东方市	128	0.35	0.16	45.29
乐东县	144	0.36	0.16	43.29
保亭县	51	0.33	0.15	46.42
琼中县	45	0.35	0.18	51.39
陵水县	120	0.30	0.14	46.93
白沙县	113	0.39	0.20	51.87
昌江县	124	0.36	0.14	39.47
总计	2 816	0.34	0.17	49.31

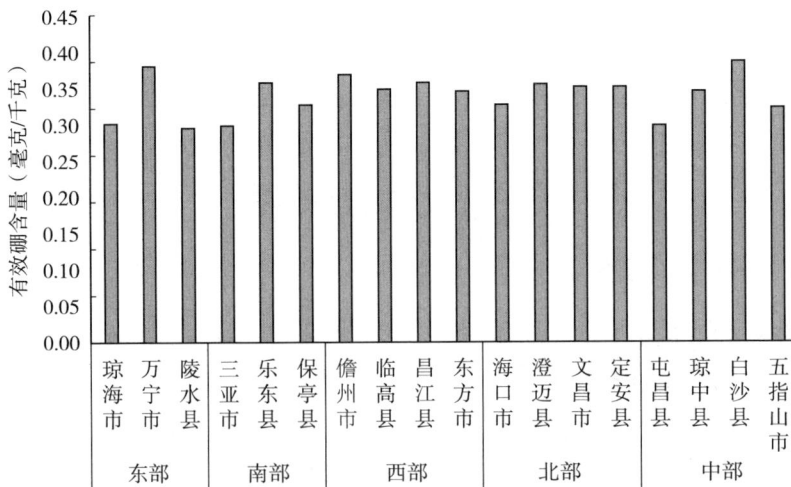

图 5 - 9　海南省各市县耕地土壤有效硼含量平均值对比

二、土壤有效硼含量及其影响因素

（一）不同土壤类型土壤有效硼含量差异

如表 5-50 所示，海南省耕地主要土壤类型中，土壤有效硼含量以石质土的含量最高，但其采样点仅有一个，除此之外火山灰土和燥红土的平均值最高，均为 0.38 毫克/千克，在 0.16～0.75 毫克/千克与 0.04～0.72 毫克/千克之间变动。水稻土和砖红壤的采样点数较多，分别为 2 199 个和 514 个，其土壤有效硼含量平均值分别为 0.35 毫克/千克和 0.33 毫克/千克，在 0.02～0.85 毫克/千克和 0.04～0.85 毫克/千克之间变动。

表 5-50　海南省耕地主要土壤类型土壤有效硼含量

土类	采样点数（个）	平均值（毫克/千克）	标准差	变异系数（%）
赤红壤	7	0.35	0.29	80.99
风沙土	11	0.22	0.13	60.43
黄壤	1	0.05	—	—
火山灰土	21	0.38	0.16	41.73
石质土	1	0.40	—	—
水稻土	2 199	0.35	0.17	48.94
新积土	32	0.32	0.15	46.94
燥红土	20	0.38	0.13	33.96
砖红壤	514	0.33	0.17	50.72
紫色土	10	0.33	0.19	57.93
总计	2 816	0.34	0.17	49.31

（二）不同地貌类型土壤有效硼含量差异

如表 5-51 所示，海南省耕地的地貌类型仅有平原和丘陵两种。平原的土壤有效硼含量平均值与丘陵的基本一致。其中，平原地貌中阶土壤有效硼含量平均值最高，为 0.37 毫克/千克；丘陵地貌中部的土壤有效硼含量平均值最高，为 0.37 毫克/千克。

表 5-51　海南省耕地地貌类型土壤有效硼含量

地貌类型		采样点数（个）	平均值（毫克/千克）	标准差	变异系数（%）
平原	平原低阶	1 261	0.34	0.17	51.13
	平原高阶	339	0.31	0.14	45.87
	平原中阶	537	0.37	0.16	43.17

（续）

地貌类型		采样点数（个）	平均值（毫克/千克）	标准差	变异系数（%）
丘陵	丘陵上部	183	0.35	0.20	56.79
	丘陵下部	343	0.33	0.17	50.80
	丘陵中部	153	0.37	0.17	45.28

（三）不同成土母质土壤有效硼含量差异

如表 5-52 所示，海南省不同成土母质发育的耕地土壤中，土壤有效硼含量平均值最高的是洪积物，为 0.38 毫克/千克；其次是沉积物、冲积物和坡积物，均为 0.35 毫克/千克；最低的是残积物，为 0.33 毫克/千克。坡积物的土壤有效硼变异系数最大，为 50.54%，最小的是沉积物，为 48.20%。

表 5-52　海南省不同成土母质耕地土壤有效硼含量

成土母质	采样点数（个）	平均值（毫克/千克）	标准差	变异系数（%）
残积物	1 329	0.33	0.17	49.81
沉积物	734	0.35	0.17	48.20
冲积物	425	0.35	0.17	48.56
洪积物	77	0.38	0.19	49.49
坡积物	251	0.35	0.18	50.54
总计	2 816	0.34	0.17	49.31

（四）不同质地类型土壤有效硼含量差异

如表 5-53 所示，海南省不同耕地土壤质地类型中，轻壤、沙壤和沙土的土壤有效硼含量平均值最高，均为 0.35 毫克/千克；其次是中壤，为 0.34 毫克/千克；最低的是黏土，均为 0.33 毫克/千克。沙壤的变异系数最大，为 53.10%，最小的是沙土，为 44.72%。

表 5-53　海南省不同土壤质地类型耕地土壤有效硼含量

质地类型	采样点数（个）	平均值（毫克/千克）	标准差	变异系数（%）
黏土	350	0.33	0.15	45.74
轻壤	556	0.35	0.17	47.10
沙壤	855	0.35	0.18	53.10
沙土	130	0.35	0.16	44.72
中壤	439	0.34	0.15	45.23
重壤	486	0.33	0.17	51.78
总计	2 816	0.34	0.17	49.31

三、土壤有效硼含量分级与分布情况

参照第二次全国土壤普查和海南省的分级标准,将土壤有效硼含量划分为六个等级。海南省各市县耕地土壤有效硼含量各等级采样点数量和变异系数情况见表5－54。

表5－54　海南省各市县耕地土壤有效硼统计

单位:个、%

地区	一级 ≥2.0 毫克/千克		二级 1.5～2.0 毫克/千克		三级 1.0～1.5 毫克/千克		四级 0.5～1.0 毫克/千克		五级 0.2～0.5 毫克/千克		六级 <0.2毫克/千克	
	个数	变异系数	个数	变异系数	个数	变异系数	个数	变异系数	个数	变异系数	个数	变异系数
海口市	—	—	—	—	—	—	17	18.37	193	19.49	66	33.28
三亚市	—	—	—	—	—	—	10	12.55	97	22.44	43	35.29
五指山市	—	—	—	—	—	—	7	10.44	26	19.80	16	91.97
文昌市	—	—	—	—	—	—	24	16.29	128	19.26	44	23.73
琼海市	—	—	—	—	—	—	15	11.04	52	19.58	53	27.52
万宁市	—	—	—	—	—	—	29	15.30	103	20.03	19	40.54
定安县	—	—	—	—	—	—	32	10.09	128	22.54	36	35.17
屯昌县	—	—	—	—	—	—	22	14.76	119	19.67	59	26.39
澄迈县	—	—	—	—	—	—	27	18.28	181	19.46	27	36.02
临高县	—	—	—	—	—	—	22	12.62	138	21.43	40	37.19
儋州市	—	—	—	—	—	—	49	12.30	214	19.13	55	57.91
东方市	—	—	—	—	—	—	18	18.65	92	19.69	18	50.11
乐东县	—	—	—	—	—	—	20	13.86	101	21.26	23	22.34
保亭县	—	—	—	—	—	—	3	22.18	40	21.93	8	38.44
琼中县	—	—	—	—	—	—	7	12.47	30	19.60	8	77.78
陵水县	—	—	—	—	—	—	10	10.04	80	21.19	30	33.46
白沙县	—	—	—	—	—	—	22	9.45	67	19.16	24	38.06
昌江县	—	—	—	—	—	—	14	8.70	94	18.86	16	38.90
总计	—	—	—	—	—	—	348	14.26	1 883	20.58	585	38.39

海南耕地土壤有效硼仅在四、五、六等级分布,表明海南省耕地土壤的有效硼含量相当缺乏。四级水平中儋州市的点位数最多,为49个,占四级水平的14.08%;其次是定安县,为32个,占比为9.20%。五级水平中儋州市的

· 105 ·

点位数最多，为214个，占五级水平的11.36%；其次是海口市，为193个，占比10.25%。六级水平中海口市的点位数最多，为66个，占六级水平的11.28%；其次是屯昌县，为59个，占比为10.09%。

第十节 土壤有效硅

一、土壤有效硅含量及空间差异

根据全省2 816个土样的检测结果，海南省耕地土壤有效硅总体样点平均值为45.19毫克/千克，各市县中保亭县的平均含量最高，为59.71毫克/千克；其次是琼中县，为55.85毫克/千克；白沙县的土壤有效硅含量最低，为37.34毫克/千克；变异系数最大的是陵水县，为76.50%，最小的是白沙县，为38.18%。其余详见表5-55和图5-10。

表5-55 海南省各市县耕地土壤有效硅含量

地区	采样点数（个）	平均值（毫克/千克）	标准差	变异系数（%）
海口市	276	45.18	21.46	47.50
三亚市	150	47.35	25.05	52.89
五指山市	49	48.28	26.63	55.15
文昌市	196	42.78	24.95	58.33
琼海市	120	41.97	20.48	48.80
万宁市	151	43.79	24.73	56.48
定安县	196	48.24	29.89	61.96
屯昌县	200	42.33	21.60	51.02
澄迈县	235	43.21	20.52	47.50
临高县	200	45.57	26.07	57.22
儋州市	318	47.46	29.19	61.50
东方市	128	41.49	17.73	42.73
乐东县	144	39.98	19.20	48.04
琼中县	45	55.85	24.25	43.41
保亭县	51	59.71	34.45	57.69
陵水县	120	50.99	39.01	76.50
白沙县	113	37.34	14.26	38.18
昌江县	124	48.64	24.15	49.65
总计	2 816	45.19	25.19	55.74

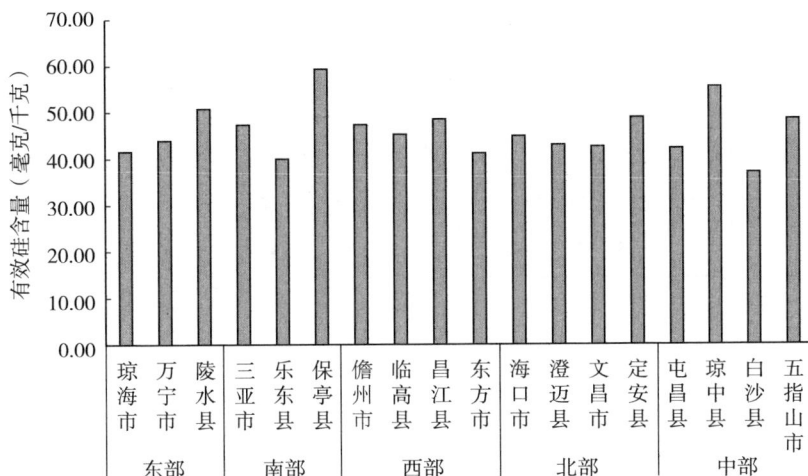

图 5-10　海南省各市县耕地土壤有效硅含量平均值对比

二、土壤有效硅含量及其影响因素

（一）不同土壤类型土壤有效硅含量差异

如表 5-56 所示，海南省耕地主要土壤类型中，土壤有效硅含量以燥红土的含量最高，平均值为 57.52 毫克/千克，在 25.70～102.30 毫克/千克之间变动。水稻土和砖红壤的采样点数较多，分别为 2 199 个和 514 个，其土壤有效硅含量平均值分别为 45.15 毫克/千克和 44.42 毫克/千克，在 21.80～214.10 毫克/千克和 21.80～184.90 毫克/千克之间变动。

表 5-56　海南省耕地主要土壤类型土壤有效硅含量

土类	采样点数（个）	平均值（毫克/千克）	标准差	变异系数（%）
赤红壤	7	40.57	26.50	65.32
风沙土	11	41.77	29.23	69.96
黄壤	1	41.30	—	—
火山灰土	21	56.30	26.04	46.25
石质土	1	27.50	—	—
水稻土	2 199	45.15	25.64	56.79
新积土	32	48.78	32.65	66.93
燥红土	20	57.52	27.54	47.88
砖红壤	514	44.42	22.47	50.59
紫色土	10	41.70	7.70	18.48
总计	2 816	45.19	25.19	55.74

（二）不同地貌类型土壤有效硅含量差异

如表 5-57 所示，海南省耕地的地貌类型仅有平原和丘陵两种。平原土壤有效硅含量平均值较高，为 46.66 毫克/千克，丘陵的为 44.07 毫克/千克。其中，平原高阶的土壤有效硅含量平均值最高，为 48.33 毫克/千克；丘陵中部的土壤有效硅含量平均值最高，为 47.25 毫克/千克。

表 5-57　海南省耕地地貌类型土壤有效硅含量

地貌类型		采样点数（个）	平均值（毫克/千克）	标准差	变异系数（%）
平原	平原低阶	1 261	44.45	25.21	56.72
	平原高阶	339	48.33	29.06	60.13
	平原中阶	537	47.19	25.57	54.18
丘陵	丘陵上部	183	43.10	21.44	49.75
	丘陵下部	343	41.86	19.49	46.55
	丘陵中部	153	47.25	28.57	60.47

（三）不同成土母质土壤有效硅含量差异

如表 5-58 所示，海南省不同成土母质发育的耕地土壤中，土壤有效硅含量平均值最高的是洪积物，为 56.10 毫克/千克；其次是残积物，为 45.55 毫克/千克；最低的是坡积物，为 42.48 毫克/千克。沉积物的土壤有效硅变异系数最大，为 60.74%，最小的是坡积物，为 51.07%。

表 5-58　海南省不同成土母质耕地土壤有效硅含量

成土母质	采样点数（个）	平均值（毫克/千克）	标准差	变异系数（%）
残积物	1 329	45.55	24.37	53.50
沉积物	734	45.37	27.55	60.74
冲积物	425	43.37	23.02	53.08
洪积物	77	56.10	33.54	59.79
坡积物	251	42.48	21.69	51.07
总计	2 816	45.19	25.19	55.74

（四）不同质地类型土壤有效硅含量差异

如表 5-59 所示，海南省不同耕地土壤质地类型中，沙土的土壤有效硅含量平均值最高，为 50.43 毫克/千克；其次是重壤，为 45.59 毫克/千克；最低的是中壤，为 43.96 毫克/千克。重壤的变异系数最大，为 62.37%，最小的是黏土，为 51.14%。

表 5 - 59　海南省不同土壤质地类型耕地土壤有效硅含量

质地类型	采样点数（个）	平均值（毫克/千克）	标准差	变异系数（%）
黏土	350	44.29	22.65	51.14
轻壤	556	45.49	24.54	53.94
沙壤	855	44.96	24.34	54.14
沙土	130	50.43	28.03	55.58
中壤	439	43.96	24.74	56.28
重壤	486	45.59	28.44	62.37
总计	2 816	45.19	25.19	55.74

三、土壤有效硅含量分级与分布情况

参照第二次全国土壤普查土壤养分分级标准，将土壤有效硅含量划分为六个等级。海南省各市县耕地土壤有效硅含量各等级采样点数量和变异系数情况见表 5 - 60。

有效硅平均含量最高的保亭县，三级以上水平的频率为 50.98%；平均含量第二的琼中县，三级以上水平的频率则为 55.56%。六个等级中，占比最高的是四级，为 64.81%，其次是三级，占比为 25.82%，表明海南省耕地土壤的有效硅含量中等。三级水平中海口市和儋州市的点位数最多，均为 94 个，占三级水平的 12.93%；其次是澄迈县，为 55 个，占比为 7.57%。四级水平中儋州市的点位数最多，为 186 个，占四级水平的 10.19%；其次是海口市，为 173 个，占比为 9.48%。

表 5 - 60　海南省各市县耕地土壤有效硅统计

单位：个、%

地区	一级 ≥200 毫克/千克		二级 100~200 毫克/千克		三级 50~100 毫克/千克		四级 25~50 毫克/千克		五级 12~25 毫克/千克		六级 <12 毫克/千克	
	个数	变异系数	个数	变异系数	个数	变异系数	个数	变异系数	个数	变异系数	个数	变异系数
海口市	0	—	1	—	94	18.66	173	17.55	8	2.36	—	—
三亚市	0	—	10	13.94	35	19.85	92	15.15	13	4.62	—	—
五指山市	0	—	3	12.71	19	18.75	19	18.39	8	2.55	—	—

（续）

地区	一级 ≥200 毫克/千克		二级 100～200 毫克/千克		三级 50～100 毫克/千克		四级 25～50 毫克/千克		五级 12～25 毫克/千克		六级 <12毫克/千克	
	个数	变异系数	个数	变异系数	个数	变异系数	个数	变异系数	个数	变异系数	个数	变异系数
文昌市	0	—	9	15.59	37	17.45	136	19.16	14	2.88	—	
琼海市	0	—	2	0.00	27	16.37	82	19.91	9	3.52	—	
万宁市	0	—	5	3.21	33	15.34	109	18.20	4	0.00	—	
定安县	2	0.00	7	11.66	50	18.33	128	18.31	9	3.77	—	
屯昌县	0	—	3	22.01	44	16.90	136	18.03	17	5.39	—	
澄迈县	0	—	2	16.16	55	23.40	172	17.85	6	2.78	—	
临高县	1	—	5	12.33	52	19.92	137	16.81	5	6.31	—	
儋州市	0	—	9	23.33	94	18.42	186	16.26	29	4.86	—	
东方市	0	—	1	—	29	15.39	84	18.45	14	0.00	—	
乐东县	0	—	2	0.00	28	19.92	108	15.76	6	0.00	—	
琼中县	0	—	0	—	25	17.01	13	17.87	7	3.11	—	
保亭县	0	—	5	29.07	21	17.70	25	18.51	0	—	—	
陵水县	3	0.00	10	11.24	26	15.42	76	16.06	5	3.45	—	
白沙县	0	—	0	—	13	17.71	87	17.72	13	2.05	—	
昌江县	0	—	4	10.81	45	21.15	62	18.60	13	4.19	—	
总计	6	0.00	78	17.51	727	19.14	1 825	17.95	180	4.60	—	

第十一节 土壤有效硫

一、土壤有效硫含量及空间差异

根据全省 2 816 个土样的检测结果可知，海南省耕地土壤有效硫总体样点平均值为 49.58 毫克/千克，各市县中保亭县的平均含量最高，为 63.98 毫克/千克；其次是定安县，为 62.26 毫克/千克；屯昌县的土壤有效硫含量最低，为 37.68 毫克/千克；变异系数最大的是五指山市，为 140.69%，最小的是琼中县，为 93.17%。其余详见表 5-61 和图 5-11。

表 5－61　海南省各市县耕地土壤有效硫含量

地区	采样点数（个）	平均值（毫克/千克）	标准差	变异系数（%）
海口市	276	49.21	63.14	128.32
三亚市	150	50.77	69.67	137.24
五指山市	49	47.47	66.78	140.69
文昌市	196	50.08	64.40	128.60
琼海市	120	43.95	51.74	117.74
万宁市	151	47.38	49.17	103.78
定安县	196	62.26	73.26	117.66
屯昌县	200	37.68	49.95	132.55
澄迈县	235	57.40	66.45	115.77
临高县	200	46.57	50.92	109.35
儋州市	318	53.22	63.45	119.23
东方市	128	44.00	59.46	135.13
乐东县	144	44.60	60.73	136.18
琼中县	45	41.24	38.43	93.17
保亭县	51	63.98	68.98	107.81
陵水县	120	45.61	50.36	110.42
白沙县	113	41.83	45.63	109.08
昌江县	124	56.62	73.13	129.16
总计	2 816	49.58	61.03	123.09

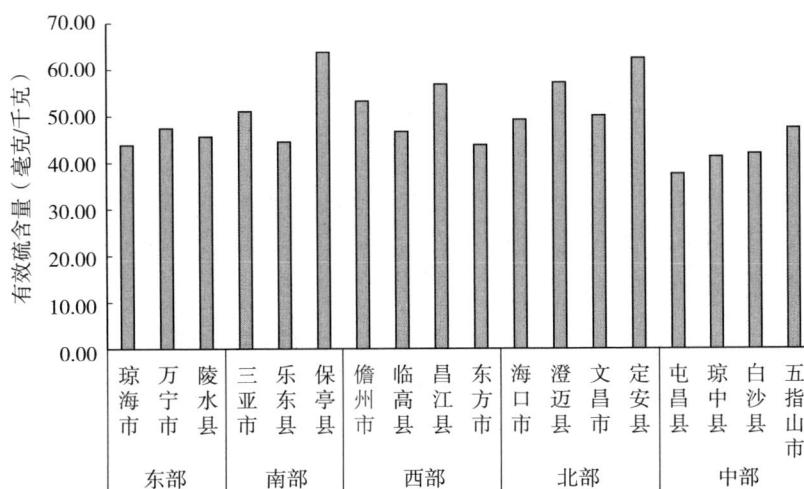

图 5－11　海南省各市县耕地土壤有效硫含量平均值对比

二、土壤有效硫含量及其影响因素

(一) 不同土壤类型土壤有效硫含量差异

如表 5-62 所示，海南省耕地主要土壤类型中，土壤有效硫含量以石质土的含量最高，但其只有一个采样点，除此之外燥红土的有效硫平均值最高，为110.08 毫克/千克，在 14.30～455.12 毫克/千克之间变动。水稻土和砖红壤的采样点数较多，分别为 2 199 个和 514 个，其土壤有效硫含量平均值分别为49.22 毫克/千克和 50.02 毫克/千克，在 3.26～455.90 毫克/千克和 5.94～477.60 毫克/千克之间变动。

表 5-62 海南省耕地主要土壤类型土壤有效硫含量

土类	采样点数（个）	平均值（毫克/千克）	标准差	变异系数（%）
赤红壤	7	29.99	19.37	64.60
风沙土	11	33.71	21.78	64.61
黄壤	1	70.73	—	—
火山灰土	21	48.61	39.35	80.95
石质土	1	110.41	—	—
水稻土	2 199	49.22	60.96	123.85
新积土	32	44.10	37.07	84.05
燥红土	20	110.08	128.95	117.14
砖红壤	514	50.02	59.74	119.43
紫色土	10	28.23	14.80	52.41
总计	2 816	49.58	61.03	123.09

(二) 不同地貌类型土壤有效硫含量差异

如表 5-63 所示，海南省耕地的地貌类型仅有平原和丘陵两种。平原土壤有效硫含量平均值较高，为 50.19 毫克/千克，丘陵的为 46.9 毫克/千克。其中，平原中阶土壤有效硫含量平均值最高，为 54.08 毫克/千克；丘陵中部土壤有效硫含量平均值最高，为 51.55 毫克/千克。

表 5-63 海南省耕地地貌类型土壤有效硫含量

地貌类型		采样点数（个）	平均值（毫克/千克）	标准差	变异系数（%）
平原	平原低阶	1 261	49.54	61.94	125.02
	平原高阶	339	46.94	49.47	105.39
	平原中阶	537	54.08	67.42	124.66

（续）

	地貌类型	采样点数（个）	平均值（毫克/千克）	标准差	变异系数（%）
	丘陵上部	183	39.17	43.66	111.45
丘陵	丘陵下部	343	49.98	64.18	128.42
	丘陵中部	153	51.55	62.81	121.84

（三）不同成土母质土壤有效硫含量差异

如表 5 - 64 所示，海南省不同成土母质发育的耕地土壤中，土壤有效硫含量平均值最高的是冲积物，为 51.86 毫克/千克；其次是残积物，为 49.72 毫克/千克；最低的是洪积物，为 41.88 毫克/千克。冲积物的土壤有效硫变异系数最大，为 126.61%；最小的是洪积物，为 103.85%。

表 5 - 64　海南省不同成土母质耕地土壤有效硫含量

成土母质	采样点数（个）	平均值（毫克/千克）	标准差	变异系数（%）
残积物	1 329	49.72	60.83	122.35
沉积物	734	49.06	61.55	125.46
冲积物	425	51.86	65.66	126.61
洪积物	77	41.88	43.49	103.85
坡积物	251	48.90	57.13	116.83
总计	2 816	49.58	61.03	123.09

（四）不同质地类型土壤有效硫含量差异

如表 5 - 65 所示，海南省不同耕地土壤质地类型中，黏土的土壤有效硫含量平均值最高，为 53.14 毫克/千克；其次是沙壤，为 51.31 毫克/千克；最低的是沙土，为 44.07 毫克/千克。黏土的变异系数最大，为 127.77%，最小的是沙土，为 107.43%。

表 5 - 65　海南省不同土壤质地类型耕地土壤有效硫含量

质地类型	采样点数（个）	平均值（毫克/千克）	标准差	变异系数（%）
黏土	350	53.14	67.89	127.77
轻壤	556	50.06	62.60	125.06
沙壤	855	51.31	63.81	124.36
沙土	130	44.07	47.35	107.43

（续）

质地类型	采样点数（个）	平均值（毫克/千克）	标准差	变异系数（%）
中壤	439	48.93	55.38	113.18
重壤	486	45.51	56.95	125.15
总计	2 816	49.58	61.03	123.09

三、土壤有效硫含量分级与分布情况

参照第二次全国土壤普查土壤养分分级标准，将土壤有效硫含量划分为六个等级。海南省各市县耕地土壤有效硫含量各等级采样点数量和变异系数情况见表5-66。

有效硫平均含量最高的保亭县，三级以上水平的频率为62.75%；平均含量第二的定安县，三级以上水平的频率则为55.61%。六个等级中，六级水平无点位，占比最高的是四级，为42.97%，其次是一级，占比为25.67%，表明海南省耕地土壤的有效硫含量中等。一级水平中儋州市的点位数最多，为96个，占一级水平的13.28%；其次是澄迈县，为77个，占比为10.65%。四级水平中海口市的点位数最多，为146个，占四级水平的12.07%；其次是儋州市，为131个，占比为10.83%。

表5-66　海南省各市县耕地土壤有效硫统计

单位：个、%

地区	一级 ≥50 毫克/千克		二级 40~50 毫克/千克		三级 30~40 毫克/千克		四级 15~30 毫克/千克		五级 10~15 毫克/千克		六级 <10 毫克/千克	
	个数	变异系数	个数	变异系数	个数	变异系数	个数	变异系数	个数	变异系数	个数	变异系数
海口市	64	66.69	19	5.58	25	7.42	146	20.83	20	10.04	—	—
三亚市	41	93.17	11	6.00	30	8.54	47	18.47	19	11.03	—	—
五指山市	10	80.72	5	5.43	4	9.27	23	19.51	5	11.13	—	—
文昌市	49	78.44	12	6.86	35	8.29	85	18.82	12	10.60	—	—
琼海市	22	65.20	12	7.15	17	8.66	58	19.02	8	9.27	—	—
万宁市	41	62.81	12	7.02	22	8.58	62	18.99	11	10.19	—	—
定安县	66	65.70	11	7.50	32	8.37	68	18.08	17	9.53	—	—

（续）

地区	一级 ≥50 毫克/千克		二级 40~50 毫克/千克		三级 30~40 毫克/千克		四级 15~30 毫克/千克		五级 10~15 毫克/千克		六级 <10 毫克/千克	
	个数	变异系数	个数	变异系数	个数	变异系数	个数	变异系数	个数	变异系数	个数	变异系数
屯昌县	30	69.92	8	6.24	26	8.49	105	18.44	23	11.91	—	—
澄迈县	77	69.51	18	6.66	34	7.68	89	18.32	16	10.89	—	—
临高县	48	58.54	20	5.19	23	7.16	82	19.67	24	11.17	—	—
儋州市	96	73.73	24	5.70	47	8.14	131	20.33	15	12.30	—	—
东方市	27	88.41	11	4.78	23	9.11	49	21.58	15	12.52	—	—
乐东县	32	76.77	4	2.94	17	9.70	67	18.59	23	10.39	—	—
保亭县	23	73.08	3	5.74	6	8.88	14	23.07	4	12.44	—	—
琼中县	10	62.86	5	2.49	9	7.92	17	21.63	3	13.31	—	—
陵水县	27	61.24	10	7.39	16	9.40	57	16.22	8	11.33	—	—
白沙县	25	68.81	7	5.88	16	8.04	59	19.69	3	13.19	—	—
昌江县	35	73.61	10	6.84	14	7.21	51	21.30	14	12.12	—	—
总计	723	71.64	202	6.34	396	8.27	1 210	19.43	240	10.89	—	—

注：第五章表中各类别的总体均值和组平均数不一致可能是由于数据分布的不均衡造成的。如果某一组的数据较多，它对总平均数的贡献就非常大，而其他组的影响就相对较小，因此组平均数和总平均数很容易不一致。此外，如果不同组的数据极差不同，也会影响到组平均数和总平均数的不一致，会出现与总体均值不相等的情况。

第六章 海南耕地其他土壤质量性状

第一节/土壤有机质

一、耕地土壤有机质含量及空间差异

（一）耕地土壤有机质含量概况

根据全省 2 816 个耕地土壤样点调查检查数据，海南省耕地土壤有机质含量的平均值为 16.18 克/千克（表 6-1）。其中，旱地土壤有机质平均值为 15.19 克/千克，水浇地为 10.18 克/千克，水田为 16.80 克/千克。耕地土壤不同利用方式下，水田的土壤有机质含量相对较高，这与淹水状况下土壤微生物代谢活动受到影响有关。海南省不同耕地土壤有机质含量的变异系数均在 55%～70%。

表 6-1　海南省耕地土壤有机质含量

土类	样点数量（个）	平均值（克/千克）	标准差（克/千克）	变异系数（%）
旱地	1 042	15.19	10.43	68.7
水浇地	12	10.18	6.07	59.6
水田	1 762	16.80	10.36	61.7
合计	2 816	16.18	10.37	64.1

（二）海南省土壤有机质含量的区域分布

表 6-2 为全省的测土配方施肥土壤检测数据，海南省耕层土壤的有机质含量在 12.36～28.32 克/千克，所有市县土壤的有机质含量平均值为 16.18 克/千克，不同市县之间差异较大。其中，定安县、儋州市、海口市、乐东县、临高县、琼海市的耕地土壤有机质含量与其他市县相比处于相对较高水平（>20 克/千克）。文昌市的变异系数最高，为 80.56%；其他市县的变异系数大多在 30%～60%。

表6-2 海南省耕地土壤有机质含量的区域分布

地区	采样点数（个）	平均值（克/千克）	标准差（克/千克）	变异系数（%）
海口市	276	21.70	12.61	58.11
三亚市	150	15.75	7.75	49.22
五指山市	49	16.99	5.02	29.53
文昌市	196	13.29	10.71	80.56
琼海市	120	28.32	10.09	35.63
万宁市	151	18.50	9.28	50.14
定安县	196	26.01	13.35	51.34
屯昌县	200	16.05	5.59	34.86
澄迈县	235	19.08	7.19	37.68
临高县	200	24.24	12.82	52.88
儋州市	318	22.20	12.98	56.93
东方市	128	12.36	5.24	42.44
乐东县	144	22.50	12.42	55.20
保亭县	45	16.34	4.98	30.51
琼中县	51	19.49	6.41	32.88
陵水县	120	14.24	5.61	39.43
白沙县	113	14.55	5.69	39.08
昌江县	124	13.54	5.23	38.65
合计	2 816	16.18	10.41	64.33

第二次全国土壤普查时期，耕地土壤养分分级标准如表6-3所示，耕地土壤有机质含量共分为六个等级。

表6-3 耕地质量等级评价土壤有机质含量分级标准

分级标准	一级	二级	三级	四级	五级	六级
有机质（克/千克）	≥30	20～30	15～20	10～15	6～10	<6

根据耕地质量等级评价土壤有机质含量分级标准，定安县、儋州市、海口市、乐东县、临高县、琼海市的土壤有机质含量均处于20～30克/千克，为二级水平；保亭市、澄迈县、琼中县、三亚市、屯昌县、万宁市、五指山市的土

壤有机质含量处于 15～20 克/千克,为三级水平;白沙县、昌江县、东方市、陵水县、文昌市的土壤有机质含量为 10～15 克/千克,处于四级水平。

二、土壤有机质含量及其影响因素

(一)不同类型土壤有机质含量

表 6-4 为全省 2 816 个测土配方施肥土壤检测数据,不同土壤类型耕地的有机质含量存在较大差异,大部分类型土壤的有机质含量分级处于三级至五级水平。此外,相同土壤类型的不同亚类土壤中有机质含量存在较大差异,如渗育型水稻土的平均土壤有机质含量远低于盐渍型等其他亚类水稻土;类似的还有砖红壤,黄色砖红壤的土壤有机质含量呈现较低水平,在耕地质量等级评价土壤有机质含量分级标准中处于六级。

表 6-4 海南省不同类型土壤有机质含量

土壤类型	采样点数(个)	平均值(克/千克)	标准差(克/千克)	变异系数(%)
滨海盐土	4	6.08	6.01	98.85
赤红壤	51	18.05	5.56	30.81
风沙土	30	12.88	10.67	82.84
黄壤	2	9.70	0.00	0.00
火山灰土	31	23.30	15.84	67.96
石质土	55	10.15	8.99	88.59
水稻土	824	15.37	10.59	68.88
酸性硫酸盐土	2	32.40	0.00	0.00
新积土	55	12.02	6.60	54.89
燥红土	128	9.40	6.10	64.87
砖红壤	1 610	17.33	10.39	59.99
紫色土	24	17.39	3.38	19.47

(二)地貌类型与有机质含量

海南省的地貌类型主要有平原和丘陵,地貌类型土壤的有机质含量均在 15.00～18.00 克/千克(表 6-5),处于耕地质量等级评价土壤有机质含量分级标准的三级水平。其中,平原的土壤有机质含量较低,为 15.04 克/千克;丘陵的土壤有机质含量较高,为 17.27 克/千克。平原的变异系数最高,为 78.7%。

表 6-5 不同地貌类型土壤有机质含量

地貌类型	样点数量（个）	平均值（克/千克）	标准差（克/千克）	变异系数（%）
平原	1 384	15.04	11.83	78.7
丘陵	1 342	17.27	8.72	50.5

（三）成土母质与土壤有机质含量

海南省各类型的成土母质中，玄武岩发育土壤的有机质含量相对较高，达到24.95克/千克（表6-6），处于耕地质量等级评价的二级水平。而海相沉积物、火山灰母质发育土壤的有机质含量较低，分别为12.25克/千克和13.96克/千克，处于四级水平。海南岛四周沿海地区成土母质主要为海相沉积物，土壤砂粒含量高，有机质分解快，不利于土壤有机碳累积。其他母质类型如河流冲击物、花岗岩、砂页岩发育土壤的有机质含量处于三级水平。火山灰的变异系数最高，为95.00%；河流冲积物的变异系数最低，为44.60%。

表 6-6 海南省不同成土母质的土壤有机质含量

成土母质	采样点数（个）	平均值（克/千克）	标准差（克/千克）	变异系数（%）
海相沉积物	662	12.25	8.65	70.64
河流冲积物	345	15.17	6.77	44.60
花岗岩	1 189	15.80	8.93	56.52
火山灰	50	13.96	13.26	95.00
砂页岩	215	17.94	8.96	49.93
玄武岩	355	24.95	15.03	60.25

（四）土壤质地类型与土壤有机质含量

海南省不同土壤质地类型中，轻壤和中壤的土壤有机质含量相对较高，分别为17.31克/千克和14.77克/千克；其次是黏土和重壤，分别为12.36克/千克和12.84克/千克（表6-7）。重壤的变异系数最大，为120.13%；轻壤的变异系数最小，为52.61%。

表 6-7 海南省不同质地类型耕地土壤有机质含量

土壤质地类型	样点数量（个）	平均值（克/千克）	标准差（克/千克）	变异系数（%）
黏土	65	12.36	10.07	81.46
轻壤	630	17.31	9.11	52.61

（续）

土壤质地类型	样点数量（个）	平均值（克/千克）	标准差（克/千克）	变异系数（%）
沙壤	378	11.79	9.36	79.38
沙土	92	11.29	9.10	80.54
中壤	1 609	14.77	11.09	75.07
重壤	43	12.84	15.42	120.13

第二节 土壤 pH

　　土壤 pH 是影响土壤理化性质的重要化学指标，土壤酸化是土壤退化的一个重要方面，土壤酸化导致铝、锰和氢对植物的毒害及土壤中营养元素的缺乏，从而使作物减产。土壤酸化的重要性不仅在于它对农业和生态环境的当前影响，更重要的是受它影响的土地面积及它对农业和环境的影响程度都将随时间的增加而迅速增加。土壤酸化是一个自然过程，但这一过程的速度通常是非常缓慢的。最近几十年来，由于人类活动的影响，海南省土壤的酸化程度仍在加剧。

一、耕地土壤 pH 及空间差异

（一）耕地土壤 pH 概况

　　表 6-8 为海南省不同耕地类型的土壤平均 pH，范围在 5.13～5.63 之间，耕地土壤整体偏酸性。旱地土壤采样点占 37%，平均 pH 为 5.19；水浇田土壤采样点占 0.43%，平均 pH 为 5.63；水田土壤采样点占 62.57%，平均 pH 为 5.13。

表 6-8　海南省不同耕地类型土壤 pH 情况

耕地类型	采样点数（个）	pH 平均值	标准差	变异系数（%）
旱地	1 042	5.19	0.74	14.23
水浇田	12	5.63	0.78	13.84
水田	1 762	5.13	0.70	13.72

（二）海南省土壤 pH 的区域分布

　　全省 2 816 个测土配方施肥土壤检测数据，海南省不同市县的土壤 pH 情况如表 6-9 所示，均呈酸性或微酸性。根据耕地质量等级评价土壤 pH 分级标准（表 6-10），白沙县、昌江县、定安县、文昌市的土壤 pH 为 5.5～6.0，属于微酸性土壤；保亭县、澄迈县、儋州市、东方市、海口市、乐东县、临高县、陵水县、琼海市、琼中县、三亚市、屯昌县、万宁市、五指山市的土壤 pH 处于 4.5～5.5，为酸性土壤。海南省地处热带季风气候区，年平均气温高、雨量充沛、干湿季节明显。尤其是降水量大且集中，其淋溶作用强烈，钙、镁、钾等碱性盐基大量流失，是造成海南省土壤酸化的重要原因。此外，长期大量施用化肥，而施石灰、烧火粪、施有机肥等传统农业措施的缺失，使海南岛耕地土壤养分失衡造成土壤酸化。

表 6-9　海南省不同市县的土壤 pH 情况

地区	采样点数	平均值	标准差	变异系数
海口市	276	5.08	0.56	11.11
三亚市	150	4.71	0.39	8.31
五指山市	49	5.35	0.50	9.28
文昌市	196	5.80	0.51	8.74
琼海市	120	5.30	0.43	8.12
万宁市	151	4.55	0.52	11.45
定安县	196	5.62	0.49	8.70
屯昌县	200	4.64	0.61	13.20
澄迈县	235	4.62	0.57	12.28
临高县	200	5.47	0.74	13.51
儋州市	318	5.21	0.57	10.87
东方市	128	5.25	0.53	10.06
乐东县	144	5.44	0.58	10.66
保亭县	45	4.92	0.61	12.47
琼中县	51	4.74	0.89	18.79
陵水县	120	4.84	0.80	16.55
白沙县	113	5.60	0.67	12.00
昌江县	124	5.65	0.61	10.78
合计	2 816	5.15	0.72	13.94

表 6-10　耕地质量等级评价土壤 pH 分级标准

分级标准	碱性	微碱性	中性	微酸性	酸性	强酸性
pH	≥8.5	7.5～8.5	6.5～7.5	5.5～6.5	4.5～5.5	<4.5

二、耕地土壤 pH 及其影响因素

(一)不同类型土壤的 pH

海南省不同类型耕层土壤的 pH 变幅为 5.09~5.80,部分类型土壤的 pH 低于 5.5,属酸性土壤(表 6-11)。酸性最强的为新积土和砖红壤,pH 低于 5.1。滨海盐土、风沙土、黄壤、酸性硫酸盐土是海南省 pH 相对较高的土壤类型,但仍处于微酸性水平。海南省土壤有机质含量不高,黏粒矿物以高岭石为主,虽然土壤黏粒含量较高,但阳离子交换量也相当低。在海南省高温多雨的气候条件下,土体受到高度的淋溶,盐基离子大量丢失,致使吸附于阳离子组成中相当数量的 H^+ 释放,不同类型土壤均呈现不同程度酸化。

表 6-11   海南省不同类型耕层土壤的 pH

土壤类型	采样点数(个)	pH 平均值	标准差	变异系数(%)
滨海盐土	4	5.51	0.23	4.15
赤红壤	51	5.21	1.11	21.38
风沙土	30	5.55	0.58	10.38
黄壤	2	5.61	0.01	0.25
火山灰土	31	5.50	0.56	10.22
石质土	55	5.12	0.54	10.51
水稻土	824	5.23	0.69	13.25
酸性硫酸盐土	2	5.80	0.00	0.00
新积土	55	5.09	0.58	11.47
燥红土	128	5.30	0.75	14.10
砖红壤	1 610	5.09	0.72	14.14
紫色土	24	5.64	0.67	11.85

(二)地貌类型与土壤 pH

如表 6-12,海南省不同地貌类型的 pH 平均顺序为平原>丘陵>山地,pH 范围为 4.08~5.27 之间。平原 pH 平均值 5.27 略高于丘陵 pH 平均值 5.06,平原和丘陵的 pH 变异系数分别为 12.44% 和 14.78%,说明丘陵的样点 pH 空间差异明显。丘陵 pH 平均值 5.06 高于山地 pH 平均值 4.08,山地 pH 的变异系数为 30.36%,样点 pH 有显著的空间差异性。

表 6-12 不同地貌类型土壤 pH 情况

地貌类型	采样点数（个）	pH 平均值	标准差	变异系数（%）
平原	1 377	5.27	0.65	12.44
丘陵	1 424	5.06	0.75	14.78
山地	14	4.08	1.24	30.36

（三）不同母质类型土壤的 pH

海南省不同成土母质发育的土壤均呈酸性，根据全省 2 816 个测土配方施肥土壤检测数据（表 6-13），酸化最严重的为河流冲积物发育土壤，平均 pH 为 4.79；其次为海南省分布面积最广的花岗岩母质发育土壤，平均 pH 为 5.07。海南省主要的母质类型有花岗岩、海相沉积物、砂页岩、玄武岩、河流冲击物和火山灰土。在土壤发育过程中，原生铝硅酸盐矿物逐渐向 SiO_2/Al_2O_3 转化。同时，在海南省高温多雨的气候条件下，不同成土母质发育的土壤脱硅富铝化作用强烈，整体呈酸性。

表 6-13 不同成土母质土壤的 pH 情况

成土母质	采样点数（个）	pH 平均值	标准差	变异系数（%）
海相沉积物	662	5.32	0.72	13.50
河流冲积物	345	4.79	0.57	11.93
花岗岩	1 189	5.07	0.73	14.41
火山灰土	50	5.42	0.62	11.46
砂页岩	215	5.55	0.60	10.75
玄武岩	355	5.22	0.67	12.92

（四）不同质地类型土壤的 pH

如表 6-14，海南省不同质地类型土壤 pH 范围为 4.87～5.47，不同质地类型的土地整体偏酸性。轻壤土的 pH 为 4.87，土壤偏酸性，土壤 pH 平均值最低，变异系数为 13.48%，样点空间差异性不甚明显；而沙土的土壤 pH 为 5.47，平均值最高，变异系数为 11.47%，样点空间差异性不甚明显。而黏土、沙壤、中壤和重壤的土壤 pH 变化范围为 5.16～5.43。

表 6-14　不同质地类型土壤 pH 情况

质地类型	采样点数（个）	pH 平均值	标准差	变异系数（%）
黏土	65	5.43	0.49	9.00
轻壤	630	4.87	0.66	13.48
沙壤	378	5.16	0.74	14.25
沙土	92	5.47	0.63	11.47
中壤	1 609	5.17	0.64	12.36
重壤	43	5.27	0.71	13.54

第三节　排灌能力

　　根据全省 2 816 个测土配方施肥调查点位数据以及表 6-15 可知，海南省不满足灌溉能力的耕地占比为 3.62%，全省充分满足灌溉能力和满足灌溉能力的耕地占比分别为 62.92% 和 49.07%。海南省各市县中，乐东县不满足基本灌溉能力的耕地占比约 20%，白沙县、昌江县、东方市和琼海市不满足基本灌溉能力的耕地占比约 10%。整体而言，海南省不同市县的耕地均具有良好的灌溉能力。

　　海南省耕地灌溉方式分为沟灌、漫灌、喷灌、滴灌、无灌溉条件，其中海南省大部分市县的耕地均以沟灌和漫灌方式为主，分别占全省耕地的 65.67% 和 54.68%，全省仅 4.3% 土壤无灌溉条件。昌江县、东方市、陵水县、琼海市采取沟灌方式的耕地占比较低，主要采取漫灌和喷灌。所有市县中，采取滴灌方式的耕地占比较低，大多低于 10%，甚至低于 5%。

　　不同市县的耕地均具有较好的排水能力，全省仅 1.59% 耕地不满足排水能力。各市县中，东方市不满足排水能力的耕地占比为 8.08%，其他市县不满足排水能力的耕地占比更低，其中大部分市县已 100% 满足或基本满足排水能力。

第四节　耕层厚度

　　构建合理耕层结构是改善土壤结构、提高土壤蓄水能力和作物水分利用效率的重要途径。

表 6-15 不同市县的排灌能力

地区	采样点数（个）	灌溉能力（%）			灌溉方式（%）						排水能力（%）			
		充分满足	满足	基本满足	不满足	沟灌	漫灌	喷灌	滴灌	无	充分满足	满足	基本满足	不满足
海口市	276	57.14	26.98	8.73	7.15	58.73	2.38	11.11	3.17	24.6	3.17	55.56	32.54	3.17
三亚市	150	56.59	13.66	25.37	4.39	78.54	0.98	1.95	1.95	16.59	99.02	0	0.98	0
五指山市	49	95.45	0	0	4.55	100	0	0	0	0	100	0	0	0
文昌市	196	63.11	25.24	8.74	2.91	43.69	43.69	4.85	4.85	2.92	17.48	45.63	34.95	1.94
琼海市	120	43.29	35.98	9.76	10.97	27.44	53.05	0.61	9.15	9.75	7.32	42.07	48.78	1.83
万宁市	151	86.34	7.32	5.36	0.98	93.66	0	1.46	1.95	2.93	100	0	0	0
定安县	196	93.34	3.33	3.33	0	61.62	23.23	2.02	0	13.13	35.35	46.46	17.17	1.01
屯昌县	200	86.50	6.50	6.00	1.00	89	3.5	0	0	4.5	99.00	1.00	0	0
澄迈县	235	65.05	23.3	11.65	0	79.13	0	5.34	3.88	11.65	100	0	0	0
临高县	200	61.28	24.81	8.27	1.64	66.92	0.38	0	8.65	24.06	34.21	61.28	4.51	0
儋州市	318	43.43	25.25	26.27	5.05	49.49	28.28	0	4.04	0	2.02	62.63	33.33	2.02
东方市	128	44.44	37.37	9.09	9.09	4.04	75.76	14.14	0	6.06	20.20	60.61	11.11	8.08
乐东县	144	31.75	22.17	25.40	20.68	25.93	10.58	25.4	3.7	34.39	13.23	39.15	43.39	4.23
保亭县	51	87.69	7.69	1.54	0	95.08	1.64	3.28	0	0	98.36	1.64	0	0
琼中县	45	55.77	11.54	28.85	3.85	80.77	0	0	1.92	17.31	100	0	0	0
陵水县	120	83.51	10.31	6.19	0	0	98.97	0	1.03	0	0	2.06	96.91	1.03
白沙县	113	36.44	16.48	36.44	10.73	80.85	6.13	2.3	5.36	5.36	100	0	0	0
昌江县	124	36.99	28.32	25.43	9.26	8.1	53.76	5.78	15.03	17.34	12.71	54.34	27.75	5.20
合计	2 816	62.92	49.07	11.56	3.62	65.67	54.68	4.07	2.51	4.3	52.50	26.33	19.58	1.59

一、耕地土壤耕层厚度及空间差异

(一)耕地土壤耕层厚度概况

从表6-16可以看出,旱地的耕层厚度平均值最厚,为18.92厘米,共有1 042个样点数,占海南省耕地土壤比例为37%,变异系数为35.80%,样点空间分布差异性显著;水浇田的耕层厚度平均值最小,为17.52厘米,样本数最少,为12个,占海南省耕地土壤比例0.43%,变异系数为20.50%,样点空间分布差异性较大;水田的耕层厚度平均值居中,为18.08厘米,介于旱地和水浇田之间,样本数最多,为1 762个,占海南省耕地土壤比例为62.57%,空间变异系数为28.91,样点空间分布差异性大。

表6-16 不同耕地土壤的耕层厚度情况

土壤类型	采样点数(个)	平均值(厘米)	标准差(厘米)	变异系数(%)
旱地	1 042	18.92	6.77	35.80
水浇田	12	17.52	3.59	20.50
水田	1 762	18.08	5.23	28.91

(二)海南省土壤耕层厚度的区域分布

如表6-17所示,海南省不同市县土壤的耕层平均厚度为18.39厘米,与大多文献报道的犁底层通常出现在15～30厘米的结论一致。白沙县、昌江县、海口市和陵水县土壤的耕层厚度达到20厘米及以上,其他各市县的土壤耕层厚度小于20厘米。

表6-17 不同市县的耕层厚度

地区	采样点数(个)	平均值(厘米)	标准差(厘米)	变异系数(%)
海口市	276	21.26	2.91	13.67
三亚市	150	17.90	2.51	14.00
五指山市	49	18.25	1.89	10.36
文昌市	196	16.48	2.02	12.26
琼海市	120	7.68	9.76	127.00
万宁市	151	18.43	1.61	8.71
定安县	196	16.15	0.60	3.72
屯昌县	200	18.51	1.55	8.37

（续）

地区	采样点数（个）	平均值（厘米）	标准差（厘米）	变异系数（%）
澄迈县	235	18.44	1.70	9.24
临高县	200	16.20	1.94	12.00
儋州市	318	19.46	4.51	23.16
东方市	128	15.24	2.04	13.41
乐东县	144	17.62	5.32	30.18
保亭县	51	18.46	1.65	8.96
琼中县	45	18.15	1.60	8.82
陵水县	120	20.00	0.00	0.00
白沙县	113	21.38	3.62	16.91
昌江县	124	28.64	9.51	33.20
合计	2 816	18.39	3.04	16.68

二、土壤耕层厚度及其影响因素

（一）不同类型土壤耕层厚度

海南省不同类型土壤的耕层厚度如表 6-18 所示，滨海盐土、黄壤、石质土和紫色土的耕层厚度超过 20 厘米；海南省分布广泛的砖红壤和水稻土等其他类型土壤的耕层厚度大多在 15～20 厘米。

表 6-18 海南省不同类型土壤的耕层厚度情况

土壤类型	采样点数（个）	平均值（厘米）	标准差（厘米）	变异系数（%）
滨海盐土	4	22.78	8.35	36.67
赤红壤	51	19.35	4.00	20.66
风沙土	30	16.42	4.37	26.60
黄壤	2	30.00	14.14	47.14
火山灰土	31	17.20	2.02	11.74
石质土	55	21.13	7.75	36.66
水稻土	825	17.75	5.52	31.13
酸性硫酸盐土	2	18.60	1.98	10.64
新积土	55	17.33	3.61	20.83
燥红土	128	17.43	4.46	25.59
砖红壤	1 609	18.73	6.14	32.80
紫色土	24	20.09	1.73	8.61

（二）地貌类型与耕层厚度

由表6-19可知，山坡的耕层厚度最大，为24.56厘米，样本数为36个，占海南省的比例为1.28%，变异系数为26.68%，样本空间差异性较为明显。丘陵的耕层厚度位居第二，为19.18厘米，采样点数最多，占海南省的比例为59.13%，变异系数为24.86%，样本空间差异性较为明显。平原的耕层厚度最薄，为17.51厘米，样本数居中，占海南省比例为39.6%，变异系数为42.60%，样本空间差异性显著。

表6-19　不同地貌类型土壤耕层厚度情况

地貌	采样点数（个）	平均值（厘米）	标准差（厘米）	变异系数（%）
平原	1 115	17.51	7.46	42.60
丘陵	1 665	19.18	4.77	24.86
山坡	36	24.56	6.55	26.68

（三）成土母质与耕层厚度

由表6-20可知，火山灰土发育的耕地的耕层厚度最厚，为20.04厘米，样本数最少，占海南省比例为1.78%，变异系数为19.50%，样本值空间差异性较为明显；花岗岩的耕层厚度位居第二，为19.60厘米，样本数最多，占海南省比例为42.22%，变异系数为34.19%，样本值空间差异性显著；玄武岩发育的耕地耕层厚度最薄，为17.23厘米，样本数占海南省比例为12.61%，变异系数为25.96%，样本值空间差异性较为明显。海相沉积物、砂页岩和河流冲积物发育的耕地的耕层厚度范围为17.34~17.79厘米，海相沉积物和河流冲积物发育的耕地的变异系数为22.73%和24.84%，样本值空间差异性较为明显，砂页岩的变异系数为47.94%，样本值空间差异系数显著。

表6-20　不同成土母质土壤的耕层厚度情况

成土母质	采样点数（个）	平均值（厘米）	标准差（厘米）	变异系数（%）
海相沉积物	662	17.34	3.94	22.73
河流冲积物	345	17.79	4.42	24.84
花岗岩	1 189	19.60	6.70	34.19
火山灰土	50	20.04	3.91	19.50
砂页岩	215	17.41	8.35	47.94
玄武岩	355	17.23	4.47	25.96

质地构型包括上紧下松型、上松下紧型、薄层型、松散型、紧实型、夹层型、海绵型等类型。质地构型可影响耕地土壤水分、养分库容量和作物根系生长。

一、质地构型及其空间差异

(一)质地构型概况

根据全省 2 816 个测土配方施肥样点调查数据、耕地土壤样点数据，海南省耕地土壤质地构型主要以上松下紧型和海绵型为主，二者占比分别为56.24%和31.95%，其中旱地、水浇地和水田土壤的质地构型情况见表 6-21。海南省不同利用方式的耕地中，极少出现上紧下松型、薄层型、松散型、紧实型的土壤剖面质地构型。

表 6-21　土类质地构型

土类	采样点数（个）	质地构型（%）						
		上紧下松型	上松下紧型	薄层型	松散型	紧实型	夹层型	海绵型
旱地	1 042	1.46	62.66	1.64	8.01	2.19	0.36	23.68
水浇地	12	0	75.00	0	0	0	0	25.00
水田	1 762	1.03	52.31	0.26	5.53	3.08	0.9	36.89
合计	2 816	1.18	56.24	0.77	6.42	2.74	0.70	31.95

(二)海南省质地构型的区域分布

全省 2 816 个测土配方施肥样点调查数据，海南省耕地土壤的主要剖面质地构型为上松下紧型和海绵型，占比分别为 62.32%和 27.60%（表 6-22）。部分市县存在少量松散型和紧实型耕地，如儋州市、东方市和屯昌县等地有15%～25%的耕地剖面质地构型为松散型；定安县和屯昌县有 10%～15%的耕地剖面质地构型为紧实型。

表6-22 质地构型的区域分布

地区	样点数量	土壤剖面质地构型（%）						
		上紧下松型	上松下紧型	薄层型	松散型	紧实型	夹层型	海绵型
海口市	276	10.10	76.77	11.11	1.01	0.00	0.00	1.01
三亚市	150	0.00	57.28	0.00	1.94	0.00	0.00	40.78
五指山市	49	0.00	96.67	0.00	0.00	0.00	0.00	3.33
文昌市	196	0.00	97.62	0.00	0.00	0.00	0.00	2.38
琼海市	120	0.00	62.38	0.00	2.97	0.00	0.00	0.00
万宁市	151	0.00	95.45	0.00	0.00	0.00	0.00	4.55
定安县	196	6.06	48.48	0.00	8.08	13.13	0.00	24.24
屯昌县	200	0.00	27.55	0.00	17.35	10.20	1.02	43.88
澄迈县	235	0.00	32.38	0.00	0.00	0.00	0.00	67.62
临高县	200	0.00	42.57	0.00	8.91	0.00	0.00	48.51
儋州市	318	0.00	25.51	0.00	17.35	0.00	0.00	57.14
东方市	128	0.00	34.65	0.00	20.79	0.00	0.00	44.55
乐东县	144	0.00	43.00	0.00	8.00	8.00	0.00	41.00
保亭县	51	0.00	96.67	0.00	0.00	0.00	0.00	3.33
琼中县	45	0.00	92.00	0.00	0.00	0.00	0.00	8.00
陵水县	120	0.00	100.00	0.00	0.00	0.00	0.00	34.65
白沙县	113	0.00	97.62	0.00	0.00	0.00	0.00	2.38
昌江县	124	0.00	86.14	0.00	0.99	4.95	7.92	0.00
合计	2 816	0.68	62.32	0.51	5.39	2.08	0.57	27.60

二、耕地土壤质地构型及其影响因素

（一）不同类型土壤质地构型

海南省不同类型耕地土壤的质地构型主要为上松下紧型和海绵型（表6-23）。除火山灰土外，海南省各类型土壤极少出现上紧下松型、薄层型、紧实型的土壤剖面质地构型。

表 6 - 23 不同类型土壤质地构型

土壤	样点数量	土壤剖面质地构型（%）						
类型	（个）	上紧下松型	上松下紧型	薄层型	松散型	紧实型	夹层型	海绵型
滨海盐土	4	0.00	0.00	0.00	0.00	0.00	0.00	100.00
赤红壤	51	0.00	100.00	0.00	0.00	0.00	0.00	0.00
风沙土	30	0.00	21.74	0.00	26.09	0.00	0.00	47.83
黄壤	2	0.00	100.00	0.00	0.00	0.00	0.00	0.00
火山灰土	31	11.54	11.54	23.08	0.00	26.92	0.00	26.92
石质土	55	0.00	65.52	3.45	10.34	3.45	0.00	17.24
水稻土	824	0.81	43.90	1.08	8.13	1.36	1.36	43.36
酸性硫酸盐土	2	0.00	100.00	0.00	0.00	0.00	0.00	0.00
新积土	55	0.00	18.18	0.00	3.03	0.00	0.00	78.79
燥红土	128	0.00	39.77	0.00	22.73	3.41	3.41	30.68
砖红壤	1 610	1.37	67.49	0.00	3.70	2.74	0.14	24.55
紫色土	24	0.00	100.00	0.00	0.00	0.00	0.00	0.00

（二）地貌类型与质地构型

海南省的耕地地貌类型主要为平原、丘陵，地貌类型土壤剖面质地构型均以上松下紧型和海绵型为主（表 6 - 24）。

表 6 - 24 不同地貌类型土壤质地构型

地貌	采样点数	土壤剖面质地构型（%）						
类型	（个）	上紧下松型	上松下紧型	薄层型	松散型	紧实型	夹层型	海绵型
平原	1 377	2.91	34.81	2	12.75	4.74	1.64	41.24
丘陵	1 424	0	73.26	0	2.76	1.62	0	22.36
山地	14	0	100	0	0	0	0	0

（三）成土母质与土壤剖面质地构型

海南省所有成土母质发育土壤质地构型均以上松下紧型和海绵型为主。其中，河流冲击物、花岗岩和砂页岩发育土壤的上松下紧型剖面质地构型占比为50%以上（表 6 - 25）。

表 6 - 25 成土母质发育土壤的质地构型

成土母质	采样点数（个）	土壤剖面质地构型（%）						
		上紧下松型	上松下紧型	薄层型	松散型	紧实型	夹层型	海绵型
海相沉积物	662	0.00	29.46	0.00	20.11	1.70	2.27	46.46
河流冲积物	345	0.00	56.88	0.00	1.88	1.25	0.00	40.00
花岗岩	1 189	0.38	75.62	0.00	2.10	2.67	0.19	19.05
火山岩	50	0.00	37.93	31.03	3.45	0.00	0.00	27.59
砂页岩	215	1.56	81.25	0.00	0.00	6.25	0.00	10.94
玄武岩	355	6.50	49.50	1.00	0.50	5.00	0.00	37.50

（四）土壤质地与土壤质地构型

海南省不同质地土壤质地构型主要为上松下紧型和海绵型（表 6 - 26）。

表 6 - 26 不同土壤质地耕地的质地构型

土壤质地	采样点数（个）	土壤剖面质地构型（%）						
		上紧下松型	上松下紧型	薄层型	松散型	紧实型	夹层型	海绵型
黏土	65	6.98	46.51	4.65	0	41.86	0	0
轻壤	630	0.38	71.32	0.38	0.19	0.38	0	27.35
沙壤	378	0.91	68.60	1.22	24.39	0	2.44	2.44
沙土	92	0	97.47	0	0	1.27	1.26	0
中壤	1 609	0.37	16.74	0.74	0	0.74	0	81.41
重壤	43	0	2.86	0	0	0	0	97.14

第七章 海南耕地质量状况

第一节 耕地质量等级面积与分布

　　海南省耕地总面积为 72 272 公顷，耕地质量等级在一级地至十级地上均有分布。其中，一级地 862.52 公顷，占全省总耕地面积的 0.12%，占比最低；二级地 37 400.78 公顷，占全省耕地总面积的 5.17%；三级地 90 056.11 公顷，占总面积的 12.46%；四级地 105 688.64 公顷，占总面积的 14.62%；五级地 109 816.64 公顷，占总面积的 15.19%；六级地 119 550.06 公顷，占总面积的 16.54%，占比最大；七级地 61 822.42 公顷，占总面积的 8.55%；八级地 70 628.50 公顷，占总面积的 9.77%；九级地 79 464.35 公顷，占总面积的 11.00%；十级地 47 438.30 公顷，占耕地总面积的 6.56%。各等级占比情况可见表 7-1 和图 7-1。

　　全省耕地质量具有明显的地域性分布规律，东北部地区市县耕地质量整体高于西部市县。高等级地（一、二、三级）面积为 128 313.41 公顷，占全省耕地的 17.75%，主要分布在海口、万宁、澄迈、定安和文昌等市县。一级地仅在万宁市和定安县有少量分布，二级地主要分布在澄迈县、海口市、万宁市和琼海市等，三级地主要分布在文昌市、定安县、海口市和儋州市等。海南岛中部的琼中县、保亭县和五指山市没有高等级耕地。中等级地（四、五、六级）面积为 335 055.34 公顷，占全省耕地的 46.35%，在各市县均有分布，主要分布在儋州、临高、东方、定安和昌江等市县。其中儋州市、临高县、昌江县、屯昌县、文昌市、保亭县、琼中县和三亚市的中等级面积均超过全县（市）耕地面积的 50%。低等级地（七、八、九、十级）面积为 259 353.57 公顷，占全省耕地的 35.88%，在各市县广泛分布，主要分布在白沙、儋州、东方和乐东等市县，其中白沙县和东方市低等级地面积超过全县（市）耕地面积的 50%。

表 7-1　全省耕地不同质量等级面积及占比

单位：公顷、%

市县	一级地		二级地		三级地		四级地		五级地	
	面积	百分比	面积	百分比	面积	百分比	面积	百分比	面积	百分比
海口市	0.0	0.00	8 467.46	1.17	10 506.30	1.45	7 459.57	1.03	7 000.24	0.97
三亚市	0.0	0.00	0.00	0.00	1 299.61	0.18	7 309.39	1.01	4 237.86	0.59
五指山市	0.0	0.00	0.00	0.00	0.00	0.00	441.09	0.06	256.00	0.04
文昌市	0.0	0.00	321.16	0.04	18 971.69	2.63	13 766.31	1.90	11 613.70	1.61
琼海市	0.0	0.00	5 500.07	0.76	7 380.67	1.02	4 974.46	0.69	3 837.92	0.53
万宁市	856.50	0.12	7 435.40	1.03	5 253.98	0.73	1 712.66	0.24	3 087.10	0.43
定安县	6.01	0.00	3 739.96	0.52	10 805.79	1.50	2 949.09	0.41	4 751.15	0.66
屯昌县	0.0	0.00	0.00	0.00	959.93	0.13	8 037.34	1.11	5 100.19	0.71
澄迈县	0.0	0.00	6 924.66	0.96	3 424.89	0.47	8 122.47	1.12	6 614.55	0.92
临高县	0.0	0.00	0.00	0.00	4 187.27	0.58	10 746.57	1.49	6 927.70	0.96
儋州市	0.0	0.00	195.95	0.03	8 281.84	1.15	20 478.86	2.83	19 663.81	2.72
东方市	0.0	0.00	527.01	0.07	1 214.85	0.17	3 261.37	0.45	11 822.69	1.64
乐东县	0.0	0.00	1 211.97	0.17	7 067.13	0.98	7 991.69	1.11	8 513.29	1.18
琼中县	0.0	0.00	0.00	0.00	0.00	0.00	301.47	0.04	3 552.98	0.49
保亭县	0.0	0.00	0.00	0.00	0.00	0.00	202.25	0.03	2 543.14	0.35
陵水县	0.0	0.00	3 074.85	0.43	4 765.26	0.66	2 182.36	0.30	4 677.33	0.65
白沙县	0.0	0.00	0.00	0.00	1 002.15	0.14	2 217.49	0.31	1 745.08	0.24
昌江县	0.0	0.00	2.28	0.00	4 934.78	0.68	3 534.22	0.49	3 871.91	0.54
合计	856.52	0.12	37 400.78	5.17	90 056.11	12.46	105 688.64	14.62	109 816.64	15.19

市县	六级地		七级地		八级地		九级地		十级地	
	面积	百分比	面积	百分比	面积	百分比	面积	百分比	面积	百分比
海口市	7 109.99	0.98	6 497.35	0.90	5 236.02	0.72	6 461.67	0.89	9 795.21	1.36
三亚市	1 244.04	0.17	2 271.58	0.31	1 700.87	0.24	3 104.35	0.43	2 147.26	0.30
五指山市	406.03	0.06	476.93	0.07	588.23	0.08	899.56	0.12	1 210.21	0.17
文昌市	3 736.01	0.52	2 662.58	0.37	1 562.63	0.22	1 161.87	0.16	1 695.87	0.23
琼海市	3 412.67	0.47	5 248.63	0.73	3 412.14	0.47	1 735.86	0.24	2 225.89	0.31

（续）

市县	六级地		七级地		八级地		九级地		十级地	
	面积	百分比	面积	百分比	面积	百分比	面积	百分比	面积	百分比
万宁市	3 578.80	0.50	3 216.39	0.45	383.44	0.05	2 318.43	0.32	1 538.72	0.21
定安县	15 776.67	2.18	789.96	0.11	2 619.60	0.36	8 496.81	1.18	969.21	0.13
屯昌县	6 868.17	0.95	5 227.22	0.72	2 524.62	0.35	3 311.89	0.46	1 296.31	0.18
澄迈县	14 468.36	2.00	4 359.29	0.60	9 472.88	1.31	9 674.87	1.34	2 812.54	0.39
临高县	14 152.56	1.96	3 547.58	0.49	2 892.82	0.40	1 498.72	0.21	3 382.67	0.47
儋州市	18 118.67	2.51	3 914.00	0.54	14 454.93	2.00	10 010.49	1.39	9 911.32	1.37
东方市	1 734.57	0.24	5 697.59	0.79	4 683.05	0.65	14 125.04	1.95	4 462.31	0.62
乐东县	4 344.67	0.60	2 710.90	0.38	7 453.33	1.03	6 373.63	0.88	2 127.64	0.29
琼中县	1 790.92	0.25	1 434.07	0.20	2 438.60	0.34	1 303.96	0.18	351.42	0.05
保亭县	3 039.21	0.42	1 012.22	0.14	733.68	0.10	484.09	0.07	258.16	0.04
陵水县	3 312.53	0.46	2 810.72	0.39	1 827.16	0.25	1 782.16	0.25	793.13	0.11
白沙县	1 634.55	0.23	6 518.47	0.90	5 747.02	0.80	4 289.82	0.59	1 103.56	0.15
昌江县	14 821.63	2.05	3 426.93	0.47	2 897.47	0.40	2 431.13	0.34	1 356.87	0.19
合计	119 550.06	16.54	61 822.42	8.55	70 628.50	9.77	79 464.35	11.00	47 438.30	6.56

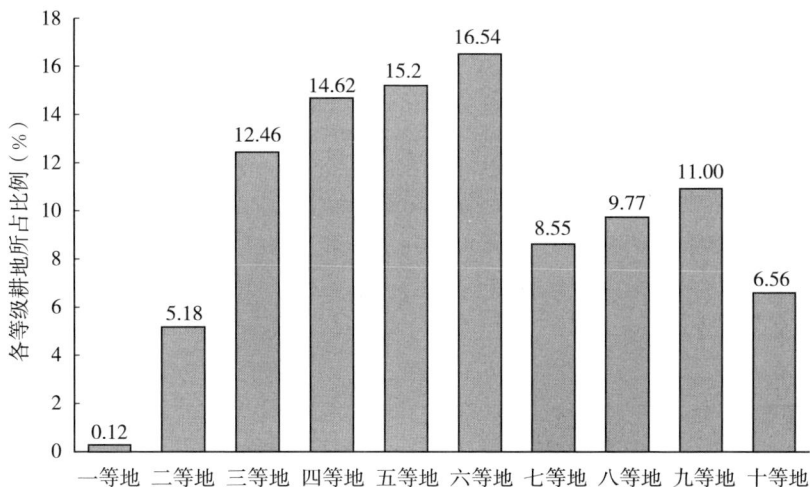

图 7-1 全省耕地质量等级

第二节 一级耕地质量等级特征

一、面积与分布

全省一级地总面积862.52公顷，占耕地总面积的0.12%。一级地仅在万宁和定安2个市县分布，万宁市最多，具体情况见表7-2。

表7-2　一级地在各市县分布情况

单位：公顷、%

市县	面积	占一级地面积百分比	占全省耕地总面积百分比
海口市	0.00	0.00	0.00
三亚市	0.00	0.00	0.00
五指山市	0.00	0.00	0.00
文昌市	0.00	0.00	0.00
琼海市	0.00	0.00	0.00
万宁市	856.50	99.30	0.12
定安县	6.01	0.70	0.00
屯昌县	0.00	0.00	0.00
澄迈县	0.00	0.00	0.00
临高县	0.00	0.00	0.00
儋州市	0.00	0.00	0.00
东方市	0.00	0.00	0.00
乐东县	0.00	0.00	0.00
琼中县	0.00	0.00	0.00
保亭县	0.00	0.00	0.00
陵水县	0.00	0.00	0.00
白沙县	0.00	0.00	0.00
昌江县	0.00	0.00	0.00
合计	862.52	100.00	0.12

二、主要属性特点

从地形地貌来看，一级地分布在低海拔河流低阶地和低海拔侵蚀剥蚀地台地带，土壤质地适中，100％的耕地属于中壤，多集中于灌溉条件优越的河流两岸。地下水位在 80 厘米以下，有充分的灌溉水保证，能保证作物全生育期的灌排水要求。土壤类型绝大部分都是潴育型水稻土，成土母质主要以河流冲积物为主，耕层厚度在 15～24 厘米，质地以中壤土为主，质地构型以上松下紧为主。此类耕地以酸性为主，养分整体情况是有机质中等，钾缺乏、磷较丰富，其地块养分状况见表 7 - 3。有机质含量为 25.80～28.10 克/千克，平均 27.15 克/千克。有效磷含量 13.20～41.20 毫克/千克，平均28.71毫克/千克，标准差为 4.07。速效钾含量为 46.00～190.00 毫克/千克，平均 117.50 毫克/千克。

一级地在利用方式上，以晚稻—冬春瓜菜为主，作物相对产量较高。

表 7 - 3　一级地土壤养分统计表

项目	最小值	最大值	平均值	标准差
有机质（克/千克）	25.80	28.10	27.15	0.59
有效磷（毫克/千克）	13.20	41.20	28.71	4.07
速效钾（毫克/千克）	46.00	190.00	117.50	144.58

第三节　二级耕地质量等级特征

一、面积与分布

全省二级地总面积 37 400.78 公顷，占全省耕地总面积的 5.18％。二级地主要集中在海口、澄迈、万宁等 11 个市县，其中海口市面积最多，占二级地的 22.64％，其次是万宁市，占二级地的 19.88％，澄迈县位于第三，占二级地的 18.51％，在中部区域的市县没有分布，南部区域的市县中乐东县和陵水县有零星少量分布。具体情况见表 7 - 4。

表 7 - 4　二级地在各市县分布情况

单位：公顷、％

市县	面积	占二级地面积百分比	占全省耕地总面积百分比
海口市	8 467.46	22.64	1.17
三亚市	0.00	0.00	0.00
五指山市	0.00	0.00	0.00
文昌市	321.16	0.86	0.04

（续）

市县	面积	占二级地面积百分比	占全省耕地总面积百分比
琼海市	5 500.07	14.71	0.76
万宁市	7 435.40	19.88	1.03
定安县	3 739.96	10.00	0.52
屯昌县	0.00	0.00	0.00
澄迈县	6 924.66	18.51	0.96
临高县	0.00	0.00	0.00
儋州市	195.95	0.52	0.03
东方市	527.01	1.41	0.07
乐东县	1 211.97	3.24	0.17
琼中县	0.00	0.00	0.00
保亭县	0.00	0.00	0.00
陵水县	3 074.85	8.22	0.43
白沙县	0.00	0.00	0.00
昌江县	2.28	0.01	0.00
合计	37 400.78	100.00	5.18

二、主要属性特点

二级地主要分布在低海拔河流低阶地、低海拔冲积海积平原、低海拔熔岩二级台地等地貌类型区，土壤质地适中，多集中于灌溉条件优越的河流两岸。地下水位在 80 厘米以下，有充分的灌溉水保证，能保证作物全生育期的灌排水要求。土壤类型以潮砂泥田、麻砂泥田和砂泥田为主，成土母质主要以河流冲积物为主，耕层厚度在 15～23 厘米，耕层质地以中壤土为主，面积占比达 98%，其次是轻壤；质地构型则是以上松下紧为主。土壤酸性反应以酸性和微酸性为主，二级地的养分状况见表 7-5。有机质含量为 15.00～35.60 克/千克，平均 24.00 克/千克，标准差为 7.19。有效磷含量为 8.10～38.00 毫克/千克，平均 22.75 毫克/千克，标准差为 23.75。速效钾含量为 30.00～102.00 毫克/千克，平均 79.40 毫克/千克。

二级地在利用方式上，以晚稻—冬春瓜菜为主，作物相对产量较高，一般水稻年亩产 800～900 千克。

表7-5 二级地土壤养分统计表

项目	最小值	最大值	平均值	标准差
有机质（克/千克）	15.00	35.60	24.00	7.19
有效磷（毫克/千克）	8.10	38.00	22.75	23.75
速效钾（毫克/千克）	30.00	102.00	79.40	132.58

第四节 三级耕地质量等级特征

一、面积与分布

全省三级地总面积90 056.11公顷，占全省耕地总面积的12.46%。全省15个市县均有分布，主要集中在文昌、定安、海口、儋州和乐东等市县，其中文昌市最多，占三级地的21.07%，其次是定安县，占三级地的12.00%，海口市位于第三，占三级地的11.67%，除保亭县、琼中县和五指山市外，各市县均有零星分布，具体情况见表7-6。

表7-6 三级地在各市县分布情况

单位：公顷、%

市县	面积	占三级地面积百分比	占全省耕地总面积百分比
海口市	10 506.30	11.67	1.45
三亚市	1 299.61	1.44	0.18
五指山市	0.00	0.00	0.00
文昌市	18 971.69	21.07	2.63
琼海市	7 380.67	8.20	1.02
万宁市	5 253.98	5.83	0.73
定安县	10 805.79	12.00	1.50
屯昌县	959.93	1.07	0.13
澄迈县	3 424.89	3.80	0.47
临高县	4 187.27	4.65	0.58
儋州市	8 281.84	9.20	1.15
东方市	1 214.85	1.35	0.17
乐东县	7 067.13	7.85	0.98

(续)

市县	面积	占三级地面积百分比	占全省耕地总面积百分比
琼中县	0.00	0.00	0.00
保亭县	0.00	0.00	0.00
陵水县	4 765.26	5.29	0.66
白沙县	1 002.15	1.11	0.14
昌江县	4 934.78	5.48	0.68
合计	90 056.11	100.00	12.46

二、主要属性特点

三级地分布在低海拔冲积平原、低海拔熔岩二级台地和低海拔海积平原等地带，土壤质地适中，集中于水资源优越的河流两岸。有效土层均深于 60 厘米，地下水位在 80 厘米以下，有充分满足的灌溉排水能力，能保证作物全生育期的灌排水要求。土属类型以渗涂泥田和潮砂泥田为主，其次是红泥田和麻砂质砖红壤。成土母质主要以火山灰、海相沉积物和河流冲积物为主，耕层厚度在 13～25 厘米；质地以中壤、轻壤和沙壤三种质地为主，面积分别为 119.76 万亩、7.83 万亩和 4.60 万亩，分别占三级耕地总面积的 88.65%、5.79% 和 3.41%。质地构型则是以上松下紧为主，还有少量的海绵型，基本上不存在耕作障碍因素。三级地的养分状况见表 7-7。有机质含量为 13.90～33.60 克/千克，平均 21.10 克/千克，标准差为 6.27。有效磷含量为 8.10～41.00 毫克/千克，平均 16.79 毫克/千克，标准差为 16.28。速效钾含量为 33.0～161.00 毫克/千克，平均 108.79 毫克/千克，标准差为 17.74。

三级地在利用方式上，以水田为主，耕作方式以稻—菜模式为主，作物相对产量较高，一般水稻年亩产 700～800 千克。

表 7-7　三级地土壤养分统计表

项目	最小值	最大值	平均值	标准差
有机质（克/千克）	13.90	33.60	21.10	6.27
有效磷（毫克/千克）	8.10	41.00	16.79	16.28
速效钾（毫克/千克）	33.00	161.00	108.79	17.74

四级耕地质量等级特征

一、面积与分布

全省四级地总面积 105 688.64 公顷，占全省耕地总面积的 14.62%。全省各市县均有分布，主要集中在儋州、文昌、临高和屯昌等市县，其中儋州市最多，占四级地的 19.38%，其次是文昌市，占四级地的 13.03%，临高县位于第三，占四级地的 10.17%，保亭、琼中和五指山等中部区域分布较少。具体情况见表 7-8。

表 7-8　四级地在各市县分布情况

单位：公顷、%

市县	面积	占四级地面积百分比	占全省耕地总面积百分比
海口市	7 459.57	7.06	1.03
三亚市	7 309.39	6.92	1.01
五指山市	441.09	0.42	0.06
文昌市	13 766.31	13.03	1.90
琼海市	4 974.46	4.71	0.69
万宁市	1 712.66	1.62	0.24
定安县	2 949.09	2.79	0.41
屯昌县	8 037.34	7.60	1.11
澄迈县	8 122.47	7.69	1.12
临高县	10 746.57	10.17	1.49
儋州市	20 478.86	19.38	2.83
东方市	3 261.37	3.09	0.45
乐东县	7 991.69	7.56	1.11
琼中县	301.47	0.29	0.04
保亭县	202.25	0.19	0.03
陵水县	2 182.36	2.06	0.30
白沙县	2 217.49	2.10	0.31
昌江县	3 534.22	3.34	0.49
合计	105 688.64	100.00	14.62

二、主要属性特点

四级地分布在低海拔冲积平原、低海拔熔岩二级台地、低海拔熔岩一级台地和低海拔海积一级台地；耕层质地以中壤土为主，占四级地总面积的44.58%，其次是沙壤，占比41.61%，轻壤和黏土占比相当；质地构型以上松下紧型和海绵型为主，面积分别为145.45万亩和11.83万亩，分别占四级地总面积的91.75%和7.46%，有效土层厚度均超过了100厘米；灌溉条件充分满足和基本满足分别占87.08%和12.92%，能够保证作物全生育期的灌水要求；土壤亚类型以潴育水稻土和渗育水稻土为主，典型砖红壤也是主要的亚类，土属以渗涂泥田、红泥田和潮沙泥田为主。成土母质主要以河流冲积物、海相沉积物和火山灰为主，耕层厚度在9~24厘米。四级地的养分状况见表7-9。有机质含量为3.92~49.82克/千克，平均18.55克/千克，标准差为7.53。有效磷含量为1.25~135.71毫克/千克，平均26.48毫克/千克，标准差为18.00。速效钾在31.10~281.10毫克/千克，平均117.07毫克/千克，标准差为33.04。

四级地相比三级地在土壤肥力方面略差点，其他耕地属性差别不明显；在利用方式上，以早稻—冬春瓜菜为主，作物相对产量较高，一般水稻年亩产600~700千克。

表7-9　四级地土壤养分统计表

项目	最小值	最大值	平均值	标准差
有机质（克/千克）	3.92	49.82	18.55	7.53
有效磷（毫克/千克）	1.25	135.71	26.48	18.00
速效钾（毫克/千克）	31.10	281.10	117.07	33.04

第六节　五级耕地质量等级特征

一、面积与分布

全省五级地总面积109 816.64公顷，占全省耕地总面积的15.20%。全省各市县均有分布，其中儋州市最多，占五级地的17.91%，其次是东方市，占五级地的10.77%，文昌市位于第三，占五级地的10.58%。具体情况见表7-10。

表 7-10　五级地在各市县分布情况

单位：公顷、％

市县	面积	占五级地面积百分比	占全省耕地总面积百分比
海口市	7 000.24	6.37	0.97
三亚市	4 237.86	3.86	0.59
五指山市	256.00	0.23	0.04
文昌市	11 613.70	10.57	1.61
琼海市	3 837.92	3.49	0.53
万宁市	3 087.10	2.81	0.43
定安县	4 751.15	4.33	0.66
屯昌县	5 100.19	4.64	0.70
澄迈县	6 614.55	6.02	0.91
临高县	6 927.70	6.31	0.96
儋州市	19 663.81	17.91	2.72
东方市	11 822.69	10.77	1.64
乐东县	8 513.29	7.75	1.18
琼中县	3 552.98	3.24	0.49
保亭县	2 543.14	2.32	0.35
陵水县	4 677.33	4.26	0.65
白沙县	1 745.08	1.59	0.24
昌江县	3 871.91	3.53	0.53
合计	109 816.64	100.00	15.20

二、主要属性特点

五级地主要集中分布在平原低阶、宽谷盆地和丘陵下部，耕层质地以沙壤土为主，占五级地总面积的 53.50％，其次是中壤和重壤，分别占五级地总面积的 32.67％和 12.15％；质地构型以上松下紧型为主，薄层型和海绵型也有少量分布，分别占五级地总面积的 76.57％、14.13％和 9.28％；有效土层厚度在 60～100 厘米；灌溉条件以充分满足为主，面积达 141.66 万亩，占五级地总面积的 86.00％，灌溉条件为不满足的也有 11.19 万亩，占五级地总面积的 11.19％；土壤亚类型以典型砖红壤和潴育水稻土为主，土属以渗涂泥田、红泥田和漂鳝泥田为主，分别占五级地总面积的 16.04％、15.54％和 9.35％。

成土母质主要为花岗岩、冲积物和火山灰土，耕层厚度在9～19厘米。五级地的养分状况见表7-11。有机质含量3.94～49.14克/千克，平均24.54克/千克；有效磷含量为1.15～123.20毫克/千克，平均11.49毫克/千克；速效钾含量为26.90～253.45毫克/千克，平均119.96毫克/千克。

五级地主要分布在低海拔侵蚀剥蚀低台地，与四级地相比土壤肥力相当，其他耕地属性差别不明显；在利用方式上，现在基本上都是以旱作为主，例如地瓜、玉米等，作物相对产量较高。

表7-11　五级地土壤养分统计表

项目	最小值	最大值	平均值	标准差
有机质（克/千克）	3.94	49.14	24.54	5.57
有效磷（毫克/千克）	1.15	123.20	11.49	14.08
速效钾（毫克/千克）	26.90	253.45	119.96	44.15

第七节　六级耕地质量等级特征

一、面积与分布

全省六级地总面积119 550.06公顷，占全省耕地总面积的16.54%，是面积最大的等级。全省各市县均有分布，但主要集中在北部和西部区域，其中儋州市最多，占六级地的15.16%，其次是定安县，占六级地的13.20%，昌江县和澄迈县占六级地的比例相当，分别为12.40%和12.10%。具体情况见表7-12。

表7-12　六级地在各市县分布情况

单位：公顷、%

市县	面积	占六级地面积百分比	占全省耕地总面积百分比
海口市	7 109.99	5.95	0.98
三亚市	1 244.04	1.04	0.17
五指山市	406.03	0.34	0.06
文昌市	3 736.01	3.13	0.52
琼海市	3 412.67	2.85	0.47
万宁市	3 578.80	2.99	0.5

（续）

市县	面积	占六级地面积百分比	占全省耕地总面积百分比
定安县	15 776.67	13.20	2.18
屯昌县	6 868.17	5.75	0.95
澄迈县	14 468.36	12.10	2
临高县	14 152.56	11.84	1.96
儋州市	18 118.67	15.16	2.51
东方市	1 734.57	1.45	0.24
乐东县	4 344.67	3.63	0.6
琼中县	1 790.92	1.50	0.25
保亭县	3 039.21	2.54	0.42
陵水县	3 312.53	2.77	0.46
白沙县	1 634.55	1.37	0.23
昌江县	14 821.63	12.40	2.05
合计	119 550.06	100.00	16.54

二、主要属性特点

六级地主要分布在低海拔冲积平原、低海拔海积二级台地和低海拔海积一级台地；耕层质地以中壤和沙壤为主，面积分别为 132.59 万亩和 33.40 万亩，分别占六级地总面积的 73.94％和 18.63％；质地构型以上松下紧型和海绵型为主，占 95.66％和 2.79％；有效土层厚度为 60～100 厘米，60 厘米以内的占六级地总面积的 32.22％，能够充分满足农作物生长需求；灌溉能力为不满足的面积有 124.28 万亩，占 69.30％，仅有 47.91 万亩耕地灌溉能力为充分满足，排水条件优越，总体来说灌排能力都能满足要求；土壤亚类型以典型砖红壤为主，耕地利用类型以旱地为主；土属以麻砂质砖红壤和暗泥质砖红壤为主，分别占六级地总面积的 18.63％和 24.11％。六级地的养分状况见表 7-13。有机质含量为 4.90～37.83 克/千克，平均 19.20 克/千克；有效磷含量 1.55～115.77 毫克/千克，平均 24.89 毫克/千克；速效钾含量为 29.83～244.79 毫克/千克，平均 108.67 毫克/千克。

表 7-13　六级地土壤养分统计表

项目	最小值	最大值	平均值	标准差
有机质（克/千克）	4.90	37.83	19.20	7.48
有效磷（毫克/千克）	1.55	115.77	24.89	24.20
速效钾（毫克/千克）	29.83	244.79	108.67	47.03

第八节　七级耕地质量等级特征

一、面积与分布

七级耕地总面积 61 822.42 公顷，占全省耕地总面积的 8.55%。全省各市县均有分布，主要集中东北部和西部区域，其中白沙县最多，占七级地的 10.54%，其次是海口市，占七级地的 10.51%，东方市位于第三，占七级地的 9.22%。具体情况见表 7-14。

表 7-14　七级地在各市县分布情况

单位：公顷、%

市县	面积	占七级地面积百分比	占全省耕地总面积百分比
海口市	6 497.35	10.51	0.90
三亚市	2 271.58	3.67	0.31
五指山市	476.93	0.77	0.07
文昌市	2 662.58	4.31	0.37
琼海市	5 248.63	8.49	0.73
万宁市	3 216.39	5.20	0.45
定安县	789.96	1.28	0.11
屯昌县	5 227.22	8.46	0.72
澄迈县	4 359.29	7.05	0.60
临高县	3 547.58	5.74	0.49
儋州市	3 914.00	6.33	0.54
东方市	5 697.59	9.22	0.79
乐东县	2 710.90	4.38	0.38

（续）

市县	面积	占七级地面积百分比	占全省耕地总面积百分比
琼中县	1 434.07	2.32	0.20
保亭县	1 012.22	1.64	0.14
陵水县	2 810.72	4.55	0.39
白沙县	6 518.47	10.54	0.90
昌江县	3 426.93	5.54	0.47
合计	61 822.42	100.00	8.55

二、主要属性特点

七级地耕层质地以中壤和沙壤为主，面积分别为 75.34 万亩和 13.11 万亩，分别占七级地总面积的 81.25% 和 14.14%；质地构型以薄层型和上松下紧型为主，分别占七级地面积总数的 94.19% 和 2.67%，且有少量薄层型分布；有效土层厚度为 60～100 厘米，60 厘米以内的七级地面积占总数的 3.97%，能够满足农作物生长需求；七级地的灌溉能力以不满足为主，其次是满足和充分满足两种情况，不满足的耕地面积占比为 84.52%；受地形的影响，排水条件优越，基本上不存在涝或地下水位偏高的问题；土壤亚类型以典型砖红壤、潴育型水稻土和黄色砖红壤三个类别为主，占比分别为 73.66%、7.55% 和 6.06%；土属以麻砂质砖红壤和砂泥质砖红壤主，分别占七级地总面积的 34.62% 和 17.66%；耕地农田林网化程度较高，定性为中和高的面积分别为 8.46 万亩和 80.74 万亩，分别占七级地总面积的 9.12% 和 87.06%，而农田林网化程度为低的仅有 3.54 万亩。七级地的养分状况见表 7 - 15。有机质含量为 6.77～42.60 克/千克，平均 23.37 克/千克；有效磷含量为 1.50～68.89 毫克/千克，平均 22.66 毫克/千克；速效钾含量为 30.10～261.00 毫克/千克，平均 108.67 毫克/千克。

表 7 - 15 七级地土壤养分统计表

项目	最小值	最大值	平均值	标准差
有机质（克/千克）	6.77	42.60	23.37	9.39
有效磷（毫克/千克）	1.50	68.89	22.66	12.47
速效钾（毫克/千克）	30.10	261.00	108.67	58.39

第九节 八级耕地质量等级特征

一、面积与分布

全省八级地总面积 70 628.50 公顷，占耕地总面积的 9.77％。全省各市县均有分布，主要集中在西部和北部区域，其中儋州市最多，占八级地 20.47％，其次是澄迈县，占八级地的 13.41％，乐东县位于第三，占八级地的 10.55％。详细情况见表 7-16。

表 7-16 八级地在各市县分布情况

单位：公顷、％

市县	面积	占八级地面积百分比	占全省耕地总面积百分比
海口市	5 236.02	7.41	0.72
三亚市	1 700.87	2.41	0.24
五指山市	588.23	0.83	0.08
文昌市	1 562.63	2.21	0.22
琼海市	3 412.14	4.83	0.47
万宁市	383.44	0.54	0.05
定安县	2 619.60	3.71	0.36
屯昌县	2 524.62	3.57	0.35
澄迈县	9 472.88	13.41	1.31
临高县	2 892.82	4.10	0.40
儋州市	14 454.93	20.47	2.00
东方市	4 683.05	6.63	0.65
乐东县	7 453.33	10.55	1.03
琼中县	2 438.60	3.45	0.34
保亭县	733.68	1.04	0.10
陵水县	1 827.16	2.59	0.25
白沙县	5 747.02	8.14	0.80
昌江县	2 897.47	4.10	0.40
合计	70 628.50	100.00	9.77

二、主要属性特点

八级地耕层质地以中壤为主,面积为 64.36 万亩;质地构型以紧实型和上松下紧型为主,面积分别为 13.63 万亩和 85.46 万亩,分别占八级地总面积的 12.87% 和 80.67%;农田水利基础设施较差,灌溉能力为不满足的耕地达 91.98 万亩,占八级地耕地总面积的 86.82%;受地形的影响,排水条件优越,基本上不存在涝或地下水位偏高的问题;土壤亚类型仍然以典型砖红壤为主,土属以麻砂质砖红壤和砂泥质砖红壤为主,面积占比分别为 28.64% 和 13.20%;耕地土壤生物多样性以不丰富为主,占八级地总面积的 54.89%;旱地占据了八级地总面积的 87.14%,土壤平均容重为 1.07 克/千克。八级地的养分状况见表 7-17。有机质含量为 9.89~39.02 克/千克,平均 22.30 克/千克;有效磷含量为 1.81~113.69 毫克/千克,平均 24.59 毫克/千克;速效钾含量为 28.90~230.40 毫克/千克,平均 110.57 毫克/千克。

八级地与七级地相比土壤性状变化不大,主要是农田水利设施建设不到位;在利用方式上,以旱作为主,例如玉米、花生等作物。

表 7-17　八级地土壤养分统计表

项目	最小值	最大值	平均值	标准差
有机质（克/千克）	9.89	39.02	22.30	7.34
有效磷（毫克/千克）	1.81	113.69	24.59	21.22
速效钾（毫克/千克）	28.90	230.40	110.57	55.29

第十节　九级耕地质量等级特征

一、面积与分布

全省九级地总面积 79 464.35 公顷,占全省耕地总面积的 11.00%。全省各市县均有分布,主要集中在北部和西部区域,其中东方市最大,占九级地的 17.78%,其次是儋州市,占九级地的 12.60%,澄迈县位于第三,占九级地的 12.18%。详细情况见表 7-18。

表 7 - 18　九级地在各市县分布情况

単位：公顷、%

市县	面积	占九级地面积百分比	占全省耕地总面积百分比
海口市	6 461.67	8.13	0.89
三亚市	3 104.35	3.91	0.43
五指山市	899.56	1.13	0.12
文昌市	1 161.87	1.46	0.16
琼海市	1 735.86	2.18	0.24
万宁市	2 318.43	2.92	0.32
定安县	8 496.81	10.69	1.18
屯昌县	3 311.89	4.17	0.46
澄迈县	9 674.87	12.18	1.34
临高县	1 498.72	1.89	0.21
儋州市	10 010.49	12.60	1.39
东方市	14 125.04	17.78	1.95
乐东县	6 373.63	8.02	0.88
琼中县	1 303.96	1.64	0.18
保亭县	484.09	0.61	0.07
陵水县	1 782.16	2.24	0.25
白沙县	4 289.82	5.40	0.59
昌江县	2 431.13	3.06	0.34
合计	79 464.35	100.00	11.00

二、主要属性特点

九级地耕层质地以中壤和沙壤为主，面积分别为 66.06 万亩和 46.96 万亩，分别占九级地耕地总面积的 55.42% 和 39.40%；质地构型以上紧下松型、薄层型和紧实型为主，面积占比分别为 12.95%、15.76% 和 23.73%；灌溉能力为不满足的耕地达 98.25 万亩，占九级地耕地总面积的 82.43%，排水能力能满足生产需求；土壤亚类型以基性岩火山灰土、典型砖红壤和典型燥红土为主，面积占比分别为 15.76%、35.43% 和 18.86%；土属以基性岩火山泥土和麻砂质砖红壤为主，占比分别达 15.76% 和 23.04%；耕地土壤生物多样性以一般为主，占九级地总面积的 50.86%；地类以旱地为主，面积为 98.28 万亩，占九级地总面积的 82.46%；土壤平均容重为 1.17 克/千克。九级地的养分状况见表 7 - 19。有机质含量为 10.40~42.60 克/千克，平均 23.22 克/千克；有效磷含量为 5.19~137.61 毫克/千克，平均 21.80 毫克/千克；速效钾含量为 29.83~286.60 毫克/千克，平均 102.45 毫克/千克。

九级地在利用方式上，以旱作为主，可适当调整种植经济作物，必须注重钾肥的施用，避免作物缺钾带来农产品产量和品质的下降。

表 7 - 19　九级地土壤养分统计表

项目	最小值	最大值	平均值	标准差
有机质（克/千克）	10.40	42.60	23.22	6.37
有效磷（毫克/千克）	5.19	137.61	21.80	15.70
速效钾（毫克/千克）	29.83	286.60	102.45	59.68

第十一节　十级耕地质量等级特征

一、面积与分布

全省十级地总面积 47 438.30 公顷，占全省耕地总面积的 6.56%。全省各市县均有分布，主要集中在西部和北部区域，其余市县均零星分布，其中儋州市最多，占十级地的 20.89%，其次是海口市，占十级地的 20.65%。具体情况见表 7 - 20。

表 7 - 20　十级地在各市县分布情况

单位：公顷、%

市县	面积	占十级地面积百分比	占全省耕地总面积百分比
海口市	9 795.21	20.65	1.36
三亚市	2 147.26	4.53	0.30
五指山市	1 210.21	2.55	0.17
文昌市	1 695.87	3.57	0.23
琼海市	2 225.89	4.69	0.31
万宁市	1 538.72	3.24	0.21
定安县	969.21	2.04	0.13
屯昌县	1 296.31	2.73	0.18

（续）

市县	面积	占十级地面积百分比	占全省耕地总面积百分比
澄迈县	2 812.54	5.93	0.39
临高县	3 382.67	7.13	0.47
儋州市	9 911.32	20.89	1.37
东方市	4 462.31	9.41	0.62
乐东县	2 127.64	4.49	0.29
琼中县	351.42	0.74	0.05
保亭县	258.16	0.54	0.04
陵水县	793.13	1.67	0.11
白沙县	1 103.56	2.33	0.15
昌江县	1 356.87	2.86	0.19
合计	47 438.30	100.00	6.56

二、主要属性特点

十级地耕层质地以沙壤和沙土为主，面积分别为 26.86 万亩和 23.59 万亩，分别占十级地总面积的 37.75% 和 33.16%；质地构型以松散型和上紧下松型为主，面积占比分别为 31.69% 和 26.14%；有效土层厚度为 60～100 厘米；农田水利基础设施较差，灌溉能力为不满足的耕地达 51.10 万亩，占十级地耕地总面积的 71.81%，排水能力优越；土壤亚类型以滨海风沙土、基性火山灰土和渗育水稻土为主，土属以滨海固定风沙土、渗涂泥田和基性火山灰泥土为主，占比分别为 14.62%、20.72% 和 17.85%；耕地土壤生物多样性以不丰富为主，占十级地总面积的 54.92%；地类以旱地为主，土壤平均容重为 1.18 克/千克。十级地的养分状况见表 7-21。有机质含量为 5.86～42.26 克/千克，平均 24.90 克/千克；有效磷含量为 1.10～139.46 毫克/千克，平均 14.08 毫克/千克；速效钾在 45.45～199.90 毫克/千克，平均 116.88 毫克/千克。

十级地与九级地相比土壤养分变化不明显，有效磷处于丰富的水平、有机质和碱解氮处于中等水平，而速效钾处在稍缺乏状态，总体来说质量水平中等偏下。耕作主要障碍是农田水利设施不配套，在利用方式上，以旱作为主，可适当调整种植经济作物，必须注重钾肥的施用，避免作物缺钾带来农产品产量和品质的下降。

表 7 - 21 十级地土壤养分统计表

项目	最小值	最大值	平均值	标准差
有机质（克/千克）	5.86	42.26	24.90	6.60
有效磷（毫克/千克）	1.10	139.46	14.08	17.94
速效钾（毫克/千克）	45.45	199.90	116.88	33.01

第八章 海南耕地质量长期定位监测体系

第一节 监测点建设基本情况

一、概述

截至 2021 年年底，海南省共建设有 101 个耕地质量监测点，已覆盖了粮食生产功能区，满足平均每 10 万亩耕地布设 1 个的要求。自 2016 年以来，各级相关部门按照《全国农技中心关于做好耕地质量监测点布局规划的通知（农技土肥水函〔2016〕399 号）》要求，通过对监测网点规划调整，分级管理，逐渐完善海南省的国家、省、市（县）三级耕地质量监测网络。

二、耕地质量长期定位监测基本情况

（一）耕地质量长期定位监测点布局

海南省耕地质量监测点均布设在海拔 200 米以下的丘陵区、台地区及平原区，常年年降水量 1 800 毫米～2 000 毫米，常年有效积温 8 590℃，全年无霜，代表了全省粮、蔬主产区的自然条件。耕地质量监测点的主要土壤类型为水稻土和砖红壤，代表全省耕地 80% 的土壤类型。

（二）监测点级别分布

全省现有国家级监测点 18 个、省级监测点 32 个、县级监测点 51 个，合计 101 个，分布于全省 18 个市县（除三沙市外）。其中国家级监测点占监测点总数的 17.82%，省级监测点占监测点总数的 31.68%，县级监测点占监测点总数的 50.50%。

（三）区域分布

全省 101 个监测点，分别分布于全省 18 个市县（除三沙市外）。其中琼北区（海口、澄迈、定安、屯昌）25 个，占监测点总数的 24.75%；琼东区（文

昌、琼海、万宁）20 个，占监测点总数的 19.80%；琼南区（三亚、乐东、陵水）17 个，占监测点总数的 16.83%；琼西区（临高、儋州、昌江、东方）24 个，占监测点总数的 23.76%；琼中区（五指山、白沙、保亭、琼中）15 个，占监测点总数的 14.85%（图 8-1）。

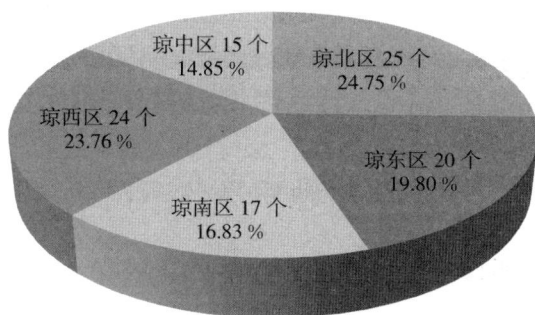

图 8-1 各区域所占监测点比例

第二节 监测指标与方法、内容

一、土壤样品采集与处理

土壤样品采集在每年度最后一季作物收获后、施肥前进行。水田、旱地只采集耕层土壤样品，蔬菜地需同时采集耕层和亚耕层土壤样品。每个土壤样品要求有 15 个以上的样点均匀混合。土壤样品的采集、处理和贮存方法严格按《NY/T 1121.1—2006 土壤检测第 1 部分：土壤样品的采集、处理和贮存》规定的方法进行。

二、土壤样品监测指标与方法

所有土壤样品均按照现行有效标准《土壤检测（NY/T 889、NY/T 1121）》进行检测。土壤样品检测项目包括土壤酸碱度、土壤有机质、全氮、有效磷、速效钾等有效养分，详细分析方法见表 8-1。

表 8-1 土壤样品检测项目及方法

检测项目	分析方法
有机质（克/千克）	重铬酸钾容量法
全氮（克/千克）	凯氏蒸馏法

(续)

检测项目	分析方法
缓效钾（毫克/千克）	稀硝酸提取火焰法
速效磷（毫克/千克）	0.03N NH_4F-0.025N HCl 法
速效钾（毫克/千克）	NH_4OAC 浸提火焰光度法
土壤 pH	pH 计测定

第三节 耕地质量监测结果

一、土壤有机质含量现状及演变趋势

土壤有机质是土壤肥力的重要指标，它不但含有植物生长所需的各种营养元素，而且可以增加土壤团粒体，改善土壤结构，促进作物对土壤养分的协调需求，提高耕地质量和生产能力。同时，土壤有机质对土壤重金属、农药等各种有机、无机污染物有络合和固定等作用，可以降低土壤污染风险，提高农产品质量，对绿色农业的发展有着积极的作用。

（一）土壤有机质含量现状

近三年来，监测点土壤有机质含量逐年上升。2021 年，全省土壤有机质平均含量为 20.33 克/千克，较 2020 年提高了 1.1 克/千克，其中国家级监测点平均含量为 25.18 克/千克，较 2020 年 23.38 克/千克上升 1.8 克/千克，海南省分区域的耕地质量监测点土壤有机质平均含量如表 8-2 所示。

表 8-2 区域有机质平均含量年度变化

单位：克/千克

区域	2020 年	2021 年	年度变化
琼北区	21.05	19.77	−1.28
琼东区	25.90	27.75	+1.85
琼南区	15.55	16.19	+0.64
琼西区	13.70	18.86	+5.16
琼中区	19.84	19.06	−0.78

土壤有机质含量主要集中在 10～20 克/千克。土壤有机质含量低于 10 克/

千克的监测点为 12 个，占监测点总数的 11.9%；有机质含量为 10～20 克/千克的 49 个，占监测点总数的 48.5%；土壤有机质含量 20～30 克/千克的监测点有 25 个，占监测点总数的 24.8%；有机质含量介于 30～35 克/千克的监测点有 4 个，占监测点总数的 4%；土壤有机质含量高于 35 克/千克的有 11 个，占监测点总数的 10.9%。

（二）土壤有机质含量演变趋势

2015 年以来，全省耕地质量监测点土壤有机质含量呈现先降低后提高的特征，但 2021 年比 2015 年略低，其土壤有机质含量均值分别为 20.43 克/千克和 20.79 克/千克（图 8-2）。

2015—2021 年，土壤有机质含量在不同区间的比例也有所变化，主要表现为低于土壤有机质含量，低于 10 克/千克和 10～20 克/千克含量范围的监测点比例有所提高，其中低于 10 克/千克的比例从 2.2% 上升到 11.8%，10～20 克/千克的比例从 42.2% 上升到 48.5%。土壤有机质含量高于 20 克/千克的监测点占比有所降低，主要表现为 20～30 克/千克的比例变化为从 36% 下降到 25.8%；30～35 克/千克的比例变化从 6.6% 下降至 4%；高于 35 克/千克的比例从 2014 年的 13.1% 下降至 9.9%。

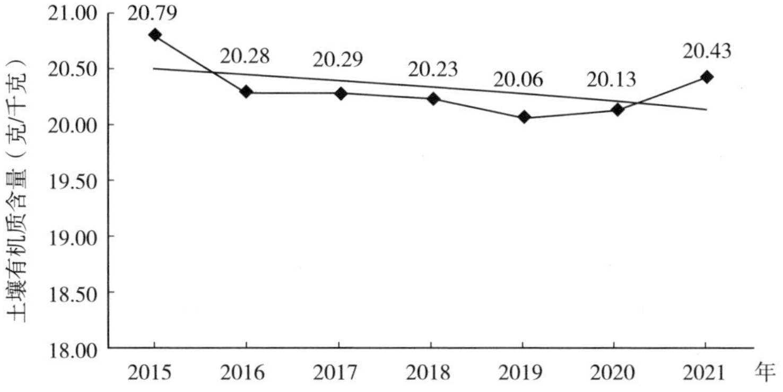

图 8-2 2015 年至 2021 年土壤有机质含量变化趋势

二、土壤全氮现状及演变趋势

氮素是构成一切生命体的重要元素，是植物营养三要素之首。土壤中的氮素含量与植物生长直接相关，土壤全氮是土壤氮素的容量指标，容量指标高低反映土壤氮素肥力的库容大小，是土壤氮素管理的重要指标。

（一）土壤全氮现状

2021 年全省耕地质量监测点的土壤全氮平均含量为 0.98 克/千克，较 2020 年的含量降低 0.04 克/千克，其中 18 个国家级监测点的土壤全氮平均含量 1.35 克/千克，较 2020 年降低 0.04 克/千克。从区域上来看，琼北和中部地区的监测点土壤全氮含量有所降低，南部和西部区域全氮平均含量水平有所提高（表 8-3）。

土壤全氮含量主要集中在 0.5～1 克/千克范围内，土壤全氮含量低于 0.5 克/千克的监测点为 17 个，占监测点总数的 16.8%；土壤全氮含量处于 0.5～1 克/千克的点位为 37 个，占监测点总数的 36.6%；全氮含量为 1～1.5 克/千克的有 34 个，占监测点总数的 33.7%；全氮含量为 1.5～2 克/千克的监测点有 6 个，占监测点总数的 5.9%，有 7 个监测点的土壤全氮含量高于 2 克/千克，占监测点总数的 6.9%。

表 8-3 区域全氮平均含量年度变化

单位：克/千克

区域	2020 年	2021 年	年度变化
琼北区	0.63	0.62	−0.01
琼东区	1.36	1.36	持平
琼南区	0.93	0.96	+0.03
琼西区	0.85	0.91	+0.06
琼中区	1.37	1.24	−0.13

（二）全氮含量演变趋势

2014 年以来，全省耕地质量监测点的土壤全氮平均含量整体呈逐渐降低的趋势，其含量平均值从 2014 年的 1.32 克/千克下降至 2021 年的 0.98 克/千克。从分布区间上来看，2014 年至 2021 年，土壤全氮含量低于 0.5 克/千克的监测点数量比例呈上升趋势，从 0 上升至 16.9%；1.5～2 克/千克的监测点比例从 20% 下降至 5.9%；土壤全氮含量高于 2 克/千克的监测点比例从 11.1% 下降至 6.9%。

三、土壤有效磷含量现状及演变趋势

磷是植物生长发育必需的营养元素，土壤中磷素的多少及有效程度对作物产量和品质至关重要，是土壤肥力的重要指标之一，而土壤有效磷是当季作物可从土壤中获得的主要磷养分资源。

（一）土壤有效磷含量现状

2021 年全省耕地质量监测点土壤有效磷平均含量为 49.19 毫克/千克，与 2020 年相比提高了 8.05 毫克/千克。其中 18 个国家级监测点的土壤有效磷平均含量为 76.91 毫克/千克，比 2020 年度大幅提高，提高幅度为 26.94 毫克/千克。除琼西地区外，其余地区的耕地质量监测点土壤有效磷平均含量均有不同幅度的提高，其中以南部地区的提高幅度最高，为 30.34 毫克/千克（表 8-4）。

表 8-4　区域有效磷平均含量年度变化

单位：毫克/千克

区域	2020 年	2021 年	年度变化
琼北区	54.53	66.52	+11.99
琼东区	26.82	30.29	+3.47
琼南区	63.14	93.48	+30.34
琼西区	41.77	32.11	-9.66
琼中区	19.61	23.55	+3.94

土壤有效磷含量主要集中在≥40 毫克/千克的区间。土壤有效磷含量小于 5 毫克/千克的监测点为 12 个，占监测点总数的 11.9%；有效磷含量为 5～20 毫克/千克的有 33 个，占监测点总数的 32.7%；20～30 毫克/千克的为 14 个，占监测点总数的 13.9%；30～40 毫克/千克的监测点为 8 个，占监测点总数的 7.9%；土壤有效磷含量高于 40 毫克/千克的监测点为 34 个，占监测点总数的 33.7%。

（二）土壤有效磷含量演变趋势

2014—2021 年，从监测数据来看全省土壤有效磷含量整体呈上升趋势，从 23.90 毫克/千克上升到 49.67 毫克/千克。2021 年，耕地质量监测点的土壤有效磷含量主要集中在高于 40 毫克/千克的区间，其含量低于 5 毫克/千克的监测点数量比例从 22.2% 下降至 12.9%；有效磷含量处于 5～20 毫克/千克的监测点比例呈下降趋势，从 44.4% 下降至 32.7%；20～30 毫克/千克的比例从 8.9% 上升至 13.9%；30～40 毫克/千克的比例为从 4.5% 上升至 8.9%；土壤有效磷含量高于 40 毫克/千克的比例从 20% 上升至 31.6%。

四、土壤缓效钾现状及演变趋势

缓效钾是指存在于膨胀性层状硅酸盐矿物层间和颗粒边缘上的一部分钾，又称非交换性钾，与交换性钾处于平衡之中，是评价土壤供钾潜力的指标。当土壤中速效钾被植物吸收利用后，缓效钾可以缓慢释放补充速效钾；反之，当土壤中速效钾含量较高、钾离子饱和度较大时，能够使速效钾转换为缓效性钾，把钾闭蓄起来。

（一）土壤缓效钾含量现状

2021 年全省耕地质量监测点的土壤缓效钾平均含量为 187.6 毫克/千克，比 2020 年提高了 18.25 毫克/千克。18 个国家级监测点的土壤缓效钾平均含量为 160.56 毫克/千克，较 2020 年含量平均水平提高了 13.23 毫克/千克，除南部地区的监测点土壤缓效钾含量有所降低外，其余区域的土壤缓效钾含量均有所提高（表 8-5）。

表 8-5　区域缓效钾平均含量年度变化

单位：毫克/千克

区域	2020 年	2021 年	年度变化
琼北区	130.23	131.99	+1.76
琼东区	134.00	139.30	+5.3
琼南区	226.40	214.11	-12.29
琼西区	155.19	239.66	+84.47
琼中区	208.51	212.92	+4.41

各监测点的土壤缓效钾含量的空间差异性较大，其含量主要集中分布于低于 100 毫克/千克的区间，低于 100 毫克/千克的监测点数量为 41 个，占监测点总数的 40.6%；土壤缓效钾含量在 100～200 毫克/千克的监测点数量为 27 个，占监测点总数的 26.7%；200～300 毫克/千克的监测点为 14 个，占监测点总数的 13.9%；土壤缓效钾含量处于 300～500 毫克/千克的监测点有 13 个，占监测点总数的 12.9%；土壤缓效钾含量高于 500 毫克/千克的监测点有 6 个，占监测点的 5.9%。

（二）土壤缓效钾含量演变趋势

近年来，海南省耕地质量监测点的土壤缓效钾含量整体呈上升趋势，从 2017 年的 148.31 毫克/千克提高至 2021 年的 183.80 毫克/千克。从分布频率上来看，近五年来，土壤缓效钾低于 100 毫克/千克的监测点数量比例相差不大；土壤缓效钾含量为 100～200 毫克/千克的监测点数量占比由 31.9% 下降到 27.7%；200～300 毫克/千克的监测点占比由 19.15% 下降到 12.9%；土壤缓效钾含量高于 300 毫克/千克的监测点数量占比逐渐增加，由 8.52% 提高至 18.82%。

五、土壤速效钾含量现状及演变趋势

钾是作物生长不可缺少的大量营养元素，土壤速效钾能在短期内被作物吸收利用。监测土壤速效钾含量的变化趋势，对合理利用钾肥资源，提高施钾效果具有重要意义。

（一）土壤速效钾含量现状

2021 年全省耕地质量监测点的土壤速效钾平均含量为 74.69 毫克/千克，比 2020 年略有降低，降幅为 2.35 毫克/千克。18 个国家级监测点的平均含量相比 2020 年的含量降幅较高，为 23.8 毫克/千克。除了琼西区外，其余区域的耕地质量监测点土壤速效钾含量均有不同程度的降低（表 8-6）。

海南省耕地质量监测点的土壤速效钾含量集中分布在低于 50 毫克/千克的区间内，该区间的监测点数量为 45 个，数量占比为 44.6%；土壤速效钾含量为 50～75 毫克/千克的监测点有 18 个，占监测点总数的 17.8%；土壤速效钾含量在 75～100 毫克/千克的监测点有 16 个，占监测点总数的 15.8%；土壤速效钾含量在 100～150 毫克/千克的监测点有 12 个，占监测点总数的 11.9%；土壤速效钾含量在高于 150 毫克/千克区间的监测点有 10 个，占监测点总数的 9.9%。

表 8-6　区域速效钾平均含量年度变化

单位：毫克/千克

区域	2020 年	2021 年	年度变化
琼北区	78.56	72.20	−6.36
琼东区	71.40	68.97	−2.43
琼南区	93.82	88.16	−5.66
琼西区	72.81	81.38	+8.57
琼中区	68.70	61.13	−7.57

（二）土壤速效钾含量现状及演变趋势

2014—2021 年，全省土壤速效钾整体呈上升趋势，从 2014 年 45.45 毫克/千克上升至 78.93 毫克/千克。2014—2021 年，土壤速效钾含量低于 50 毫克/千克的监测点占比从 64.4% 下降至 44.6%；50～75 毫克/千克的比例从 26.7% 下降至 17.8%；75～100 毫克/千克的比例从 6.7% 上升至 15.8%；100～150 毫克/千克的比例从 2.2% 上升至 11.9%；土壤速效钾含量高于 150 毫克/千克的监测点占比从 2014 年的 2.2% 提高至 9.9%。

六、土壤 pH 现状及演变趋势

土壤 pH（酸碱度）是土壤形成和熟化培肥过程的一个重要指标。土壤 pH 对土壤中养分存在的形态和有效性、土壤的理化性质、微生物活动以及植物生长发育都有很大影响。土壤 pH 过高会使土壤盐碱化，过低又会使土壤酸化，都不利于作物的生长和发育。

（一）土壤 pH 现状

2021 年全省耕地质量监测点的土壤 pH 平均值为 5.64，较 2020 年 5.63 上升 0.03 个单位，18 个国家级监测点的平均值为 5.81，较 2020 年 5.73 年上升 0.08 个单位，区域 pH 平均值年度变化见表 8-7。

表 8-7　区域土壤 pH 年度变化

区域	2020 年	2021 年	年度变化
琼北区	5.75	5.67	−0.08
琼东区	5.51	5.46	−0.05
琼南区	5.70	5.68	+0.05
琼西区	5.98	6.03	+0.10
琼中区	5.28	5.34	+0.06

海南省耕地质量监测点的土壤 pH 主要集中在 5.28～6.03。土壤 pH≤4.5 或>8.5 的有 2 个，占监测点总数的 1.9%。

（二）土壤 pH 演变趋势

2014—2021 年，全省土壤 pH 从 2014 年的 5.63 下降至 2015 年的 5.34，2019 年上升至最高值 5.68，2021 年稍降至 5.67。2014—2021 年，监测点土壤 pH>8.5 或≤4.5 的数量占比呈上升趋势，从 0 上升到 1.9%；土壤 pH 处

于 8.0～8.5 或 4.5～5.0 的监测点数量占比呈上升趋势，从 11.1％上升到 11.9％；土壤 pH 处于 6.0～7.0 的监测点数量占比从 19％上升到 21.8％。

七、小结

（一）监测点养分分布

根据海南省耕地质量监测指标分级标准，结合全省耕地养分含量区间分布结果分析（表 8-8），全省 101 个耕地质量监测点土壤有效磷 49.67 毫克/千克处于 1 级（高）标准；土壤 pH 均值为 5.66 处于 2 级（较高）标准；有机质含量 20.43 克/千克处于 3 级（中）标准；速效钾含量 74.69 毫克/千克处于 4 级（较低）标准；全氮 0.98 克/千克、缓效钾 183.8 毫克/千克也处于 4 级（较低）标准。

表 8-8　海南省耕地养分含量区间分布

等级	1级（高）	2级（较高）	3级（中）	4级（较低）	5级（低）
有机质（克/千克）	>35.0	30.0～35.0	20.0～30.0	10.0～20.0	≤10.0
点位数量（个）	10	4	25	49	12
占比（％）	9.9	4	25.7	48.5	11.8
全氮（克/千克）	>2.0	1.5～2.0	1.0～1.5	0.5～1.0	≤0.5
点位数量（个）	7	6	34	37	17
占比（％）	6.9	5.9	33.7	36.7	16.8
缓效钾（毫克/千克）	>500	300～500	200～300	100～200	≤100
点位数量（个）	6	13	14	27	41
占比（％）	5.9	12.9	13.9	26.7	40.6
有效磷（毫克/千克）	>40	30～40	20～30	5～20	≤5
点位数量（个）	34	8	14	33	12
占比（％）	33.7	7.9	13.9	32.8	11.9
速效钾（毫克/千克）	>150	100～150	75～100	50～75	≤50
点位数量（个）	10	12	16	18	45
占比（％）	9.9	11.9	15.8	17.8	44.6
土壤 pH	6.0～7.0	7.0～7.5 或 5.5～6.0	7.5～8.0 或 5.0～5.5	8.0～8.5 或 4.5～5.0	>8.5 或 ≤4.5
点位数量（个）	20	34	32	13	2
占比（％）	19.8	33.6	31.7	13	1.9

（二）耕地质量监测结果分析

1. 土壤有机质含量仍处中等偏低范围

海南土壤具有强烈的养分生物积聚、土壤有机质快速分解周转、强烈的风化淋溶和土壤侵蚀引起的养分快速释放和淋失等特点。在现有生态环境下，全省耕地土壤有机质平均值为 20.43 克/千克（3 级水平），但全省超过 33％的监测点有机质含量不足 15 克/千克，处于缺乏状态，与实现农田高产稳产目标仍有差距。因此，应针对低肥力地区开展土壤改良，优化施肥配方，推广精准施肥，提高土壤肥力和综合生产能力。

2. 土壤供钾能力和潜力较低

在海南的生物、气候条件下，土壤风化淋溶强烈，土壤钾的迁移量大，全省大部分地区土壤中速效钾平均含量 74.69 毫克/千克，同时 44.5％的监测点速效钾含量不足 50 毫克/千克；土壤缓效钾平均含量 183.8 毫克/千克（4 级较低水平），其中，40.6％的监测点缓效钾含量不足 100 毫克/千克，因此，全省土壤供钾能力和潜力较低。

3. 部分地区有效磷养分积累过快，土壤肥力不均衡问题仍然突出

目前，海南省耕地土壤有效磷平均含量 49.67 毫克/千克（1 级较高水平），有效磷平均含量丰富，其中有 33.7％的样点已高于 40.0 毫克/千克，但同时存在大量缺磷监测点位（有超过 43％的样点低于 20 毫克/千克），土壤中过高的磷素累积对农业环境造成潜在的环境风险，应引起关注。引起土壤有效磷含量低和积累过快的主要原因是部分地区过量施肥、施肥不平衡等，部分农田种植瓜菜磷肥施用量过大，导致土壤中有效磷提高显著，应适当降低配方肥磷素含量，提高磷素利用效率，稳定土壤磷含量。

4. 局部区域土壤酸化问题突出

2021 年监测发现，土壤 pH 低于 5.5 的监测点数量为 42.6％，总体耕地土壤偏酸性。土壤酸化严重会导致土壤板结、作物养分吸收障碍、土壤重金属激活等，从而影响作物产量与产品品质，需要引起重视。

（三）建议及措施

1. 做好化肥减量增效，科学提升耕地质量

实践证明，合理施用氮磷钾，可以保持作物产量和耕地质量维持较高水平，降低污染风险，重点做好科学施肥：一是制定标准减量增效。利用近年来肥料效应试验数据，制定主要作物化肥施用最高限量标准，指导农民合理控制化肥用量，将过高化肥用量减下来。二是精准施肥减量增效。继续开展不同地

区、不同作物、不同地力水平肥料效应试验，注重中微量元素的施肥效应，减少化肥用量，调整施肥大配方。大力开展新型肥料试验示范，推广缓控释肥料、水溶肥料、液体肥料、生物肥料、土壤调理剂等高效新型肥料。三是有机肥替代减量增效。重点在设施蔬菜优势产区开展有机肥替代化肥，充分利用有机养分资源，用有机肥替代部分化肥，改善农产品品质，提升耕地质量。重点推广"有机肥＋配方肥""果菜-沼-畜""有机肥＋水肥一体化""秸秆生物反应堆"等有机肥替代模式。四是转变施肥方式减量增效。因地制宜推广滴灌、喷灌、微喷灌等不同形式的灌溉施肥新技术新模式，不断提高肥料和水资源利用效率。

2. 以提升有机质为重点，培肥耕地地力

做好农作物秸秆还田推广工作，重点实施秸秆机械粉碎还田，大力推广秸秆覆盖、生物菌剂快速腐熟还田和秸秆堆沤还田技术，推进秸秆就地就近还田利用。同时，要增施有机肥。

3. 加强农田基础设施建设

以推进高标准农田建设项目为重要措施，重点实施以下内容：一是平整土地。将分散的"巴掌田"建成平坦开阔的标准方，以利于规模种植和农机作业。二是完善灌排设施。围绕农田节水，采取灌溉排水与节水措施，推广滴管、喷灌和水肥一体化，增强抵御自然灾害的能力。三是加强田间机耕道建设，提高农田通达度，缩短农机作业时间。四是加强农田林网建设，搞好农田防护与生态环境保持。五是完善农田输配电设施，提高农田保障标准。

4. 做好土壤酸化改良工作

开展土壤酸化监测点常态化监测。在土壤酸化区域建立和完善土壤酸化监测点，长期监测 pH 动态变化规律，扎实做好常态化监测工作，尤其是关注部分地块土壤酸碱度变化，防止过度酸化引起土壤板结、有害物质释放、病害加重等现象发生。同时，持续加强土壤酸化改良工作。采取整合资源、项目推进、宣传培训引导等方式，综合施策持续做好酸化改良工作。

第九章 海南耕地资源合理利用与高标准农田建设成效

第一节 耕地质量保护与提升的成效

党的十八大以来，党中央、国务院对落实最严格的耕地保护制度、严防死守耕地保护红线、确保实有耕地面积基本稳定、实行耕地数量和质量保护并重等提出了新的更高要求。新时代以习近平新时代中国特色社会主义思想为指导，落实"藏粮于地、藏粮于技"战略，加强耕地保护与质量提升，重点开展耕地质量监测和等级调查评价以及耕地质量保护与提升试验示范推广工作。统筹开展耕地质量等级年度变更评价与补充耕地质量等级评价试点，摸清不同区域耕地质量变化现状。突出土壤有机质提升和酸化改良，遏制耕地退化，提升耕地质量，助力农业绿色高质量发展。

一、耕地质量长期定位监测网络建设

截至 2021 年底，全省建成国家级监测点 18 个、省级监测点 32 个、县级监测点 51 个，合计 101 个，分布于全省 18 个市县（除三沙市外）。其中国家级监测点占监测点总数的 17.82%，省级监测点占监测点总数的 31.68%，县级监测点占监测点总数的 50.50%，达到了平均每 10 万亩耕地布设 1 个监测点的要求，并按照《耕地质量监测技术规程》（NY/T 1119—2012），完成琼海长坡"三区四情"国家级耕地质量监测点建设工作，实现墒情、地情、肥情、环情常态化监测。从监测点分布来看，其中琼北区（海口、澄迈、定安、屯昌）25 个，占监测点总数的 24.75%；琼东区（文昌、琼海、万宁）20 个，占监测点总数的 19.8%；琼南区（三亚、乐东、陵水）17 个，占监测点总数的 16.8%；琼西区（临高、儋州、昌江、东方）24 个，占监测点总数的 23.8%；琼中区（五指山、白沙、保亭、琼中）15 个，占监测点总数

的 14.9%。

按照中华人民共和国农业部令（2016 年第 2 号）和粮食安全省长考核制的要求，自 2019 年以来，每年向社会发布年度海南省耕地质量长期定位监测报告。"十四五"期间将持续推进国家级、省级、县级三级监测网络标准化建设，不断完善耕地质量监测网络。

二、耕地质量等级评价工作

2013 年以来，海南启动省级耕地质量等级评价工作，2013—2017 年采用耕地地力调查与质量评价技术规程》（NY/T 1634—2008）评价体系，耕地质量划分 6 个等级。2018 年开始采用《耕地质量等级》（GB/T 33469—2016）进行耕地质量等级评价，新的评价体系根据 15 个评价因子将耕地质量等级划分 10 个等级。2020 年全省开始开展县域耕地质量变更调查评价，在全省 18 个市县（不含三沙）28 个区域开展耕地质量等级年度变更评价工作。以高标准农田建设项目区、耕地占补平衡区为重点区域，对耕地质量有明显变化的片区统筹开展田间调查、取土化验等评价工作。根据《耕地质量调查监测与评价办法》要求，每 5 年需向社会发布一次耕地质量等级情况，海南省农业农村厅正式发布了《2019 年海南省耕地质量等级情况的通告》。

"十三五"期间，全省耕地质量保护与提升工作取得一定的实效，全省耕地质量平均等级稳中有升，具体情况详见表 9 - 1。

表 9 - 1 海南省"十三五"期间耕地质量变化情况表（2016—2020 年度）

年份	2016	2017	2018—2019	2020
耕地质量等级	3.06	2.98	5.84	5.72

注：耕地质量等级评价分成两个阶段，2018 年之前和之后采用不同的评价体系，新旧两套评价体系差异性较大，造成评价结果差异很大无法直接对比。但通过 2016—2017 年数据和 2018—2020 年数据，可以看出耕地质量等级略有提升。

三、耕地质量保护与提升技术试验示范推广

（一）土壤改良与地力提升

2016 年以来，海南省土壤肥料总站牵头开展大量的土壤改良与地力提升试验示范工作，先后在琼海、万宁、儋州、文昌、澄迈、琼中、定安和海口等

10 余个市县地建立 50 多个土壤改良提升地力试验示范点，试验示范面积累计超过 1 500 亩，在槟榔、荔枝（无核荔枝）、椰子、地瓜、柠檬、莲雾和蜜柚等不同作物上开展（生物）有机肥试验示范，提升地力，减少化肥使用，并召开了 2 次现场培训观摩会，宣传试验示范效果。2020 年在海口市琼山区开展果菜茶有机肥替代化肥试点项目工作，建立了 2 万多亩的荔枝核心示范区，其中集成技术示范区 2 千亩，完成秸秆和畜禽粪便堆沤 4 680 吨，并发放完毕。核心示范区内化肥用量减少 15% 以上，有机肥用量提高 20% 以上，带动琼山区增施有机肥，减少化肥用量。通过项目的实施，促进化肥减量增效，促进荔枝果品品质提升和商品果率提高。

（二）酸化土壤改良

2019 年在琼海、定安、昌江、乐东等 4 个市县建设酸化改良技术示范县，示范面积共计 10 万亩。大力推广土壤酸化改良技术。"十三五"期间在全省 18 个市县，完成了全省土壤 pH 高于 5.0 的耕地面积增加 20 万亩的任务，并印发了《海南省 2019—2020 年耕地土壤酸化改良工作指导意见》和《耕地土壤酸化改良技术规程》。在澄迈、定安建设 2 个土壤酸化监测点实施常态化监测，持续强化耕地土壤酸化监测；在文昌、定安、东方等市县建立 5 个土壤酸化改良示范点，编制印发《海南省耕地土壤酸化改良技术》和《海南耕地土壤酸化改良工作阶段性成果报告》等技术成果，积极推广酸化改良实用技术。

（三）水稻秸秆还田

大力推广水稻秸秆还田技术。秸秆还田作为主推技术在全省 18 个市县推广，实现技术推广全覆盖。"十三五"期间累计发放秸秆腐熟剂 1 万余吨，建立水稻秸秆还田示范区 180 万亩次以上，辐射带动全省秸秆还田 1 000 万亩次以上，分别在屯昌、三亚、琼海、澄迈召开了秸秆还田技术现场观摩会，2021 年结合党史学习教育，开展"查堵点、破难题、促发展"活动，秸秆肥料化利用作为堵点之一，在全省 18 个市县开展秸秆肥料化利用政策法规宣传和技术培训以及检查指导工作，其中组织或参与海口、三亚、儋州、琼海、东方、五指山、澄迈、临高、白沙、定安、屯昌、昌江、乐东和保亭等 14 个市县的秸秆肥料化利用宣传培训，到文昌、万宁、陵水和琼中等 4 个市县开展秸秆肥料化利用技术指导。印发《海南省水稻秸秆机械化还田技术规程》5 000 余份分发到各市县农技中心，指导各市县开展工作。

第二节 高标准农田建设成效

一、高标准农田建设现状

高标准农田是指根据自然资源禀赋、农业生产特征及生产主要障碍因素，因地制宜确定建设重点与内容，统筹推进田、土、水、路、林、电、技、管综合治理，完善农田基础设施，实现综合配套，满足现代农业发展需要。

海南省 2011—2020 年共建设高标准农田项目 1 014 个。其中，100～1 000 亩田洋 200 个；1 000～3 000 亩田洋 317 个；3 000～5 000 亩田洋 195 个；5 000～8 000 亩田洋 135 个；8 000～10 000 亩田洋 55 个；10 000 万亩以上田洋 112 个（10 000～20 000 亩 105 个；20 000～30 000 亩 6 个；30 000～40 000 亩 1 个）；建设高标准农田总面积 416.50 万亩，其中，2011—2018 年建设高标准农田评估上图入库认定面积为 318.91 万亩；2019 年全省各市县高标准农田项目建设面积为 50 万亩；2020 年全省各市县高标准农田项目建设面积为 40.59 万亩及补建面积 7 万亩。

海南省 2011—2020 年高标准农田建设项目总投资 1 344 403.89 万元。其中：原国土部门项目总投资为 522 418.98 万元；原农业部门项目总投资 60 382.17 万元；原财政（农发）部门项目总投资 326 350.62 万元；原水务部门项目总投资 176 300.12 万元；原发展改革部门项目总投资 2 562 万元；原其他（农垦）部门项目总投资 12 415 万元；现农业农村部门总投资 243 975 万元。

二、高标准农田建设成效

（一）建成高标准南繁育种基地

种业振兴，是国家发展战略。南繁育种要充分发挥海南自然禀赋优势、用好海南自由贸易港政策，为加快完善南繁育种基地基础设施条件，目前已划定国家南繁科研育种保护区 26.8 万亩（含核心区 5.3 万亩），纳入永久基本农田范围予以保护，已建成南繁高标准农田 22.12 万亩。

（二）农田交通设施得到改善

主要粮食作物和瓜菜种植区田间道路网络基本形成，田间道路硬化率提升，主要农业机械总动力由 2010 年的 421.52 万千瓦提升至 2019 年的 558.21 万千瓦，提升了 32.43%，主要农作物耕、种、收综合机械化水平达到

48.4%。极大地促进了农业机械化发展。

（三）农田水利设施得到改善

经过近 10 年的建设，农田灌溉条件得到明显改善，田间灌溉骨干工程和防渗工程进一步完善。

灌区渠道长度：海南省水利灌区现共有各类渠道 28 268 千米，完成渠道防渗配套 10 498 千米，占现有渠道长度的 37%。在现有渠道中，干、支渠等主要渠道 14 865 千米，已防渗配套 5 236 千米，占该类渠道长的 35%；斗、农渠 13 403 千米，已防渗配套 5 262 千米，占该类渠道长的 39%。共配套各类渠系建筑物 8.82 万宗，配套率 38%。

排水沟渠：2016 年末全省共有排水沟渠 2 672 千米，配套建筑物 5 986 处，小型排水泵（闸）20 处，总装机 800 千瓦，排水泵站完好率约 40%（2020 年数据）。

农田灌溉面积：农田水利有效灌溉面积由 2010 年的 269.82 万亩提升至 2019 年的 279.06 万亩，提升了 3.42%；旱涝保收面积由 2010 年的 147.53 万亩提升至 2019 年的 152.27 万亩，提升了 3.21%。

（四）农田设施保障农业生产作用成效明显

通过实施各种类型的农田建设工程，全省农田基础设施条件得到改善，农业生产规模化、集约化、设施化、机械化水平得到提升，农田产出率得到提高，粮食和瓜菜等主要农产品产量、农业产业产值等实现稳定增长。2019 年，全省农业总产值达 1 689.40 亿元，农业增加值达 1 117.98 亿元，较 2010 年农业总产值 821.31 亿元，增长了 107.59%；全省瓜菜播种面积达 29.35 万公顷，总产量达 695.21 万吨，分别增长 1.1% 和 3.0%。畅销全国 180 多个大中城市，成为全国冬季"菜篮子"基地，有效保障了冬季北方地区尤其是大中城市的瓜果菜供应。在不断夯实农业生产物质基础的条件下，加快农业产业化步伐，吸引了一批龙头企业和新型经营主体参与农业生产经营，全省农业产业发展规模和产业化水平得到提升，产业不断壮大。

（五）农业生态和农田基础设施体系得到改善

通过开展高标准农田建设，优化和美化了农田空间格局，改善了农田利用方式，修复和保护项目区山水林田湖草生态系统。开展农田灌排工程生态技术措施的推广，使农田生态友好型基础设施得到有效改善。通过推广良种良法、节水灌溉，减少了农业生产投入品的使用，农产品质量安全水平明显提高。根据不完全统计，2019 年全省化肥总施用量（实物量）120.65 万吨，比 2018 年化肥总施用量减少了约 6.35 万吨，化肥利用率为 39.2%，减幅为 5%。同时，高标准农田建设与省乡村振兴建设相配合，通过田、水、路、林的综合整治，增强了项目区抵抗自然灾害的能力。提高耕地综合生产能力，达到优质、高产、高效、循环、生态的目的，同时也改善了乡村综合环境。

（六）促进了农民增收

实施高标准农田建设重点在粮食生产功能区和重要农产品生产保护区，在稳定粮食产能基础上，注重设施功能对促进优质瓜菜及其他优势农产品等特色产业的作用，建设了一批优质粮食、优质瓜菜等生产基地，为促进农民增收奠定了良好的产业基础。高标准农田建设不仅提升粮食等作物的生产效益，增加了农民务农收入，而且通过工程建设，扩大了农民二、三产业的就业机会，增加了农民工资性收入。2019 年全年农民人均可支配收入增幅达到 8% 以上，海南省农民收入水平在全国的位次明显提高。从全国第 19 位提升至第 14 位，五年提升 5 位。农民收入翻番目标提前实现。党的十八大提出 2020 年居民收入比 2010 年翻一番的目标。2019 年全省农民人均可支配收入达到 15 110 元，比 2010 年实际增长 114.84%，提前一年实现翻番。

调查表明，项目区农民人均年收入平均增加 300 元左右。高标准农田建设在增加农民收入、促进农村地区经济社会发展方面成效明显，已经成为许多市县脱贫攻坚的重要抓手。

（七）提升农田质量

根据海南省 2021 年耕地质量等级变更评价报告，2020 年耕地质量等级（平均等级为 5.72）与 2019 年（平均等级 5.84）相比，提升了 0.12 个等级。

三、促进水资源高效利用

《高标准农田建设标准》（NYT 2148—2012）定义的高标准农田，是指土地平整、集中连片、土壤肥沃，田间排灌设施完善，路、电、林等配套的农田。排灌情况在耕地的等级评定中分值占比位于第一、第二的位置，非常重要。因此海南的水资源在时间和空间上的合理分布对农业生产显得尤为重要。

（一）水资源情况

经调查，截至 2016 年底，海南省共有水库 1 105 座，其中：大（1）型水库 2 座，大（2）型水库 8 座，中型水库 76 座，小（1）型水库 308 座，小（2）型水库 711 座。

经全面规划合理建设，通过河流线性引水、水库调蓄、灌区渠道形成干、

支、斗、毛等供水网络，雨季点位蓄水，旱季放水，改变海南时空分布不均
（雨季涝、旱季旱）、中北部地区降雨量大、西南部降雨量少的先天不足，提高
区域水资源的整体调控能力，解决了防洪、除涝、干旱、生态问题，使更多的
农田变成良田，提高高标准农田的等级及产能。

（二）高效节水灌溉工程建设情况

近二十多年来，海南不断开展高效节水灌溉示范工程建设，让群众逐渐了
解并推广使用卷盘式喷灌机、小型喷灌机组、低压管灌、微喷灌和滴灌等高效
节水灌溉技术对旱坡地粮食和经济作物进行灌溉。特别是 2008 年以来，随着
国家政策的扶持，耕地逐步从分散向集中转变，集约化种植农产品，经济效益
进一步提高，高效节水灌溉的节水、增产等效益也逐步凸显出来，发展高效节
水灌溉的积极性也被激发出来。

截至 2020 年底，海南省高效节水灌溉面积共计达到 80.88 万亩，其中，
到 2016 年底，高效节水灌溉面积达到 67.89 万亩，2017 年新增高效节水灌溉
面积4.23 万亩，2018 年新增高效节水灌溉面积 4 万亩，2019 年新增高效节水灌
溉面积 2.12 万亩，2020 年新增高效节水灌溉面积 2.64 万亩。提高了农业用水
效率和效益，有效缓解了经济社会发展用水矛盾，推进了农业规模化生产。

（三）灌溉水利用系数提升、亩均灌溉用水量下降

根据海南省水务厅历年水资源公报数据，农业用水量占总用水量的 70%
以上，其中农田灌溉又占大头。《海南省水资源公报》显示，2020 年全省总用
水量 44.04 亿立方米，其中，农业用水量 33.45 亿立方米，占总用水量的
75.95％；工业用水量 1.53 亿立方米，占总用水量的 3.47％；生活用水量
7.96 亿立方米，占总用水量的 18.07％；生态环境用水量 1.10 亿立方米，占
总用水量的 2.50％。2020 年海南省用水组成见图 9-1。

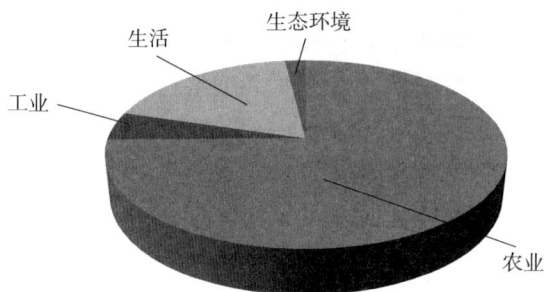

图 9-1　2020 年海南省用水组成图

　　根据《海南省水资源公报》2015—2020 年，全省的灌溉水利用系数呈现
一个逐步上升的趋势，而亩均灌溉用水量除 2017 年略有上升，总体呈下降的
趋势（图 9 - 2）。说明由于灌水管道的改善，农田用水耗水率降低，利用率提
高，实现了有效科学用水，节约了水资源。2015—2020 年海南省农田灌溉用
水量指标见表 9 - 2，农用灌溉水有效利用系数见图 9 - 3。

表 9 - 2　2015—2020 年海南省农田灌溉用水量指标表

年份	2015	2016	2017	2019	2020
有效利用系数	0.563	0.565 2	0.566 3	0.569 2	0.572
亩均灌溉用水量（立方米/亩）	994	990	1 000	907	734

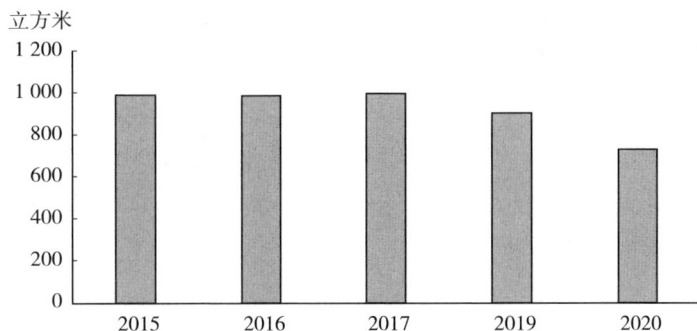

图 9 - 2　耕地灌溉亩均用量

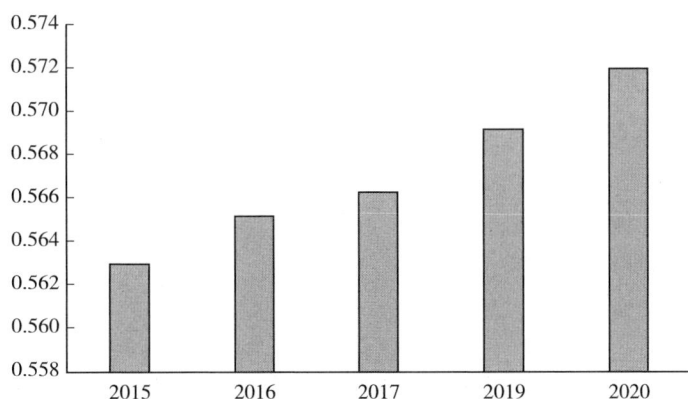

图 9 - 3　农用灌溉水有效利用系数

四、海南农业区划与高标准农田建设

根据海南省灌区土地利用现状，灌溉土地主要有水田、水浇地。水旱轮作制度主要有双季稻、稻—稻—薯、稻—稻—菜、花—稻—菜等形式，2019 年，海南省随着调减甘蔗等低产低效农作物的种植，农业结构性调整加快，全省热带特色高效农业占经济规模的比重为 14.8%，比上年提高 0.4 个百分点。以"减椒增瓜增豆"为瓜菜产业调整基本原则，调减椒类种植面积 7 333 公顷（11 万亩），增加瓜类、豆类、玉米种植面积 1 660 公顷（2.49 万亩）。随着农业结构的调整，反季节瓜菜的种植面积将明显扩大，一年三熟种植结构将以稻—稻—菜形式为主。因此，将水田面积的代表性作物确定为：早稻、晚稻和瓜菜（冬薯）。水浇地轮作方式有甘蔗、花生—番薯（瓜菜）轮作、豆类—番薯轮作等，选择灌溉面积较大的甘蔗、花生、瓜菜作为水浇地代表性作物。各行政分区种植结构如下：

根据《海南省现代农业"十三五"发展规划》，按照资源禀赋优先、经济效益优先、生态循环优先的原则，结合海南农业发展现状和农业资源分布情况，将海南农业划分为琼北区、琼南区、琼中区、琼东区和琼西区。各类型区的特点及高标准农田建设重点如表 9-3 所示。

表 9-3　各类型区的特点及高标准农田建设重点

区域	包含市县	主要优势	土地利用主要限制因素	高标准农田建设重点
琼北区	海口市、澄迈县、定安县、临高县、文昌市	粮食产业优势区	该区位于滨海、河流两岸，地势低平，雨季易发生涝渍现象	加强田间灌排水系统建设，提高田间道路建设标准，客土、改良土壤
琼南区	三亚市、乐东县、陵水县、保亭县	冬季瓜菜、南繁育种和特色农业	干旱，工程性缺水严重，风害较大	加强水源工程、田间灌排系统及生态环境保持工程建设
琼东区	琼海市、万宁市、屯昌县	传统农业优势区	旱涝交替，且土地有沙化、盐化倾向，受台风影响大，生态环境脆弱，"非粮化"问题突出	加强田间灌排系统建设，提高田间道路建设标准，改良土壤，加强生态环境保持工程建设

（续）

区域	包含市县	主要优势	土地利用主要限制因素	高标准农田建设重点
琼西区	儋州市、昌江县、东方市	传统农业、高效热带农业	地势较平，极干旱，农田基础设施落后，存在一定程度水土流失	加强水源工程及田间灌排系统建设，提高田间道路建设标准，加强农田防护及生态环境保持工程建设
琼中区	五指山市、白沙县、琼中县	特色农业	地形起伏，雨季洪涝灾害频繁，旱季干旱缺水，生态脆弱，水利工程设施匮乏、田块零碎	加强水源工程及田间灌排系统建设，提高田间道路建设标准，加强农田防护及生态环境保持工程建设，防止农田冲蚀

——琼北区。包括海口、定安、澄迈、临高、文昌，已建高标准农田面积173.61万亩。

该区域主要种植作物有水稻、常年蔬菜、冬季瓜菜、胡椒、甘蔗等；水田以稻—稻、稻—稻—菜为主，旱地以瓜菜、胡椒、甘蔗种植为主；根据《海南统计年鉴2020》可知，粮食播种面积184.52万亩，蔬菜播种面积147.08万亩，甘蔗播种面积6.60万亩。社会资本活跃，椰子、槟榔、胡椒、畜产品等加工业相对发达，优质农产品需求量大，农业信息化程度高。该区域重点建设冬季瓜菜种植基地和荔枝、莲雾等热带水果种植基地，发展生猪、文昌鸡、鹅、肉牛、奶牛等规模化养殖，建设椰子、胡椒等农产品加工基地，兼顾休闲农业发展，构建复合型农业区。

——琼南区。包括三亚、乐东、保亭、陵水。

该区域位于海南南部，区域地势变化明显，为海南山丘地形，北高南低、中高东西两侧较低。东西两面沿海区域地势低，易受洪涝灾害影响，中部区域地势较高，降雨汇流时间短、流速快，易受水流冲刷破坏、水土流失。已建高标准农田73.18万亩，南繁育种科研基地就位于此地，目前已划定国家南繁科研育种保护区26.8万亩（含核心区5.3万亩），纳入永久基本农田范围予以保护，已建成南繁高标准农田22.12万亩，科研力量强，旅游人口多，休闲农业发展较快。主要种植作物有水稻、常年蔬菜、冬季瓜菜、热带水果等，水田以稻—稻、稻—稻—菜为主，旱地以瓜菜种植为主；根据《海南统计年鉴2020年》可知，该区域粮食播种面积64.97万亩、蔬菜播种面积87.60万亩、甘蔗播种面积0.35万亩。充分发挥国家南繁育种科研基地的重要作用，加强水稻、瓜菜等种子种苗培育，建设龙眼、菠萝蜜、芒果等热带特色水果种植基地和加工基地，推进山猪、山鸡、什玲鸡、蛋鸡等特色养殖，发展壮大休闲观光农业。

——琼中区。包括五指山、琼中、白沙。

该区域位于海南中部，区域地势较陡，为海南山丘区，中部地形较高，坡度较陡，易受雨水冲刷破坏，部分区域存在岸坡失稳情况。已建成高标准农田17.17万亩，目前状况为：田块狭长、分散，基础设施配套不完善，田间排沟易受水流冲刷破坏；该区域主要种植作物有水稻、常年蔬菜、冬季瓜菜、热带水果等，水田以稻—稻、稻—稻—菜种植为主，旱地以瓜菜种植为主。根据《海南统计年鉴2020》可知，该区域粮食播种面积19.04万亩，蔬菜播种面积15.31万亩，甘蔗播种面积3.06万亩，是海南省重要的水源地，是海南林业和生物多样性保护重点区。本区域定位为重要生态屏障，特色农业发展区，土地利用主导功能是生态保护，确保海南的生态安全。本区属于建设限制地区，高标准农田建设条件较差。生态环境脆弱，贫困人口集中，资源环境承载力有限，农业基础设施相对薄弱。该区域要坚持发展与保护并重，立足资源环境禀赋，以发展生态保育型农牧业为主攻方向，适度挖掘潜力、集约节约、有序利用，提高资源利用率，发展特色瓜菜和柑橘、荔枝、龙眼、红毛丹等水果种植，推进天然橡胶中西部集中种植，建设核心胶园，发展鹅、肉羊、山鸡等林下养殖。

——琼东区。包括琼海、万宁、屯昌。

该区域位于海南东部，地势相对平缓，为海南台地，地形整体呈现西高东低，靠沿海区域地势低。水资源充沛，属于潮湿区，自然灾害较多，农田建设重点在排水设施。农业经济发达，复种指数高，重视养地。已建成高标准农田72.46万亩。该区域主要种植作物有水稻、常年蔬菜、冬季瓜菜、热带水果等，水田以稻—稻、稻—稻—菜种植为主，旱地以瓜菜种植为主，部分农田存在"非粮化"问题，主要集中在琼海地区。根据《海南统计年鉴2020》可知，该区域粮食播种面积73.81万亩，蔬菜播种面积55.40万亩，甘蔗播种面积0.78万亩。区域定位为农业对外开放合作试验区。

——琼西区，包括儋州（含洋浦开发区）、昌江、东方。

该区域位于海南西侧，区域地势相对平缓，为海南台地，地形整体呈现东高西低，靠沿海区域地势低，降水量少，属于干旱地区。满足水源的供给能提高耕地的质量等级，提高农田产出率。已建成高标准农田80.08万亩。现有农田分布较集中，可实现大规模种植；面积较大的田块，大部分已完成高标准农田建设；主要种植作物有水稻、常年蔬菜、冬季瓜菜、热带水果等，水田以稻—稻、稻—稻—菜种植为主，旱地以瓜菜种植为主。根据《海南统计年鉴2020》可知，该区域粮食播种面积 66.63 万亩，蔬菜播种面积 79.36 万亩，甘蔗播种面积 16.88 万亩。定位为热带农业标准化基地，耕地资源丰富，是海南省高标准农田建设的重点区域，但也受到了旱地改植橡胶、槟榔等经济林木的较大影响。

五、重点项目规划及示范区建设

根据海南土地利用现状及自然状况，建议在重点地区、重点领域和重点方向推进高标准农田建设示范，打造一批高标准农田建设引领示范区，通过引领示范区建设，创新建立"引领示范、辐射引导、熟化推广、全面推进"的高标准农田建设模式，以点带面、点面结合，持续推进高标准农田建设高质量发展。

（一）集中整治、连片建设

按照集中连片、规模建设、示范带动、建成一片、显效一片的原则，针对碎片化农田，以村、组为单位，集中整治、连片建设，通过对田块周边耕地等级低的土地进行平整，提高耕地质量等级，将灌溉渠系、排水沟渠进行连通连片，连接田间道路，以实现集中连片、规模化种植。通过示范推进，集聚要素、创新机制、树立典型、总结经验，引领带动高标准农田建设高质量发展。

（二）建设国家南繁育种基地，提高建设标准，完善基础设施条件

充分发挥南繁自然资源禀赋优势，用好海南自由贸易港政策，强化创新资源引进开发利用，支撑重大优良品种培育，提升农业良种化水平。加快完善南繁育种基地基础设施条件。

（三）以海口市、三亚市、东方市综合条件较好区域为中心

整合地方及社会资金，加大投资力度，运用高效节水灌溉技术，建设海口市、三亚市、东方市高效节水灌溉示范区，布置 2 000 亩以上的高效节水灌溉示范点 4 个，推广喷灌、微灌、低压管道输水灌溉高效节水灌溉技术；与传统的地面灌溉相比，可省水 30%～60%，增产 10%～30%，节水增产效果明显。

（四）重点提升等级较低区域耕地质量

以低等级的十级地为重点建设范围，整合资金，提升耕地质量。突出试点引领作用，建设海口、儋州、东方耕地提升保质示范区，布置 1 000 亩以上的示范点 6 个，通过增施有机肥、实行秸秆粉碎还田、秸秆集中堆沤腐熟还田、

畜禽粪便堆肥还田等措施，提高土壤有机质含量，培肥地力；沿海区域开展海水倒灌农田土壤盐渍化治理，提高耕地等级和土壤肥力。逐步推广，分区实施，全面覆盖。

（五）监测高标准农田质量

及时发现耕地生产障碍因素与设施损毁情况，开展有针对性的培肥改良、治理修复、设施维护，按不低于每3.5万～5万亩设置1个监测点的密度要求布置监测点位，主要布置于大中型灌区及已建成的万亩规模以上田洋，长期监测耕地质量动态变化。

（六）建设生态型高标准农田示范区

利用新材料、新技术，引入生态理念，在沿海易受洪涝、台风影响，耕地质量较差区域，通过采用生态护坡、植草、种树等措施，结合路、沟、渠布置，提升土地水源涵养能力，减少水土流失，改善水生态及农田耕种环境，提高农田防洪排涝标准，打造高标准高质量农田示范区。

第三节 高标准农田耕地质量评价

2021年省农业农村厅牵头在海口市、三亚市、琼海市开展高标准农田耕地质量评价工作，作为研究高标准农田土壤质量与地力之间关系的试点市。

一、高标准农田耕地质量评价结果

依据《耕地质量等级》标准，采用累加法计算耕地质量综合指数，通过计算各评价单元的综合指数，形成耕地质量综合指数分布曲线，根据曲线斜率的突变点确定最高等、最低等综合指数的临界点，再采用等距法将试点的耕地按质量等级由高到低依次划分为一级至十级，各等级面积与比例如表9-4所示。

表9-4 高标准农田耕地质量等级面积与比例

单位：公顷、%

等级	综合指数	海口市		三亚市		琼海市	
		面积	比例	面积	比例	面积	比例
一级地	≥0.885 0	887.69	5.02	49.52	0.34	277.20	7.72
二级地	0.861 9～0.885 0	1 701.77	9.63	1 263.58	8.78	1 102.84	30.72

（续）

等级	综合指数	海口市		三亚市		琼海市	
		面积	比例	面积	比例	面积	比例
三级地	0.838 8~0.861 9	1 459.56	8.26	865.51	6.02	749.17	20.87
四级地	0.815 7~0.838 8	3 888.61	22.00	4 501.47	31.29	812.75	22.64
五级地	0.792 6~0.815 7	1 489.85	8.43	1 415.75	9.84	241.50	6.73
六级地	0.769 5~0.792 6	3 373.47	19.09	4 190.66	29.13	361.02	10.06
七级地	0.746 4~0.769 5	2 568.06	14.53	534.08	3.71	16.31	0.45
八级地	0.723 3~0.746 4	508.70	2.88	649.70	4.52	21.86	0.61
九级地	0.700 2~0.723 3	640.31	3.62	787.27	5.47	6.93	0.19
十级地	<0.700 2	1 155.05	6.54	128.73	0.89	277.20	0.00
总计		17 673.06	100.00	14 386.26	100.00	3 589.59	100.00

三个试点市的高标准农田面积分别为 17 673.06、14 386.26 和 3 589.59公顷。其中海口市高标准农田中面积最大的是四级地，面积为 3 888.61公顷，占比为22.00％；其次是六级地，面积为3 373.47公顷，占比为19.09％；随后是七级地，面积为2 568.06亩，占比为14.53％；三亚市高标准农田中面积最大的也是四级地，面积为4 501.47公顷，占比为31.29％，其次是六级地，面积为4 190.66公顷，占比为29.13％，随后是五级地，面积为1 415.75公顷，占比为9.84％；琼海市高标准农田中，面积最大的是二级地，面积为1 102.84公顷，占比为30.72％，其次是四级地，面积为812.75公顷，占比为22.64％，随后是三级地，面积为749.17公顷，占比为20.87％。对比前文可知，海口市、三亚市和琼海市的耕地质量中，高等级地的占比分别为27.69％、5.57％和34.14％，其高标准农田耕地质量评价中、三市县高等级地占比分别为22.91％、15.14％和59.32％，除海口市外，三亚市和琼海市的高标准农田高等级耕地的占比都更高。

为了更好地了解高标准农田的整体耕地质量状况，引入一个平均等级的概念，也即耕地质量等级加权平均值。采用在2019年7月农业农村部耕保中心联合全国农技中心印发的《全国耕地质量等级评价指标体系》的方法，海南省属于全国九大农业区划的华南区，二级农业分区则属于"雷琼及南海诸岛农林区"。由计算可知，三个试点的耕地质量加权平均等级为海口市5.16、三亚市5.05、琼海市3.26，说明琼海市的高标准农田质量整体属于上等水平，海口市和三亚市的则属于中等水平。

二、高标准农田土壤养分状况

（一）样点遴选

按照《耕地地力调查与质量评价技术规程》，选取海口市、三亚市和琼海市三个市县高标准农田的 265 个采样点作为试点进行取土检测分析，根据指标三倍标准差法排除异常值。其中，海口市代表海南省高标准农田建设区域琼北区，是全省的粮食产业优势区，耕地质量等级处于中等偏低水平，该区滨海、河流两岸地势低平，雨季易发生涝渍现象；三亚市代表海南省高标准农田建设区域琼南区，其优势在于冬季瓜菜、南繁育种和特色农业，但是干旱，工程性缺水严重，风害较大；琼海市代表海南省高标准农田建设区域琼东区，是海南省的传统农业优势区，此区域的耕地旱涝交替，且土地有沙化、盐化倾向，地力较低，受台风影响大，生态环境脆弱，"非粮化"问题突出。

（二）高标准农田土壤有机质及主要营养元素情况

海南省高标准农田的有机质及主要营养元素的评价含量分别为：有机质20.59克/千克、全氮 0.91 毫克/千克、有效磷 17.77 毫克/千克、速效钾39.56 毫克/千克，分别处于二级、四级、四级和五级水平。从表 9-5 可以看出，海南省高标准农田耕地的有机质主要分布在三级和四级，占比分别为28.68％和39.92％，整体处于中等水平；全氮三级以下占比为62.31％，属于中等偏下的水平；有效磷在三级以下占比接近80％，为79.07％，属于下等水平；速效钾缺乏严重，在一等级没有分布，在三级以下占比超过90％，为94.14％。海南省高标准农田耕地的有机质及主要营养元素的整体含量水平不高，缺钾现象较为突出，这是海南热带雨林气候，速效钾较易被雨水冲刷流失所致。主要营养元素含量增加是后期地力提升的关键所在。

表 9-5　有机质和主要营养元素含量等级分布状况

单位：%

含量分级	有机质		全氮		有效磷		速效钾	
	频率	变异系数	频率	变异系数	频率	变异系数	频率	变异系数
一级	4.26	8.46	10.00	11.81	12.40	32.81	—	—
二级	13.57	7.50	7.69	2.97	2.71	9.35	2.73	5.97
三级	28.68	11.96	20.00	7.87	5.81	12.51	3.13	12.80

（续）

含量分级	有机质		全氮		有效磷		速效钾	
	频率	变异系数	频率	变异系数	频率	变异系数	频率	变异系数
四级	39.92	19.59	24.62	5.53	13.95	21.86	17.97	17.34
五级	13.18	11.92	25.00	14.24	58.14	14.98	25.78	16.61
六级	0.39	—	12.69	10.26	6.98	5.89	50.39	34.82

（三）高标准农田耕地土壤其他指标情况

海南省高标准农田（试点）耕地的中微量营养元素的平均含量分别为：有效铁 56.28 毫克/千克、有效锰 77.67 毫克/千克、有效铜 1.99 毫克/千克、有效锌 0.64 毫克/千克、有效钼 0.13 毫克/千克、有效硅 44.37 毫克/千克、有效硫 30.09 毫克/千克、有效硼 0.34 毫克/千克。其中，铁锰两个金属元素含量较高，三级以上占比均超过 90%，分别为 99.62% 和 96.93%，处于上等水平；有效铜含量水平处于中上等，占比最高的为一级，为 48.25%；有效锌和有效钼的含量都较低，三级以下占比分别为 76.86% 和 76.65%，处于中下水平；有效硅和有效硫含量处于中等水平，占比最高的分别为四级 60.46% 和四级 47.24%；有效硼的含量较低，均处于三级水平以下，五级占比最高，为 72.80%。海南省高标准农田（试点）耕地的中微量元素整体含量水平较高，铁和锰元素含量丰富，铜、硅和硫元素均较为充足，锌、硼和钼元素含量较低。今后在地力提升中，应给予重点关注。具体情况见表 9-6 和表 9-7。

表 9-6 农田土壤中微量元素含量等级分布状况（1）

单位：%

含量分级	有效铁		有效锰		有效铜		有效锌	
	频率	变异系数	频率	变异系数	频率	变异系数	频率	变异系数
一级	94.66	37.94	92.72	42.94	48.25	32.89	2.75	0.00
二级	4.58	8.11	1.53	4.27	0.78	0.00	2.75	0.00
三级	0.38	—	2.68	0.00	9.34	5.47	17.65	10.38
四级	0.38	—	0.77	0.00	31.13	10.87	34.51	16.98
五级	—	—	2.30	0.18	8.95	13.90	16.47	13.17
六级	—	—	—	—	1.56	14.08	25.88	58.96

表9-7 农田土壤中微量元素含量等级分布状况（2）

单位：%

含量分级	有效钼		有效硅		有效硫		有效硼	
	频率	变异系数	频率	变异系数	频率	变异系数	频率	变异系数
一级	3.50	9.14	—	—	20.08	53.12	—	—
二级	14.40	6.70	2.28	0.00	9.06	6.14	—	—
三级	5.45	6.97	30.80	16.94	13.39	8.07	—	—
四级	22.57	2.84	60.46	17.34	47.24	20.53	5.75	16.86
五级	3.89	11.70	6.46	3.98	8.66	9.42	72.80	19.28
六级	50.19	78.19	—	—	1.57	11.77	21.46	35.42

第十章 海南耕地土壤主要障碍因素与改良措施

受自然成土因素和人类活动的影响，海南省部分土壤资源存在着不同类型的障碍因素，如盐渍化、贫瘠化、酸化、耕性差、土壤侵蚀、潜育化等，使其被利用受到一定限制。这些存在障碍因素的土壤资源，称为障碍性土壤资源。

海南省人多地少，后备土地资源有限，明确海南省障碍性土壤资源的发生与形成机理以及演变过程，并提出修复利用和障碍防控的关键措施，对贯彻落实"十分珍惜合理利用每寸土地，切实保护耕地"基本国策，实现土壤资源可持续利用，促进我国经济和社会协调发展，具有十分重要的意义。

第一节 耕地土壤盐渍化

土壤盐渍化指易溶盐分在土壤表层积累的现象或过程。根据联合国粮农组织（FAO）统计，全世界60%的灌溉土地已不同程度地盐渍化，土壤盐渍化是一个世界性的生态环境地质问题。由于自然和人为因素的影响，海南省已有54万公顷的农用地发生了不同程度的盐渍化。海南省分布于沿海的海口、琼山、文昌、万宁、临高、儋州、昌江、陵水等地的海陆过渡地带，在潮汐和海流作用下，潮间带絮凝、沉积，使滩面不断淤高以至露出海面后发育成滨海盐土。潮水流渐来的盐分，导致海南省局部沿海区域的土壤盐渍化还在加剧。

一、耕地土壤盐渍化的成因

不同的盐渍土水盐运动规律不尽相同，在人类活动影响下，土壤水盐运动更趋复杂。海南岛土壤水盐运动及盐渍化受多种因素（自然因素、生物作用、人类活动）的影响。

（一）自然因素

盐渍土的分布规律主要与气候地带性相适应。气候要素中最主要的是降雨与蒸发因子，蒸降比与土壤积盐也有密切关系。海南岛年平均降雨量大部分地区都在1 500～2 000毫米，东部迎风面的琼海、万宁及屯昌等市县年降雨量达到2 000～2 500毫米。处于背风又有干热风影响的西部地区，包括儋州的西北部，昌江、东方和乐东等市县的沿海一带年降雨量不足1 000毫米，导致海南岛总体西部地区集盐强度要高于东部和北部地区。海南干湿季明显，降水集中的5—10月为雨季，降雨量占全年雨量的75%～90%，11月至翌年4月为旱季，雨量很少，仅占全年雨量的10%～25%。季风气候条件下，年内土壤水盐运动可分为4个周期，即春季积盐、夏季脱盐、秋季返盐、冬季潜伏积盐。虽然夏季降雨具有淋溶脱盐作用，但从全年看，淋盐期较短，总的趋势仍以积盐为主。

海南岛盐渍土大多发育于浅海沉积物和滨海沉积物，也有部分为河流冲积物在入海口的分布。海水浸渍和地下水矿化是海南省土壤盐分的重要来源。海南省土壤受海水的影响较大，海积阶地的地下水矿化度比较高。海水的含盐量高，渗透到周围耕地，使耕地的地下水含盐量比较高，海南省沿海地区农用地的土壤类型一般是沙壤土或沙土，更有利于海水的渗透，导致盐渍化加剧。地下水矿化度越高，地下水向土壤中补给的盐分就越多，土壤积盐就越重。即使地下水埋藏较深，蒸发量较少，但因其矿化度高，随毛管水进入土壤的盐量也大。

（二）生物作用

某些在盐渍环境下的深根性盐生植物具有特殊的抗盐生理和很强的环境适应能力。有些具有肉质化的茎叶，能从土壤中吸取大量水分和盐分，或通过茎叶上的盐腺分泌盐分，以调节体内的盐分平衡。盐生植物体内一般都含有较高的盐分，植物死亡后将盐分残留于土壤表层，出现积盐现象。

（三）人类活动

人类活动对土壤水盐运动有明显的影响，其中农业灌排行为对土壤水盐运动的影响最大。农业灌溉打破了自然水盐平衡状态，使耕地及其附近地区的土壤盐渍化过程在自然盐渍化基础上又叠加了人类活动影响。人类活动对土壤自然盐渍化过程的影响包括有利和不利两个方面：一方面通过合理的灌溉和经营，使盐渍土得到改良与改造；另一方面由于灌溉不合理等原因，使土壤盐渍化程度加重、面积扩大。

二、土壤盐渍化的危害

盐渍化严重降低了土地的利用价值，阻碍农业经济的发展，给人民带来了很大的经济损失。当土壤中可溶性盐含量增加时，土壤溶液的渗透压提高，致使作物生理干旱，作物新陈代谢紊乱，不能正常生长。土壤盐渍化轻则减产，重则导致作物秧苗全部死亡，颗粒无收。土壤阳离子组成中过量的交换性钠离子的存在，将破坏土壤的团聚性，致使土壤结构性很差，遇水后分散、破碎，导致地面上建筑的稳定性受到极大的威胁，重则房屋倒塌。

三、耕地土壤盐渍化的演变过程

海南省沿海地区均分布有滨海盐土。尽管滨海盐土分布区域跨度甚大，加之不同沿海地区的气候、地质、地貌等存在差异，但其形成与演变却有着共同规律，即土壤和地下水中的盐分主要来源于海水，盐渍化土壤都直接发生于盐渍淤泥，积盐过程先于成土过程。与滨海盐渍土相连接和伴生的土壤类型不同导致滨海盐渍土的分布各有特点。水稻土滨海盐渍土形成和演变受海水浸渍、成陆过程、降水淋盐及熟化等作用的影响。滨海盐渍土发育于盐渍淤泥，其沉积母质来自入海江河携带的泥沙，而盐分来自海水。盐渍淤泥脱离海水成陆后，由于降水淋洗及人为垦殖等活动的影响，土壤—地下水发生季节性积盐与脱盐过程，但总体上朝脱盐—淡化方向发展。滨海盐渍土的形成分地质过程和成土过程两阶段。地质过程又可分为水下堆积盐渍时期和地质积盐时期；成土过程可分为自然成土时期和耕种成土时期。各河流每年输送入海大量泥沙。这些河流夹带的泥沙含盐量本来很低，经入海成为水下堆积物（淤泥）时，在海水淹浸作用下，淤泥与海水的盐分迅速达到平衡，成为盐渍淤泥，含盐量也极大地增加。当出水成陆后，受海潮周期性淹没和浸渍作用，开始地质积盐过程，盐渍淤泥经水下盐渍淤泥、日高潮、月高潮、浸漫带盐渍淤泥等阶段，逐渐演变成滨海盐土。在盐渍淤泥长期脱离海水影响后，滨海盐土进入成土时期，由周期性积盐逐渐转为季节性脱盐，受自然环境或人为耕作影响，自然植被繁衍，土壤肥力不断提高。

四、盐渍土的类型和分布

海南省的盐渍土类型分为滨海盐土、盐渍水稻土等，主要分布于沿海地带，其成土过程受海水浸渍影响。海南省部分沿海区域，在河流入海处或浅海湾地段，海水浸渍的积盐过程受当地生长的红树林影响，形成酸性硫酸盐土，pH 为 4.0 左右，盐分组成以铁、铝的硫酸盐为主。大部分地区仍处在不断淤积成陆中。由于淤积物富含营养元素，成陆后加以改良便可垦殖利用，因此滨海盐土是沿海地区重要的后备土地资源。

第二次土壤普查报道海南省滨海盐土和盐渍型水稻土分布情况如下。海南省滨海盐土面积 6.06 万亩，占全省土地面积 0.12%。其中，文昌市滨海盐土土类面积 8 276 亩，占全县土地总面积的 0.24%，占自然土壤面积的 0.52%。分布在白延、东郊、铺前、龙楼等乡镇。发育于长期受海水浸渍影响的盐质性沉积母质，整个土体含盐量都很高，达 1% 以上，生长着各种耐盐的草本小灌木，因时间长久，植物残体腐烂积累，使得有机质含量高，钾养分高，质地轻壤，土壤呈强酸性，土色棕灰。

乐东盐渍型水稻土亚类：面积 107 499 亩，占水稻土的 3.19%，分布于沿海的黄流、冲坡、九所、佛罗、乐罗等地海拔 3~5 米田块，母质为近代海积物，水稻生长过程遭受咸害和酸毒害，根据毒害程度不同分为咸田和咸酸田两个土属。共同的特点是地下水位高，在 30 厘米以上，犁底层下有深厚的青泥层，土壤偏酸，有机质一般丰富，速效钾含量较高，质地多为轻壤到中壤，不同之处在于含盐量不同。

海口滨海盐土土类面积 2 568 亩，占自然土壤的 2.52%。母质为滨海沉积物，受海潮的影响，地势高，含盐分在 0.1% 以上。土壤有机质、全氮、全磷都极缺乏，全钾丰富，碱解氮极缺乏，速效磷中等，速效钾丰富，土壤 pH 为 5.7。总含盐量 1.98%。

万宁滨海盐土面积 463 亩，位于滨海地带，是在盐渍土或盐渍沼泽土上开垦而形成的，其特点是含有大量危害水稻生长的氯化钠和硫酸盐类，盐分浓度达 0.1%~0.5%，分两个土属两个土种。

东方市盐渍型水稻土分布在本县沿海地区，成土母质为滨海沉积物，盐类主要成分为氯化钠和硫酸钠等。本区域有咸田一个土属，轻咸田一个土种。咸田土属由滨海沉积物发育而成，主要分布在沿海地区，地势较低，仍受海水影响，轻咸田面积 2 328 亩，占水稻土 1.31%。耕作层 10~15 厘米，质地为松砂至轻壤，地下水位 38~69 厘米均有出现，可溶性盐的含量为 0.12%~0.16%。据 2 个剖面样本化验分析可知：土壤 pH 6.0~9.5，酸性至碱性。土壤有机质含量为 0.27%~1.41%。

临高滨海盐土土类面积 4 661 亩，占全县可利用土壤总面积 0.26%，主要分布在沿海地带。土层深厚，质地沙壤，土粒较粗，土壤含盐分较高，石灰反应强，前几年有部分开荒造田，但因淡水缺乏，造田已告失败。土壤pH为中性，有机质含量低。

三亚盐渍型水稻土面积1 686亩，占总水稻土面积的1.09％，分布于沿海地区的田独、天涯、崖城、保港、梅山等区，成土母质为滨海沉积物。盐类主要成分为氯化钠和硫酸钠等。

陵水盐渍型水稻土面积1 914亩，占总水稻土面积的0.90％。由滨海沉积物发育而成，由于受海潮或海水渗透影响，土壤含有一定量的盐分，有机质中等，少磷缺钾。分咸田、咸酸田二个土属。土壤有机质含量为1.24％～2.45％。受强酸影响，土层越深的土壤酸性越强。

五、耕地土壤盐渍化改良措施

土壤盐渍土的改良要根据不同环境条件因地制宜地开展，并将相关防控措施进行有机结合，以优化盐渍土改良和盐渍化防控的效果。主要应注意以下几方面：①利用与改良相结合；②水利工程措施与农业生物措施相结合；③排除土壤盐分与土壤肥力相结合；④灌溉与排水相结合；⑤近期与长期相结合。

（一）水利工程措施

通过水利工程措施来改善盐渍土环境条件，这是治理盐渍土的重要措施。实施水利工程措施的前提是建立完善排水系统，包括明沟排水、暗管排水、井灌井排和机电排。明沟排水即在地面开挖明沟，进行排水治理盐土。其优点是工程投资少，施工简便易行。但每年须加强维修管理，花费劳力多。在排水中应特别注意水沟的深度与间距。沟深度决定于地下水临界深度，即能把地下水降低或控制在临界强度以下，保证土壤能迅速脱盐和防止土壤再度返盐。明沟修建应和条田建设相结合，既合理利用土又降低地下水位；此外，条田建设应以不影响机械作业为原则，中度的盐渍化土地，沟渠间距以30～40米为佳，沟深0.5～0.9米为宜；反之可以增加。暗管排水将排水管道修建于地下进行排水，其优点是不占耕地，无明沟塌坡和维修的困难，可长期保存。

（二）农业生物措施

通过农业生物措施，如平整土地、深翻改土、合理耕作、增施有机肥、客土压沙改良、种植耐盐作物等，可以有效减少土壤蒸发，防止返盐，降低耕地盐渍化程度，提高作物产量。还可使土壤中现有盐分重新分配，表层含盐量降到作物耐盐极限以下，保证作物出苗生长，达到治理盐渍化土壤、合理利用盐渍化耕地和防控盐渍化的目的。一定的水源和良好的排水出路条件下，可以用种稻的方法来改良盐渍化土壤。其优点是边用边改良，在利用中改良，在种水稻的过程中，土壤中可溶性盐类，随着换水渗水，排出田块以外，或渗到土壤底层，因而脱盐效果显著。需要指出的是盐渍化耕地种稻，除了有水源保证外，还必须要有健全的排水系统，切忌盲目扩大稻田面积，切忌水、旱田插花种植。充分利用附近河流或丰富的地下水资源进行灌溉，实施以水洗盐，以稻治涝，是治理盐渍化耕地，提高土地生产力和经济效益的有效途径。

（三）耕作和田间管理措施

盐渍化土壤合理的耕作管理，具有保墒抑盐作用，通过耕、翻、耙、种等田间作业，调控土壤的水、肥、气、热状况和盐分运动状况。采用旋松带状耕法不仅可以疏松土壤，打破不透水层，而且可以促进耕层盐分迅速随水分下渗，提高土壤散墒作用，对次年春季盐分的回升起到控制作用。中耕除草可以破坏土壤毛细管，防止盐分上升，提高土壤温度，增强土壤透性，促进幼苗根系发育和幼苗生长。深翻深耕是改良土壤盐渍化的一个有效办法，它能够改善土壤结构，增加土壤孔隙度，有利于降低盐渍化危害。培肥压盐措施既能改善土壤结构，减少地面蒸发，促进盐分淋洗，抑制盐分上升，同时还能促进土壤微生物的活动。种植绿肥可以使土壤容重变小，孔隙度增大，渗透强，不但有利于作物生长，而且有利于排水洗盐。

（四）种植耐盐植物

多种植耐盐植物包括耐盐农作物、经济作物或耐盐牧草。一方面在作物生长过程中培育抗盐能力较强的新品种；另一方面还可以在盐渍化程度不同的耕地上，选种相宜的耐盐作物。有了抗盐能力较强的优良品种，就可以提高盐渍化耕地的利用率，扩大盐渍化耕地种植面积，增加产量。同时，在种植利用的过程中，还能有效地积累有机质，改善土壤结构和提高土壤肥力，加速土壤淋盐，有利于盐渍土的治理。

（五）化学改良治理措施

通过施加有机肥和适量化肥置换土壤中的交换性盐基离子。施肥等农业改良措施主要用于中盐土和轻盐土。施肥可以改善土壤结构，降低土壤的含盐量，再加上种植作物，通过作物的吸收，可以把中盐土改良为轻盐土。轻盐土再施肥，种植作物，则可改良为正常的耕地。施肥在盐渍地农作物的栽培中，不仅具有一般的补充营养的作用，而且还具有改良盐渍，提高作物抗盐能力的特殊作用。用土壤改良剂见效快，但费用高。改良剂中的有机生化高分子可络合土壤中的盐基离子，随灌溉水将盐分带到土壤深处，迅速解除盐分对作物的毒害作用。

第二节 耕地土壤贫瘠化

耕地土壤贫瘠化是由施肥量不足以弥补作物对养分的吸收、养分淋失量过大和非种植作物的固定等原因造成的。耕地生态系统是一个不断输出农产品，而又不断输入肥料的开放性系统，海南省优越的气候条件可满足水稻等作物一年两熟或三熟、耕地复种指数高。因此，海南耕地的养分和有机质周转速率与其他温带、亚热带地区相比更快，当耕地土壤的养分输入量未能及时补充消耗量时，耕地就会逐渐贫瘠化。此外，海南省沿海地带土壤多由浅海和滨海沉积物发育而成，除部分滨海沼泽盐土（泥滩、林滩）有机质可达2.8%外，其他土壤类型的土壤养分则相当缺乏，如滨海沙土有机质含量为0.44%，浅海沉积物砖红壤、燥红土等有机质也不超过1%，而且有进一步贫瘠化的倾向。

一、耕地土壤贫瘠化的成因

耕地贫瘠化的影响机制可分成自然和人为两种，其中人为影响机制占主导地位。根本原因是人口、资源、环境与粮食之间日益尖锐的矛盾，导致对各种自然资源的不合理利用，特别是侵蚀增加和耕作管理失调造成耕地养分循环与平衡的严重紊乱，最终引起土壤养分的贫瘠化。海南省地处热带地区，具有光热条件充足、降雨量大且集中、土壤发育程度较高、有机质周转速率快等特点，其优越的气候条件可满足水稻等作物一年两熟或三熟，耕地复种指数高。海南省是我国重要的和受人类活动影响较大的农业产区，当海南省耕地生态系统原有的物质循环被破坏，耕地土壤的养分支出大于收入，则耕地就会变得越来越贫瘠，最终丧失生长农作物的能力。

（一）土壤侵蚀

土壤侵蚀是引起土壤养分降低的主要因素。水土流失造成肥沃的表土流失，导致土壤肥力下降，土壤养分越来越贫瘠。海南省主体属丘陵型低山地形，其中海南岛呈穹隆山地形，以五指山和鹦哥岭为隆起核心，向外围逐级下降。海南省地处热带季风气候区，年平均气温高、雨量充沛、干湿季节明显，热带风暴和台风频繁。在穹隆山地形、强降雨及人类活动的影响下，海南省的土壤侵蚀与水土流失成为导致土壤贫瘠化的重要原因。

（二）养分淋失

淋失是一种自然过程，它引起土壤中营养元素的大量损失。试验发现，雨林、季雨林、常绿阔叶林和人工幼林中，土壤各种元素（氧化物）每年每公顷的深层渗漏量分别为 61.3 千克、69.8 千克、34.0 千克和 23.8 千克。海南省年降水量在 1 000～2 600 毫米，有明显雨季。在海南省强且集中的降雨影响下，养分淋失也逐渐导致耕地贫瘠化。

（三）土壤酸化

由于成土母质和土壤发育条件差异，我国土壤的酸性由北往南逐渐增强，海南省主要的母质类型有花岗岩、海相沉积物、砂页岩、玄武岩、河流冲积物和火山灰土。在我国南方造成的酸雨危害相当严重，酸雨更进一步增加了南方土壤的酸度，使土壤中的钙、镁、钾等营养元素流失，磷和其他微量元素的肥效降低，土壤愈易贫瘠化。

（四）土地开垦

热带、亚热带森林林冠茂密、结构层次多、根系发达，其巨大的蒸腾作用和选择吸收是各种养分元素运动的动力，最终通过凋落物的分解促进了土壤的"生物自肥"率，这种生物富集过程是土壤肥力不断提高的基础。一旦开垦利用，森林即开始退化，水土流失增加、养分大量损失、土壤水热状况恶化、凋落物分解加快。研究表明，林下土壤耕垦后，土壤有机质和养分迅速降低。

（五）养分投入不合理

在施肥结构上出现"两重两轻"的现象，即重化肥轻有机肥、重氮肥轻磷钾肥。且农家肥料施用量亦大幅度下降，传统的农家肥为主的施肥结构，已改变成以化肥为主的施肥结构。在高投入的条件下，土壤养分含量增加。但目前耕地的投入水平普遍较低，特别是有机质投入日趋减少。施用化肥的氮磷钾比例也不合理，也造成土壤养分失调。

二、耕地土壤贫瘠化改良措施

耕地土壤养分贫瘠化是农业持续发展必须解决的诸多问题之一，这些问题相互关联、相互影响，必须应用系统论原理，从调整农村产业结构、发展农村经济开始，增加农业投入，优化农业生态系统的结构，合理施肥，减少水土流失，最终达到防治耕地贫瘠化的目的。

优化立体农业生态结构，开发集农林牧渔为一体的多样土地利用生态系统，兼顾生态和经济效益、长远和眼前效益，提高系统资源利用率和产出率，并采用生物措施和工程措施相结合的办法，减少水土流失，提高土壤养分水平。从景观生态学角度出发，建立适合当地条件的高效益生态—经济型农林牧复合立体农业布局，特别是"顶林、腰果、谷农、塘渔"的利用模式，发挥经作、经林、果树的优势，充分利用光、热、水、土资源。生物措施主要是采用合理的种植制度，增加地面覆盖，减少地表冲刷，增加土壤有机质含量。坡度大于15°，尤其是大于25°的陡坡必须退耕还林。当山丘上的次生林被砍伐后，在山丘中上部，必须首先保护灌木和草被，然后穴栽经济林果，而在山丘的下坡与低丘岗地，可以等高种植经果经作，特别应发展复合农林系统（如套种、间作绿肥、药材、牧草、作物等），在防治水土流失、提高土养分含量的同时增加农民的经济收入。

生物措施和工程措施相结合，特别是在土壤严重侵蚀区的治理初期，主要依靠工程措施，如等高开垦、修筑拦水墙等。要提高农业生产水平，防治坡耕地养分流失，提高坡耕地生产力，最根本的途径是搞好农田基本建设和提高土壤有机质含量，创造良好的土壤环境。坡耕地养分流失严重，应修筑水平梯田，以减少土壤有机质和矿质元素的流失。

建立土壤养分的动态平衡和良性循环机制。一方面因土种植，另一方面提高养分投入水平，调节养分投入比例，并收集、优化和推广适合不同地区、不同土壤条件的施肥方法，不断提高土壤养分水平。从具体情况来看，为克服耕地贫瘠化问题，根据海南各地耕地的本底肥力情况和作物对养分的需求差异，实行化肥的配方施肥和增加有机肥的施用量。如前文的分析，耕地贫瘠化的原因主要是耕地生态系统基本物质输入输出不平衡，即输入小于输出，输出的营养物质比例失调，即化肥多，有机肥少，氮肥多，磷、钾不足等。因此，要提高肥力，必须改善系统物质的输入。

要保持土壤养分的良性循环和平衡，首先必须增加土壤有机质含量，充分利用各种有机废弃物（如作物残茬、家畜粪便、城市生活垃圾等）和有益的天然生物过程（如固氮作用），并合理施用化肥，适当增加贫瘠化耕地的化学肥料使用量。主要有如下几个途径，一是改变燃烧秸秆的做法，秸秆粉碎直接还田，可增加土壤中粗有机质；二是用秸秆饲养牲畜，使秸秆过腹还田；三是种植绿肥，压青肥田；四是增施农家肥、堆肥和饼肥。另外，要增加化学肥料的施用量，扩大贫瘠化耕地的物质循环。其次，改革耕作制度，恢复和坚持倒茬轮作制度，实行用养结合，种植豆科作物，实行草田轮作，达到"以草肥田，以肥养田"的目的。这是在肥源不足情况下，培养地力的基本途径和措施。实践证明，只要合理地进行草田轮作倒茬，可促进地力不断上升，产量不断提高。再次，合理安排归还率较高的作物，各种作物自然归还率不同，从有机物质和营养元素理论总归还率来看，绿肥为全归还作物；水稻为半取半返作物；豆类的有机质和氮是少取多返，磷、钾多取少返。根据各地的自然条件合理搭配种植归返率高的作物，有助于调节土壤养分的平衡。最后，在立体大农业布局下，根据土壤的养分特性，选择适种的林木与作物品种。如红壤地区普遍缺磷、缺钾，可以选择一些耐低磷（萝卜菜、食用甜菜等）和耐低钾（白菜等）的作物。在新开垦的贫瘠土壤上，只能种植抗逆性强的先锋植物（如马尾松、胡枝子、猪屎豆、甘薯、花生等），然后随着土壤的不断熟化，扩大种植的范围（如豆类、烟草、中药材等）。此外，还可以采用现代生物技术，改进作物的遗传特性，以适应各种苛刻的土壤养分条件。

第三节 耕地土壤酸化

在高温高湿的热带季风气候影响下，海南省土壤发育程度较高，全省90％以上的耕地呈酸性。土壤酸化加速了土壤中养分离子的淋失，使土壤日趋贫瘠，导致土壤结构退化的同时释放出致害重金属和铝离子等污染物，从而降低土壤酶活性，使农作物减产、品质下降、森林退化，并且污染地表水和地下水、危害水生生物。

一、耕地土壤酸化成因

海南省土壤腐殖质含量不高，黏粒矿物以高岭石为主，即使土壤黏粒相当高，其阳离子交换量也相当低。同时，由于海南省地处高温多雨的热带地区，土体受到高度的淋溶，盐基离子大量丢失，致使吸附阳离子组成中相当数量的 H^+ 和 Al^{3+}，土壤呈酸性反应。

（一）土壤的自然酸化过程

在自然条件下，有下列几种过程会导致海南省土壤酸化：①土壤中含氮、硫化合物的硝化作用和氧化作用，有利于 HNO_3 和 H_2SO_4 的形成，如海南省红树林植物每年有大量残体归还土壤，加之植物的阻浪促淤作用，其残体逐步被埋藏于土体中，形成红树林残积层，该层在还原条件下，进行嫌气分解，硫酸盐（SO_4）还原成硫化氢（H_2S），并与土壤中铁氧化物反应，在氧化条件下形成硫酸铁和硫酸，使土壤呈酸性。②土壤溶液中 H^+ 浓度的大小主要由土

壤空气中 CO_2 分压的高低决定，在与大气 CO_2 相平衡的条件下，土壤溶液理想的 pH 为 5.6。③土壤的主要组成矿物为铝硅酸盐，在化学风化过程中原生铝硅酸盐矿物向 SiO_2/Al_2O_3 转化。在海南省高温多雨的气候条件下，比值低的次生铝硅酸盐矿物转化使土壤酸性增强。但在自然风化过程中，一般不能使土壤 pH 降至 5.0 以下。

（二）施用生理酸性肥料

海南土壤复种指数高，每年施用大量化肥。生理酸性肥料（如磷酸钙、氯化钾中的养分离子 Ca^{2+}、K^+ 等）施入土壤后使土壤中 H^+ 增多而发生土壤酸化。当施用氮肥后，作物的产量和地上部分的生物量均增加，这将导致更多的碱随作物收获从土壤中移走，进一步加速土壤的酸化进程。同时随着土壤水分由表层向下的移动，NO_3 也向下移动并有可能淋溶出根区至表层以下 70 厘米，而硝化过程中产生的 H^+ 则留在表层土壤中。另外，生理酸性肥料的损失率占 $40\%\sim60\%$，其中 N 很大一部分以 NH_3、N_2 和 N_2O 形式进入大气中，硫铵中的 S 在还原条件下也可以 H_2S、SO_2 等各种硫化物遗散至大气层，大气圈微量气体浓度发生变化，对大气酸沉降有很大影响。

（三）种植豆科作物和牧草

豆科植物通过生物固氮增加土壤有机氮的水平。土壤中有机氮的矿化和硝化及 NO_3^- 的淋溶将导致土壤酸化。另外，豆科植物的残茬留田加速了土壤的酸化。残茬留田一方面将部分有机阴离子归还土壤，这将增加土壤的 pH；另一方面这一过程也将植物所含有机氮加入土壤中，这将有可能通过有机氮的矿化和硝化降低土壤的 pH。土壤的最终 pH 是两种过程共同作用的结果。

（四）土地利用方式

土地的利用方式对土壤酸碱度产生重要影响，长期种植耐酸性的植物，会导致土壤酸化。例如海南自 20 世纪 60 年代初开始大规模种植的茶树，茶树作为喜酸和聚铝作物，平均含铝量在 1 500 毫克/千克以上，老叶中的铝含量达 20 000 毫克/千克。因而在其生长过程中每天要从土壤深处吸收大量的活性铝。当老叶脱落后，这些铝又重新归还到土壤，随着茶树的生长和根系的发育，土壤深层的铝逐步在菜园土壤表层聚集起来。由于移动性差，表面土壤铝的大量富集导致茶园土壤酸化。

二、土壤酸化过程的生态效应

土壤酸化过程常被作为生态环境问题来研究，随着土壤酸化过程的增强与发展，土壤中的盐基离子和重金属的淋溶速率也将大大加强，使土壤日趋贫瘠并受到次生污染物危害。

（一）生态化学条件变差

土壤酸化中的生态化学条件变差的主要表现在以下几个方面：①盐基离子大量淋失。在土壤酸化过程中，随着 pH 的下降，土壤的正电荷增加，负电荷减少，使大量盐基离子易于随渗漏水淋失，导致土壤肥力下降。②土壤 N、S 饱和。在受土壤酸化影响的地区，土壤特别是有机表层含 N、S 量极高，与其他营养元素比例失调。③活性铝的溶出与铝胁迫。土壤活性铝的溶出与土壤酸化程度之间关系极为密切，当铝离子增至一定程度后，植物根系受毒害而生长不良，同时，因铝离子与土壤胶体的结合能力特别强，容易从土壤的负电荷点上置换盐基离子，使盐基离子进入土壤溶液而淋失。

（二）重金属活化

土壤酸度的提高会使土壤中某些重金属元素的活性增大，这是由于 Cu、Cd、Pb、Cr、Zn 等有毒重金属离子在低 pH 下溶解度升高造成的。如锰离子，当土壤 pH 降至 5 左右时，其浓度即可达到毒化水平。高浓度的有毒重金属元素会吸附和积累在土壤表层，使土壤成为有毒性的环境介质，能对土壤生物活动及根系生长构成障碍，从而抑制植物生长；且随着土壤酸化程度的增强，土壤中重金属浓度、活性（或毒性）均会增强，重金属的危害必将更加明显。

（三）生物活动受到抑制

土壤养分特别是有机态养分的转化与循环，依赖于专性微生物和酶的生化活性才能完成，而酸化土壤会对这类具有专一效应的微生物酶活性具有相当的抑制作用。在土壤酸化环境中，细菌等微生物的生物量下降，呼吸速率降低，动物区的活动减弱，故对有机质的分解也有减弱。生物活动可能因酸沉降的酸化作用和有机质组成性质的改变而受到抑制。

（四）农业生产减产

酸化后的土壤中由于 H^+、Al^{3+} 大量增加，酸性增强而使 K^+、Na^+、Ca^{2+}、Mg^{2+} 等金属阳离子的溶解性增大，淋溶作用增强，并伴随水分移动而向下层迁移、淋失，从而降低了盐基饱和度。N、S、P 等对植物有特殊营养作用的元素也因为土壤酸化作用的增加而失去了原来的平衡。由于土壤离子淋溶及土壤酸化，土壤中的重金属含量、形态、组成及生物有效性等也发生了很大变化。另外，酸化了的土壤会使有机质的分解转化作用和氮素循环（氨化作用、硝化作用、反硝化作用、固氮作用）作用减弱，真菌数量及某些酸活性增强，影响植物生态系统的养分循环。基于以上原因，使土壤中的养分供应失调，作物缺乏营养元素，生长受到严重的阻碍，势必影响农业生产的产量。

（五）农产品品质下降

土壤中存在多种重金属元素，分为必需元素和非必需元素两类。前者如 Cu、Zn、Mn、Mo 等，在植物体内作为酶的激活剂，具有双侧阈浓度；Pb、Cd、As、Cr 具有单侧阈浓度，其主要危害在于通过食物链的延伸而富集到较高浓度，进而威胁到动物和人体健康，土壤酸化会提高 Fe、Cu、Zn、Pb 等重金属元素的活化度，可能达到对植物有害的水平。从而影响了植物，特别是农产品的品质，威胁到了人体的健康。

三、耕地土壤酸化改良措施

海南高温多雨的气候条件导致成土过程脱硅富铝化作用强烈，土壤整体呈酸性反应。同时由于长期大量偏施化肥（尤其是酸性过磷酸钙和生理酸性肥料），耕地土壤呈现较明显的酸化趋势，已经成为影响农作物产量和品质提高的主要障碍因素之一。因此，控制土壤酸化过程是恢复土壤生产力的迫切任务。

（一）发展红树林

酸性硫酸盐土上生长的红树林，在海南省沿海岸带呈带状分布，它具有强大而密集盘根交错的支柱根和板状根，犹如一道绿色长城，能抵抗猛烈的风浪冲击。同时，红树林分布地有利于鱼、虾、蟹等水生生物的栖息，因此是天然的水产养殖地。为保护和发展红树林，这类土壤不宜开垦种植。即使在有条件种植地区，在造田过程中应注意红树林残体的埋藏深度，一般＞50 厘米较适宜垦殖种稻、种蔗或种莲藕；50 厘米的宜种椰子、菠萝等耐酸耐盐作物。

（二）控制酸性肥料的施用，改进施肥结构

过量与长期施用生理酸性肥料是海南省土壤酸化的重要原因。防治因生理酸性肥料导致土壤酸化的措施，最重要的原则是因土、因作物科学合理地施肥，特别要研究酸性土壤上施用生理性肥料的化肥种类、施用量和方法。发展节肥施肥技术，在肥料生产中向缓效型、长效型、复合型肥料发展的同时，开展叶面喷施，果树施长效肥、减少施肥次数，对铵态氮肥带水深施，以及调整化肥投向（向高潜力区投放）等都是发挥肥料效益，避免氮素过多而损失，并防治土壤酸化的有效方法。根据作物营养规律、土壤条件及肥料特性和在土壤

中的转化规律进行合理施肥，合理安排施肥量、施肥时间、施肥技术，以达到最高效益。

（三）适量施用土壤改良剂，调整土壤 pH

海南省高温高湿的环境导致土壤养分循环较快，供肥保肥能力较差。可以通过施用化学改良剂，如施用石灰、草木灰、火烧土等改良土壤酸性。海南省石灰资源丰富，农民在治理改良深�冷底酸性田时，常常以施用石灰为一项重要措施。使用的方法是，在早造备耕犁田前，亩施熟石灰粉 20～25 千克，然后翻犁。这样可以有力促进稻秆有机质的分解，减轻还原物质的毒害。如插秧后，因早春长期低温而造成酸性过高、土壤养分矿化度低或 Fe^{2+}、Mn^{2+} 和 H_2S 等还原性物质积累过多而引起禾苗发僵的，农民可先排浅田水，把熟石灰粉施下，隔天接着施钙镁磷肥混合牛猪肥，然后进行深中耕，把钙、磷及农家肥深混于耕层中，这对治酸和促进禾苗根系生长和发棵，效果很好。石灰不仅可以中和土壤酸度（包括活性酸、潜在酸），增加与补充酸性土壤中易遭淋失的钙元素，改善酸性土壤的营养元素比例，还可提高土壤盐基饱和度及其对酸的缓冲作用性能，阻滞或延缓土壤酸化的进程，缓解铝胁迫和铝中毒，以及改善土壤生物活动的生态条件，防治土壤次生酸化。

第四节 土壤耕性变差

一、土壤耕性变差的成因

土壤耕性是由耕作所表现出来的土壤物理性质，它包括：耕作时土壤对农具操作的机械阻力，即耕作的难易问题；耕作后与植物生长有关的土壤物理性状，即耕作质量问题。适耕性表示土壤在耕作时能够用最小的牵引力被很好地破碎成团块的最适于耕作的状态。在适耕状态下耕作，不但可以保证耕作质量，而且能够减少燃料的消耗和机具的磨损。

（一）压实作用引起土壤耕性变差

海南土壤复种指数高，随着农业机械化的发展，犁耕过程在疏松土壤的同时，由于机械的行走对土壤有压实作用。过度的压实会影响耕作质量，对作物生长不利，这种过度的压实又称为土壤压板问题。一方面增加了农业机械压实土壤的频率，另一方面也因农具本身重量的增加而增强了其压实作用。土壤承受荷载时，主要是垂直方向上的正应力（压力），使孔隙减少，容重增大，引起土壤耕性恶化。

长期的耕作中，由于农机具的压实作用，在耕翻层之下形成水平片状的犁底层，切断了上下土层间的沟通，根无法下扎，不易于作物吸水，不抗旱不担涝，这是由压实造成的土壤耕性不良的又一表现。土壤耕作作用具有两重性，即疏松土壤和压实土壤。但从长远来看，耕作土壤与自然土壤相比较，总是趋于紧实。在土壤水分含量较高时，除正应力外，还产生切应力（剪力）。在压力和剪力共同作用下，土壤颗粒趋向于极紧密排列，孔隙大量减少，土壤的透水性和通气性减弱。拖拉机在通过潮湿的土壤时，在轮子的挤压下，土壤发生塑流，使轮子下陷，同时也有压实土壤的作用。土壤的压实和土壤含水量呈抛物线的关系。即当土壤含水量在土壤塑性范围内时，土壤最易压缩；这是因为在水分很少的情况下，土粒之间黏结力和内摩擦力都很强，土壤不易压缩；随着水分的增加，黏粒周围水膜增厚，润滑作用增强，在压力作用下极易变成紧密的定向排列；当含水量进一步增加，因土粒之间的距离加大，再加上水对压力的支撑作用，土壤容重又趋减低，土壤又变得不易压缩。

（二）其他原因造成的土壤耕性变差

物理化学原因：大气降水中至少含有三种可溶性铵盐，即 NH_4NO_3、$(NH_4)_2CO_3$ 和人工腐殖酸铵，大气中的氮不断地同氢和氧化合形成 NH_3 和 HNO_3，两者化合形成 NH_4NO_3，或者与 CO_2 化合形成 $(NH_4)_2CO_3$。人工腐殖酸铵是燃烧有机物形成的，在燃烧不完全时就形成 NH_4 和人工腐殖酸，进一步化合为人工腐殖酸铵。这些铵类化合物中的 NH_4 与土壤胶体吸附的钙离子发生交换，使土壤团聚体丧失稳定性，土壤结构也随之遭到破坏。过去施用的氮肥以铵盐为主，特别是硫酸铵使土壤发生板结，故现在硫酸铵基本被淘汰，其他铵盐化肥，如碳酸铵、硝酸铵等也逐渐被尿素代替。盐化土壤淋洗脱盐过程中，土壤胶体上钙离子被钠离子代换，也使土壤结构变坏。

生物学原因：土壤中稳固的团聚体，许多是由腐殖质胶体黏结的，这些起黏性作用的活性腐殖质是在嫌气条件下形成的，而在旱作条件下，土壤通气条件好，腐殖质将被分解，土壤稳固的团聚体也随之被瓦解。

种植农作物的影响：当土壤被开垦种植后，在多数情况下，结构会被显著地破坏。种植中耕作物，由于地表裸露和耕作作业次数多，对土壤结构的破坏更加严重。据报道，种植农作物造成的土壤团聚体损失可达 80%，连作也影响了耕作质量。

土壤侵蚀：由于流水的冲力和风力而产生的土壤团聚度降低、土壤结构破坏和土壤有机质含量的减少，影响到土壤物理性质和土壤耕性。海南水土流失面积约 95 734 公顷，其中崩岗 2 148 公顷（1 049 个）、沟蚀 20 873 公顷、片蚀 72 713 公顷。海南省各市县均存在不同程度的水土流失和土壤侵蚀，导致海南省土壤耕性变差。

灌溉：大量的灌溉水或泉水顺坡作侧向流动，会对土壤进行强烈的漂洗。长时期的灌溉可使土壤质地变黏和土壤板结；喷灌等于增加了降水的强度，破坏土壤结构，也对土壤耕性不利。

二、耕性不好的危害

（一）土壤通透性下降

由于结构破坏和土壤压板，造成土壤耕性不良，使湿润土壤的蒸发增强，蓄水和保墒的能力降低，同时，通气大孔隙大量减少，导致土壤透水性减弱。由于土壤通气性差，好气性微生物活动受到抑制，影响到有机质的分解和对农作物所需速效氮的供应，常是耕性不良土壤作物减产的重要原因之一。

（二）耕作阻力加大

土壤压实导致土壤结构被破坏，土壤耕作阻力显著增大。将压实和未压实的土壤比较可发现，产生耕作阻力的土壤黏结力增大半个到一个数量级。对于结构小的和无结构的土壤而言，土壤压实后，土壤的黏结力也显著增大。0.5～1.0毫米粒径的小团粒，比1.0～2.0毫米的大团粒，其黏结力增大1倍左右；无结构的土壤再经压实后，其黏结力要比无结构自然状态的土壤大5～10倍。

由于土壤耕作阻力增大，增加了耕作时的能量消耗，并且影响整地质量。在土壤被压后，土壤容重由1.49克/立方厘米增至1.64克/立方厘米时，耕作时大于5厘米的土块数量增加了5倍以上，土块的抗剪强度增大1倍。

（三）水肥气热的综合变化

不同程度的压实作用对作物、水肥气热具有一定影响，水肥气热随着压实作用的增减而呈规律性变化。经过一季作物后，未耕动土壤经1～10次压实后减产幅度呈规律性变化，压实次数越多，减产幅度越大；随着压实次数增多，土壤有效水、自然含水、凋萎水增多，只有持水量减少。这与土壤不同形态孔隙值减少是一致的，呈正相关。即压实有保墒作用，但没有蓄水作用；随着压实次数增多，土壤最低温值升高，有增温作用；而土壤最高温值降低，有降温作用。日较差随压实作用减小，日均温则随着压实作用而降低，即压实减小温度变幅，使温度变化变缓。原状土壤大拖拉机1～10次压实没有增产作用，而是累加减产，对土壤理化性状和生育性状也呈系统累加作用。即压实是一种危害正常生产的因素，生产中应预防或避免耕性变坏影响出苗。耕性不良的土壤，由于整地质量差，土块多，孔隙过大，作物种子或幼苗的根系不能与土壤紧密接触，不能吸收水分和养分，造成种子萌发和出土困难，出苗不齐，甚至已经出土的幼苗出现"吊死"现象，农民把这种耕性不良的土壤称为"漏风土"。

三、耕地土壤耕性改良措施

由于土壤的物理性质直接关系到土壤耕性的好坏，因此土壤耕性改良主要是通过掺砂、增施有机物料和改良土壤结构等，即通过改变土壤物理性质的办法来改善土壤的耕性。

（一）增施有机肥

由于有机质在土壤中经微生物分解合成为腐殖质，它是一种胶体，具有松软、絮状和多孔的性质，它包被在矿质土粒的外表，易形成散碎的团粒，使土壤变得比较松软而不再结成硬块，从而使土壤的透水性、蓄水性、通气性和耕性都有所改善。同时，由于土壤有机质的黏着力和黏结力均比黏粒小，所以施用有机物料，对于调节土壤物理性质和物理机械性质，有良好的作用，最终使土壤耕性得到改良。

为了改良土壤的物理性质，施用新鲜的有机物料比堆腐后再施入要好得多。新鲜秸秆直接还田，要比将秸秆制作成堆肥后再施入，形成的水稳性土壤团粒结构高 96.4%；施用草炭可以使紧实的土壤变疏松，土壤容重明显降低，每公顷施草炭 225～600 立方米时，土壤容重平均可降低 0.065～0.181 克/立方厘米。由于容重的降低，土壤耕性也得到改善。

（二）客土掺砂

为了改良土壤的物理性质，许多地区还在小面积土壤中施炉灰和掺沙子，通过改变土壤矿质颗粒组成的方式改善土壤的耕性。实践中发现，在耕性不良的黏质土壤上，如果有机质含量低，在掺沙的同时，必须施用有机物料，否则会使土壤耕性进一步变坏，这是由于黏土加沙后强度增大，土壤变得更加僵硬。有限于沙源和运输等问题，客土掺沙大面积应用有一定困难。但将发电厂的粉煤灰、砖瓦窑的炉灰等这些废弃物掺和到黏质土中，不但可以改良土壤耕性，而且减少了这些固体垃圾压占耕地面积，是一举两得的好办法。

（三）防止土壤压实

耕作过程中，土壤物理性质变坏，耕性变差，影响到农作物的产量，称为土壤的物理退化，有些是不可避免的，但有些情况可以通过采取措施，减缓或者完全消除土壤物理退化的发生，比如，我们可以最大限度地防止土壤压实。

在土壤适宜时进行耕作，就可以保证土壤的耕作质量，不会压实土壤。土壤耕性决定于土壤的黏结性、黏着性和可塑性等物理机械性质，而这些性质又与土壤质地、土壤含水量密切相关。土壤质地是不容易改变的，所以，主要是考虑土壤水分，即在一定的土壤水分含量范围内的适耕期内进行耕作。一般认为在相对含水量70％～80％时，为最佳耕作时期，此时既有利于土粒间相互黏结和团聚，也不会发生土壤黏附农具的现象，翻转土垡的碎土效果好，土壤阻力小，可以减少耕作时机械功的消耗。

各种土壤适耕的含水量大小范围不同，凡黏结性大的土壤，其可塑性也大，则其适耕的含水量范围就小。而沙土不受限制，在任何含水量时，均可耕作。对于黏土和壤土来说，在土壤过干时进行耕作，由于土壤含水量少，只有黏结性而无可塑性，虽然牵引阻力稍大，易起土块，但不会陷车，也不会因挤压而变形，但在土壤过湿时进行耕作，除了陷车和阻力增大之外，还会严重地破坏土壤结构。所以，在耕作时必须掌握宁干勿湿的原则。

（四）推行少耕和免耕

尽可能地减少作业次数是减轻土壤压板和降低生产成本的有效措施。在实现农业现代化的过程中，因地制宜地减少耕作次数，实行少耕法，具有普遍的意义。免耕法多适用于干旱、半干旱地区，轻质（如沙壤和轻壤土等）排水良好的土壤，而且对杂草防除和病虫害的控制有较高的要求。因此，免耕法还存在一些尚待解决的问题，具有一定的局限性。少耕法是普遍推广的方法，可以明显地防止土壤压板和减轻能耗。和传统耕法相比较，土壤容重降低0.06～0.07克/立方厘米，碎土程度较好，耗能减少11％左右。

（五）适当地提高作业速度

提高耕作速度，可以减轻土壤的压板，不管是在黏壤上还是沙壤土上，在机车作业行进速度由每小时1 609米增至4 828米时，在各种土壤湿度条件下，对土壤的压板均有明显的降低。除此之外，提高作业速度，还可以延长适耕期，例如，土壤相对含水量70％～80％为最佳适耕期，如果把拖拉机的行走速度由1.06米/秒，增加到1.46米/秒，其适耕的土壤相对含水量将增加到60％～90％。

第五节 耕地土壤侵蚀

土壤侵蚀是当今人类生存与发展的全球性环境问题，严重地制约着全球社会经济持续发展。海南岛因为雨量相对较大，土壤侵蚀主要是指"水土流失"，即土壤水蚀。

一、土壤侵蚀的影响因素

（一）降水

降水是气候因子中与海南省水土流失和土壤侵蚀关系最密切的一个因子。因为降水是地表径流和下渗水分的来源，是形成水土流失过程中水的破坏力的物质基础，充分的前期降雨是形成径流和导致严重冲刷的重要条件之一。

海南省受热带季风气候影响，高温多雨，年降水量为 1 000～2 600 毫米，有明显雨季。每年的 5—10 月份是海南省多雨季，总降水量达 1 500 毫米，占全年总降水量的 70%～90%，每年 11 月至翌年 4 月为少雨季节，仅占全年降水量的 10%～30%。海南省河网发达，全岛呈放射状径流入海的河流共154 条，其中集雨面积大，100 平方千米的有 38 条。集雨面积在 500～1 000 平方千米的有望楼河、宁远河、文澜河、北门河、太阳河、藤桥河、春江和文教河。集雨面积 1 000～1 200 平方千米的有陵水河、珠碧江。较大的河流有南渡江（全长 331 千米，集雨面积 7 176.5 平方千米）、昌化江（全长 230 千米，集雨面积 5 076 平方千米）、万泉河（全长 163 千米，集雨面积 3 683 平方千米），这 3 条河的流域面积占全岛流域面积的 47%。径流较长、流量较大的河流都发源于中部山区，较小的河流多发源于山前丘陵或台地上，所有河流均顺着海南岛中高周低的地势放射奔流出海。总体而言，海南降雨量时空分布差异大，东湿西干。据此可将海南省分成潮湿地区（琼中、万宁、琼海、屯昌）、湿润地区（文昌、海口、定安、澄迈、儋州、白沙、五指山、保亭）、半湿润地区（临高、昌江、乐东、陵水、三亚）和半干旱地区（东方及乐东沿海）四个干湿区。海南的干湿季节非常分明，旱季、雨季的降雨量相差很大，雨季的降水集中且暴雨性强。

（二）风蚀

海南特别是岛内东部沿海地区，受热带风暴、台风影响较大，5—11 月为热带风暴、台风季节，8—9 月为最盛期，每年登陆的台风 2～3 个，台风登陆

• 201 •

狂风暴雨，造成严重土壤侵蚀。特别是对台风主要登陆地的东部沿海地区的风
力、暴雨、海潮等多种灾害的影响尤为突出，加剧了水土流失和土壤侵蚀。此
外，海南岛常风较大，以东北风和东风为主。除中部山区的琼中、白沙等市县
年平均风速在 1～2 米/秒外，大部分地区的年均风速在 2～3 米/秒，西部和西
南部沿海更大，达 3.8～4.0 米/秒，对土壤侵蚀有一定影响。

（三）地形和坡度

海南省主体属丘陵型低山地形，其中海南岛呈穹隆山地形，以五指山
和鹦哥岭为隆起核心，向外围逐级下降。在强降雨条件下，海南岛中部高四
周低的地形和坡度直接影响径流的冲刷能力。地面坡度是决定径流冲刷能力
基本因素之一，径流所具有的能量是径流的质量与流速的函数，而流速的大
小主要决定于径流深度与地面坡度。坡度越大，径流速度越大，水土流失量
也越大，导致海南省土壤侵蚀加剧。此外，水力侵蚀的强度依据坡的长度来
决定。坡面越长，径流速度越大，汇聚的流量也越大，因而其侵蚀力就
越强。

（四）地质

地质因素中岩性和构造运动对水土流失的影响较大。海南的土壤母岩/母
质类型多样，主要有如下类型：花岗岩、海相沉积物、砂页岩、玄武岩、河流
冲击物和火山灰土。容易风化的岩石常常遭受强烈的侵蚀，如花岗岩和花岗片
麻岩等类结晶岩，主要是长石，其结晶颗粒粗大，节理发育，在温度变化的作
用下，由于它们的膨胀系数各不相同，易于发生相对错动和碎裂，促进风化作
用加强。块状坚硬的岩石可以抵抗很大的冲刷作用，阻止沟壑扩张、沟头前进
和沟床下切，并间接地延缓沟头以上坡面的侵蚀作用，常常形成沟身狭小、沟
壁陡峭、沟床多跌水等形态。岩石的透水性对于降水的渗透、地表径流和地下
潜水的形成及其作用有显著影响。地面为疏松多孔透水性强的物质时，往往不
易形成较大的地表径流。若浅薄的土层以下为透水很慢的岩层时，即使土壤透
水很快，但因土层迅速被水饱和，就可以发生较大的径流和侵蚀，甚至土层整
片滑落，形成泥流。

（五）土壤结构因素

组成土壤的矿物成分一般直接来源于母质与母岩。海南省土壤的成土母质
中，花岗岩占总面积的 46.7%，玄武岩占 9.5%，砂质岩占 20.7%，紫色砂
质岩占 1.4%，浅海沉积物占 12.1%，滨海沉积物占 2.8%，河流冲积物占
2.7%，石灰岩占 0.3%，火山灰占 2.3%，安山岩占 1.5%。这些母岩母质风

化发育形成的土壤类型具有多样性，不同类型土壤的结构特性，尤其是透水性、抗蚀性和抗冲性对土壤侵蚀程度有很大的影响。土壤的透水性能主要决定于土壤的机械组成、结构性、孔隙率及其特性以及土壤剖面的构造、土壤湿度等因素。一般砂性土壤砂粒较粗，土壤孔隙大，因此透水比较容易，不易发生径流。相反，壤质或黏质土壤透水性就较砂性土壤差。土壤的结构性越好，透水性与持水量越大，水土流失的程度越轻。土壤持水量的大小对于地表径流的形成和大小也有很大影响。

（六）植被因素

海南自然植被类型有常绿季雨林、落叶季雨林、沟谷雨林、山地雨林、山地常绿阔叶林、热带针叶林、海岸红树林、稀树灌丛、稀树草原、湿性草原、低丘台地草原、丘陵山地草原等。人工植被有橡胶林、椰子林、槟榔林、荔枝龙眼芒果林、腰果林、茶园、胡椒园，以及木麻黄林、桉树林和农作物植被等。海南岛中高周低的地形地貌在热带季风气候条件和人为活动影响下，形成植被类型的多样性，且具有明显的垂直地带性分布规律。植物覆被是自然因素中对防止水土流失起积极作用的因素，几乎在任何条件下都有阻缓水蚀和风蚀的作用。植被一旦遭到破坏，水土流失就会加剧，土壤侵蚀的强度，通常与当地的植被覆盖率直接相关。海南岛整体地形呈中高周低的环形层状梯级结构，不同海拔和气候条件下，植被类型和覆盖程度存在差异。植物的地上部分，即茎叶枝干，能够拦截降水，使雨滴不直接打击地面，速度减小，因而能有效地削弱雨滴对土壤的破坏作用。植被覆盖度越大，拦截的效果越好，尤其以茂密的森林最为显著。有植物（乔、灌、草）覆盖的地面，其枝叶多层遮蔽着地面，且具有不同的弹性张开角度，对降雨侵蚀起到了分散和消力作用。此外，植物根系对土体有良好的穿插、缠绕、网络、固结作用。不同类型植物根系分布深度不同，有的垂直根系可伸入土中达 10 米以上，能促成表土、心土、母质和基岩连成一体，增强固持土体的能力，减少土壤冲刷。

（七）人为因素

自从人类出现以来，就不断地以自己的活动，对自然界施加影响，往往打破自然界各种因素间的相对平衡，促使水土流失现象由自然侵蚀状态转化为加速侵蚀状态。许多研究表明，沙化的发展、沙漠的进退、湖泊的变迁、生态环境的平衡与破坏、水土流失产生与发展，都与人类活动密切相关。

破坏森林：乱砍滥伐、放火烧山、毁林开荒等使森林遭到破坏、失去蓄水保土作用，并使地面暴露出来，直接接受雨滴的打击、破坏，加速了水土流失。

陡坡开荒：在生产力水平不高的情况下，对土地实行掠夺性开垦，片面强调粮食产量，忽视因地制宜的农林牧综合发展，把只适合林、牧业利用的土地也辟为农田。大量开垦陡坡，陡坡开荒破坏了地面植被，翻松了土壤，造成水土大量流失，以至陡坡越开越贫、越贫越垦，生态系统恶性循环。

不合理的耕作方式：顺坡耕种促使坡面径流顺坡集中在犁沟里下泄，造成沟蚀；不合理的轮作和施肥破坏土壤的团粒结构和抗蚀、抗冲性能；在坡地上广种薄收、撂荒轮垦，使土壤性状恶化，作物覆盖率降低，这些都会加剧水土流失。

二、耕地土壤水土流失

（一）水土流失概况

海南省地处热带，光热资源丰富，雨量充沛，有利于植被生长，四季常绿，封山育林。总的来说，水土流失危害不大，但局部土壤构造与坡度变化明显地区水土流失严重，海南省水土流失面积约为 348 平方千米。其中，崩岗 155.5 平方千米，沟蚀 90.5 平方千米，面蚀 102 平方千米；1990 年全国第一次遥感调查显示，水土流失面积约为 455.04 平方千米。1999 年全国水土流失遥感调查成果显示，全省水土流失面积已达 583.73 平方千米。其中，水力侵蚀 258.45 平方千米，占 44.3%；风力侵蚀 295.82 平方千米，占 50.7%；工程开发建设造成侵蚀 29.46 平方千米，占 5.0%。水力侵蚀中，轻度侵蚀 212.56 平方千米，中度侵蚀 36.44 平方千米，强度侵蚀 9.45 平方千米；主要分布在儋州（57.27 平方千米）、文昌（73.48 平方千米）、万宁（22.13 平方千米）、琼山（13.57 平方千米）、澄迈（10.88 平方千米）、三亚（13.84 平方千米）。风力侵蚀中，轻度侵蚀 224.04 平方千米，中度侵蚀 71.78 平方千米；主要分布在东方（107.51 平方千米）、乐东（50.66 平方千米）、昌江（33.7 平方千米）、陵水（31.1 平方千米）、三亚（23.36 平方千米）、万宁（25.24 平方千米）。

（二）水土流失特点

根据全国水土流失类型区划分，海南省属于水力侵蚀为主的南方红壤丘陵区，土壤侵蚀表现形式主要是坡面面蚀，中低山地区域亦有浅沟侵蚀及切沟侵蚀，丘陵区林园地存在"远看绿油油，近看水土流"的林下水土流失现象。环岛台地、阶地是水土流失的主要分布地带。根据 2011 年全国水利普查海南省水土流失总面积为 2 116.04 平方千米，占海南省陆地总面积的 5.97%，整体较轻，局部严重。海南省水土流失形式主要有侵蚀沟、坡耕地水土流失、坡园（林）地水土流失、沟岸冲刷及坍塌、生产建设项目水土流失等。海南省水力侵蚀以面蚀、沟蚀形式为主。轻度侵蚀占全省水力侵蚀面积 82.2%，主要分布在植被覆盖和植被结构较低、比较平缓的地区或坡耕地。中、强度侵蚀占 17.8%，主要分布在儋州市的蚂蝗岭和水井岭（25 平方千米）、琼山的鸭程溪昌头河（3.25 平方千米）、文昌市的宝陵河栋山沟（3.18 平方千米）、三亚市的梅山三更（2.56 平方千米）、澄迈县的山口溪（1.96 平方千米）、其他地区分布 9.94 平方千米，共 45.89 平方千米。儋州市的蚂蝗岭和文昌市的宝陵河栋山沟是水力侵蚀较为严重的区域，侵蚀沟下切深度达 6～10 米，沟蚀密度高达 5.1 千米/平方千米，侵蚀模数 2 500～5 000 吨/（平方千米·年）。

（三）水土流失发生趋势

自 1957 年至 1988 年，海南水土流失问题得到一定程度治理。虽然水利部门设置澄迈县、琼山东山、文昌等水土保持试验站以及林业部门开设一些林场植树造林，但由于发展生产与建设影响，其水土流失面积仍呈增长趋势。建省后经过近十年的治理，水力侵蚀面积已减少近 200 平方千米，而风力侵蚀、新增工程侵蚀面积呈增长趋势。其主要原因，一是重治轻管，重水力侵蚀区的治理，对风力侵蚀引起的土地沙化重视不够，采取的防治措施不力；二是开垦造林的林种选择不当，大量灌木草丛遭破坏后，而林种又不能保持水土，致使土壤裸露，造成水土流失；三是海南建省办经济特区后，国民经济发展较快，公路、电力等基础设施快速建设，热带农业综合开发建设方兴未艾。大兴土木搞基础设施工程建设，沿海海岸线旅游开发和人工海洋产业的发展，海岸线防护林带遭破坏，还有传统的刀耕火种、毁林开荒、禁垦坡地耕作等。这些生产建设项目，在开发建设过程中，相当部分未按《中华人民共和国水土保持法》及其有关法规、规定的要求采取相应的水土保持措施，急功近利，不顾后果，造成人为水土流失呈增长趋势。

三、水土流失防治措施

海南省目前水土流失重点区域包括南渡江中下游、昌化江下游、万泉河中下游、琼西北沿海、海文东部沿海、琼南沿海片区。南渡江中下游片区突出提升区域的水质维护功能；昌化江下游片区突出提升区域的蓄水保水功能；万泉河中下游片区突出提升区域的水源涵养功能；琼西北沿海片区突出提升区域的土壤保持功能；东部沿海、琼南沿海片区突出提升区域人居环境维护功能。主要途径以片区或小流域为单元，山水田林路渠村综合规划，以坡耕地治理、园地和经济林的林下水土流失治理、水土保持林营造为主，结合溪沟整治，沟坡兼治，生态与经济并重，着力于水土资源优化配置，提高土地生产力，促进农业产业结构调整。

（一）造林建坝，防治沟蚀

海南省沟蚀主要分布在儋州蚂蝗岭、澄迈黄龙岭的局部丘陵台地内，主要原因是林地退化引起，儋州蚂蟥岭、水井岭治理前平均土壤侵蚀模数3 658吨/（平方千米·年），局部高达6万吨/（平方千米·年）。沟蚀治理包括沟头防护工程、谷坊工程、水库，以拦蓄泥沙为主要目的的各种拦沙坝，以拦泥淤地、建设基本农田为目的的淤地坝及沟道防护和护岸工程等。其目的在于防止沟头前进、沟床下切、沟岸扩张，减缓沟床纵坡、调节山洪洪峰流量，减少山洪或泥石流的固体物质含量，使山洪安全排泄，对沟口冲积锥不造成灾害。沟头防护工程是保护沟头，避免坡面径流的冲刷而引起沟头前进的措施，包括沟头截水沟埂和排水沟埂两种，而排水沟一般有斜梗排水、悬臂排水和多级排水三种形式。谷坊是重要的水土保持沟道工程之一。谷坊是在山区水土流失严重地区的支沟、毛沟和冲沟的上游修建的5米以下的小坝，以防治沟底下切、沟头前进、沟岸扩展、抬高河床侵蚀准面。经多年治理，海南省沟蚀已有较大改善，但仍有大量小流域侵蚀沟存在。

（二）改变耕作模式，减缓坡耕地水土流失

海南的坡耕地面积较为集中，大部分坡度较小，为便于机械化耕作，坡耕地很少改造成梯田，有顺坡耕作的习惯，不利于水土保持，坡耕地面蚀和沟蚀较为普遍。全省有坡耕地24.33万公顷，坡耕地占全省耕地面积的33.3%，岛内各市县均有分布。坡耕地主要分布在儋州、澄迈、昌江、定安、白沙、屯昌、海口、东方、琼海、临高、乐东、琼中、保亭、五指山等市县。其中，以儋州、澄迈、昌江、定安、白沙、屯昌6个市县最为集中，占全省坡耕地的2/3。

坡耕地治理工程措施包括各式梯田、水平竹节沟、山边沟、鱼鳞坑等，其目的是为了消除或减缓地面坡度，截短径流流线，削减径流冲刷动力，强化降水就地入渗与拦蓄、保持水土，改善坡耕地生产条件，为作物的稳产、高产和

生态环境建设创造条件。通过减少入库泥沙和沟道淤积，减轻路沟侵蚀，改善生产条件。适宜的坡耕地改造成梯田、配套道路、灌排水系，推行保土耕作。控制水土流失，保护耕地资源，提高土地生产力。

（三）强化林草种植，提升水土保持林能力

林草措施是指在水土流失区域进行人工植树造林或者飞播造林、封山育林育草等技术措施，其目的在于增加地表植被覆盖、保护地表土壤免遭雨滴直接打击，林草植被可以拦蓄径流、涵养水源，调节河川、湖泊和水库的水文状况，增加土壤抵抗水流冲刷的能力，具有改良土壤、改善生态环境、增加经济与社会效益等作用。林草措施对减少径流泥沙的正面效应已被大家公认，它主要是通过林冠截流、林下草灌和枯枝落叶层的拦蓄以及植物根系对土壤的固结作用，起到保持水土、涵养水源，改善和提高土壤肥力的目的。

（四）倡导合理耕作，提高水分入渗时间

海南省单一树种的规模种植，林下覆盖差，高强度降雨下，易形成水土流失。例如，海南省有园地面积94.34万公顷，占土地总面积的26.8%，多在坡地上建园，以槟榔、芒果、椰子为多。保护性耕作是减轻土壤侵蚀常见的有效措施，主要是解决坡耕地水土流失问题。它是指在侵蚀坡耕地上，通过等高耕作、沟垄耕作、间作套种等耕作措施，采取少耕、免耕与地表覆盖相结合的方法，以提高土壤保水保土保肥能力和农业生产潜力为目的，借助犁、锄、耙等为耕地农具所采取的改变局部微地形或地表结构的耕作技术。等高耕作是最常用的耕作措施之一，是指沿等高线垂直于坡度走向进行的横向耕作，是坡耕地实施其他水土保持耕作措施的基础。沿等高线进行横坡耕作，在犁沟平行于等高线方向形成许多蓄水沟，能有效拦蓄地表径流，提高水分入渗时间，减少水土流失，利于作物生长发育，从而达到增产目的。其主要形式包括等高沟垄耕作、垄作区田、套犁沟播、等高带状间作、等高带状间轮作、水平沟，等等。

综上所述，尽管水土保持措施有不同的类型，但是在实际工作中，经常以小流域为单元，在不同的地貌单元上配置各种水土保持措施，以合理利用土地为主导思想，充分利用光、温、水、肥资源，确保粮食和作物的稳产高产，人民收入逐步增加，水土流失得到有效控制，生态环境条件得到改善，为农业的持续发展创造条件。特别值得一提的是植物措施能够涵养水源，达到生态修复和生态环境建设的目的，从而治理水土流失，逐渐改善生态环境。在水土保持

中，应充分意识到工程措施与植物措施的互补作用，充分利用植物措施的生态修复功能来达到水土保持的良好效果。

第六节 耕地土壤潜育化

海南潜育水稻土面积为 31.16 万亩，占全省水稻土总面积的 7.33%。主要分布于海南省丘陵、沟谷、坑田、低洼、渍水处或台地的碟形洼地垌田。海南省各市县中，澄迈、儋州和琼山的潜育水稻土面积最大，分别为 5.38 万亩、4.72 万亩和 4.80 万亩。土壤潜育化作用是所有水成土壤所共有的成土过程，只是因环境条件的不同，诸如渍水程度、渍水类型、母质的性质等，其发展程度不一样，从而产生一系列不同类型的水成土，例如矿质潜育土、潜育土、假潜育土与滞水潜育土等。潜育土与矿质潜育土主要受地下水影响，而假潜育土与滞水潜育土则主要受表层潜水影响，矿质潜育土与滞水潜育土的渍水程度要大于潜育土与假潜育土，因而它们在物质转化与迁移方面有所差异，从而导致不同的剖面形态。土壤潜育化作用很早便引起了人们的注意，从土壤科学发展的初期就开始进行研究，经过近百年的工作，取得了大量的成果。

一、土壤潜育化的特征

土壤潜育化作用的早期认识便是从形态特征开始。土体的颜色是最主要的形态特征之一，可表现为灰、黑或蓝色。海南省潜育化水稻土的特征之一是有机质和全氮含量丰富，为水稻土各亚类之冠，其碳氮比较高。除浅海沉积物渍水田有机质含量稍低外，其他潜育水稻土有机质含量均超过 2.5%，其中部分区域突破 3.0%。此外，海南省土壤整体呈微酸性。据统计，海南省潜育化水稻土呈酸性的面积有 11.9 万亩，占 38.2%；呈微酸性的有 15.35 万亩，占 49.3%。海南省潜育水稻土的有效态元素钼、硼有较大比例低于临界值，而铁、锰、铜含量较丰富。阳离子交换量和盐基饱和度低，根据土壤分析结果，海南省潜育水稻土的阳离子交换量为 27.7～102 克/千克土，盐基饱和度为 19.5%～86.4%。潜育水稻土低产的障碍因素主要是积水冷凉养分难释放，在水稻生长上表现出的共性是前期难发，常出现黑根坐苗现象，后期气温回升又出现徒长，导致病虫害较多。由于制约土壤肥力的水、肥、气、热四大要素失调而造成水稻减产，海南省潜育化水稻土的年亩产大多在

300 千克以下。

二、土壤潜育化的影响因素

潜育化与土壤本身排水不良、水分过多、耕作利用不当有关。土壤处于洼地、比较小的平原、山谷涧地等地区，排水不良是形成次生潜育化的根本原因。水利工程、沟渠水库周围由于坝渠漏水或潜水出露等造成土壤长期浸泡，也容易造成土壤潜育化。海南光热条件优越，大力推广两季和三季稻，土壤复种指数大大提高，干湿交替时间缩短，犁底层加厚并更紧实，阻碍了透水、透气，故易诱发次生潜育化。此外，潜育化作用的发生及其发展，与有机质有着密切的关系。有机质对土壤矿物质的溶解与活化，特别是铁锰的还原活化与淋溶起着重要的作用。而有机质缺乏引起微生物活动减少，潜育化作用则不易发生，即使地下水位很高，若含的有机质高度稳定或有效成分太低，还原作用亦不会发生。潜育化作用发展的程度随成土母质的化学组成和水分状况的不同差异甚大。自 20 世纪 70 年代以来一系列的研究表明，潜育化作用在酸性和中性母质上能得到较为充分的发展，而在富含钙质及三氧化物的母质上便会受阻。在碳酸盐存在的情况下，铁的还原与溶解作用会减弱，潜育化作用便以 Ca、Mg 和其他元素的淋溶作用为主，并抑制了有机酸、苯酚、多酚和其他化合物的破坏作用。

三、土壤潜育化作用的机理

过去一般人认为土壤潜育化作用便是土壤在渍水条件下所产生的铁的还原作用，其本质是一个化学过程。至 20 世纪 70 年代初，有人研究认为潜育化作用的实质主要是一个生物化学过程，Fe^{2+} 的产生和 Eh 值的下降均是由于专性和兼性厌气微生物的代谢活动所致。H_2 及可矿化的有机质可作为电子供体，而在生物氧化作用过程中，Fe^{3+} 便可作为电子受体而还原。

随着研究工作的不断深入，至 20 世纪 80 年代中期学者从潜育化作用过程中物质变化的角度出发，提出了潜育化作用的机理模式，较全面地反映了潜育化作用的各个过程。综合各个过程潜育化作用机理，潜育化作用不仅仅只是一个铁的还原过程，尚涉及许多其他物质的变化。该作用实质上是生物化学与化学共同作用的结果。除生物化学作用即有机质的厌气分解之外，氧化还原与淋溶淀积、络合作用、离铁作用、水化作用、水解作用、溶解作用等亦对潜育化过程有着重要的贡献。上述各过程相互联系、相互影响，共同组成一个复杂的成土过程。因成土条件的不同，各个作用的贡献有所差异，导致潜育化作用有不同的表现，而形成不同类型的潜育土。

四、土壤潜育化治理措施

潜育化土壤治理及改造利用，在指导思想上要明确三个结合的原则即宏观治理与微观调控相结合，工程建设与生态建设相结合，蓄水与排渍相结合，切实搞好治水改土、增肥改土和轮作改土。

（一）优化配置区域农田水利系统

区域农田水利系统的完善，必须以农田水利规划为基础将农田水利系统作为一个系统工程，来整体考虑实行分级建设、分级管理、集中控制与分散控制相结合，以优化系统结构作为提高系统功能的主要手段。在补充完善一级区二级片的排灌骨干工程的基础上，重点搞好三级垸的分垸综合治理工作要求，达到既能分而治之又能统筹安排水量的时空分布，做到排灌蓄降统筹安排区片垸块上下级及同级统一协调。

水分过多是导致稻田潜育化、次生潜育化的主要因素。所以在工程治理中主要是搞好排水工程的建设。总的要求是：截断渗漏水，排除地表水，引走冷泉水，降低地下水。根据这个要求，针对不同地区的情况，分别采取不同措施。在中低丘地区，主要是开好"三沟"，即截流沟（在水库、土坝的下侧或干渠的一侧开挖截流沟，解决水库、渠道的渗漏水危害）、防渍沟（在集水面积较大的山谷垅田中间挖一条深排渍沟，彻底排除渍水，群众称之为"破肚沟"）、排洪沟（沿山开沟，拦截、排走山洪，解决山洪对农田的威胁）。在平原缓坡低洼地区，则根据区段的地形特征，搞好排灌系统的建设，适当增加排水渠系，合理布局横向排水沟，加大排水沟渠过水能力，做到速灌速排，下雨不积水。

（二）采取工程措施与生物措施相结合的治理方式

潜育化水稻土的改良，首先要求排除土壤渍水降低地下水位，增大土壤通透性，降低土壤还原物质含量，促进潜在养分的释放，因此田间开沟是达到此目的的有效途径。田间开沟治理涝渍低产田，必须处理好建设低治田与高治田的关系。所谓低治田是指仅在田间采用开明沟的方法来治理渍害的低标准田，高治田指采用暗管技术来降低地下水位的高标准田。尽管高治田的治渍效果明显优于低治田，但根据目前的社会经济条件，高治田不宜盲目多搞这是因为建设高治田投工多、单位面积投资额较大。埋设暗管必须首先解决好排涝与灌溉的问题，田间管水的技术要求也较高。

工程措施与生物措施相结合，能够取得更为显著的治渍效果。这些生物措施包括水旱轮作、垄作及采用耐渍作物品种。水旱轮作通过干湿交替，可使土壤理化性状发生一系列变化。随着水改旱年限的增加，表土颜色变浅，活土层加厚，土壤结构团粒化，青泥层逐渐消失，土壤容重逐渐下降，有效养分含量升高，水旱轮作一般比水稻连作田增产稻谷 750 千克/公顷。水田垄作改变了田间水分的运动形式，保证了土壤能长期稳定的通气、透水、导温、供肥。

第七节 土壤重金属污染与防治

当重金属在土壤中的含量超过土壤自净能力，对土壤中的植物和动物造成损害时，土壤就产生重金属污染。海南省主要是发展旅游及绿色农业，近几十年来，海南省的金属处理与加工业、化学与制药工业、石油加工业、纺织工业、印染业等现代工业发展相对较弱，其土壤重金属主要来源于土壤背景值（本底值）、矿山资源开发、农业活动和城市废弃物。海南省土壤环境总体状况良好，但部分金属矿山周边土壤受到不同程度的污染。

一、海南省土壤重金属污染来源

海南省是我国生态环境质量相对较好的省份之一，1999 年国家环保总局正式批准海南省为我国第一个生态示范省。优良的生态环境是海南可持续发展的最重要基础。由于城市化建设和经济发展，海南省含重金属的污染物可能通过各种途径进入土壤，不仅导致土壤环境质量下降，农作物出现重金属中毒，造成水体污染和生态环境进一步恶化，还通过食物链威胁人类的健康。海南省局部地区出现土壤污染现象，造成海南重金属污染的原因可能主要有以下几个方面：

（1）环境背景值

海南省分布的主要岩性有第四系、基性火山玄武岩、中生代沉积岩、花岗岩、变质岩区，其中，花岗岩分布最广。这些母质岩石的分布及性质决定了海南省整个区域化土壤重金属元素的整体分布特征。对海南部分类型土壤中重金属背景质量分数进行测定后发现，由玄武岩风化的铁质砖红壤中 Cu、Zn、Cr、Ni 元素均超标，且相对高于其他母质类型土壤背景含量。

（2）农业生产活动

海南为典型的热带气候区，气温高、雨水多、空气湿润、病虫害相对较多、生物防治相对较少，一般使用含铅、铜、汞、砷等元素的农药和化肥，容易造成土壤重金属积累和在农产品中残留。部分农业生产企业和农民缺乏保护生态环境的意识，单纯追求经济效益，采用粗放型生产方式导致生态破坏和环境污染，一味追求利润，化肥、农药大量使用，据统计2007年海南化肥施用量83万吨，相当于1996年的两倍多，给海南农产品的生产带了很大隐患。

（3）水资源与大气污染

尽管近几十年来，海南省较少发展（重）工业，但矿山资源开发导致海南省部分金属矿山周边土壤受到不同程度的污染，其过程中污水及废弃物的排放造成对海南省局部水体资源的污染，而有的污水未经处理直接用于农业生产灌溉，造成对农作物蔬菜瓜果的污染。海南四面环海、空气相对流畅、大气重金属污染似乎相对较少，但近几年来海南城市化进程加快、旅游业的发展、交通运输业的提升、汽车尾气的排放等，导致大气中重金属含量不断提高。研究表明，汽油中添加的防爆剂四乙基铅随汽车尾气排出，行车频率高的公路两侧常形成明显的铅污染带。

（4）城市生活垃圾

垃圾资源具有改良土壤结构、提高土壤肥效的潜力，但垃圾中常有重金属积累。海南省城市生活垃圾中相当一部分不能直接处理，通常运到城郊农地堆存，其中含有重金属的废弃物，如电池、灯管等，由于雨水的长期淋溶，其渗滤液中的重金属排入土壤，从而造成土壤的重金属污染。赵志忠等（2005）对海南垃圾肥样品进行检测，发现其中重金属铅、镉、砷含量远远超过了无公害蔬菜、水果产地土壤质量国家标准和城市垃圾农田控制国家标准。周聪等（2003）研究发现用于改良海南土壤结构的海南垃圾肥中 Pb、Cd 和 As 严重超标。

二、土壤重金属污染修复方法

由于重金属污染的长期性、不可逆性和对人类健康及环境的危害，国内外学者纷纷开展土壤重金属污染控制的研究。在减少重金属对土壤危害的过程中，主要采用土壤重金属污染源的控制和重金属污染土壤的积极修复工作。土壤一旦遭到重金属污染，治理工作将是长期的和困难的，因此土壤污染的预防比土壤污染的治理更为重要。污染源的控制是避免土壤污染的最根本和最重要的原则。

当前国内外治理土壤重金属污染的途径主要有三种，一是将重金属污染地区与未污染地区进行隔离，防止污染物进一步扩散；二是改变重金属在土壤中的存在形态，使其固定、稳定，降低其在环境中的迁移性和生物可利用性；三是将重金属从土壤中除去。围绕这三种治理途径，已相应地提出许多物理、化学和生物治理方法。

1. 客土法

客土法是典型的物理修复方法，简而言之就是向污染土壤中添加洁净土壤，或将污染土壤转移集中处理，从而降低土壤中污染物的浓度或减少污染物与植物根系的接触。客土法是土壤污染治理中的一种工程物理治理方法，其优点是见效快、效果好，缺点是工程量大、成本高。

2. 隔离法

隔离法就是使用各种防渗材料，如水泥、黏土、石板等，把污染土壤与未污染土壤或水体分开，以减少或阻止污染物扩散到其他土壤或水体的做法。常用的方法有泥浆墙、地下冷冻等。该法适用于污染严重、易于扩散的情况，但该法没有消除污染地区重金属的危害。

3. 玻璃化法

该方法是应用电能使污染物玻璃化，从而达到固定重金属的目的。该方法已用于 As、Pb、Cr 污染土壤的治理。玻璃化法能从根本上消除土壤的重金属污染，并因见效快而常用于重污染区的抢救性修复工作，但工程量大、费用高，适合于浅部污染土壤的治理。

4. 电化学法

在污染土壤中插入阴阳电极并通以低强度电流，土壤中的重金属在电解、电迁移、电渗和电泳等的作用下在阳（或阴）极被移走。该方法适合于低渗透的黏土和淤泥土，一次可回收多种重金属，但不适用于渗透性好、传导性差的砂性土壤。

5. 添加改良剂法

向重金属污染土壤中添加钢渣、膨润土等黏土矿物、粉煤灰、沸石、石灰、有机物料等改良剂，可以通过提高土壤酸碱度，与土壤中的重金属发生离子交换、吸附作用，改变重金属在土壤中的存在状态，从而降低重金属的生物有效性。

6. 生物修复法

主要有微生物修复、植物修复和菌根修复法。微生物修复主要是利用微生物对重金属有吸收、沉淀、氧化和还原等作用，从而降低土壤中重金属的毒性。植物修复主要是通过超累积植物富集土壤中的重金属并转移到植物的可收割部分，但该法需较长的治理时间并注意收割后植物的处理，以免引起二次污染。菌根修复是近几年来新兴的修复技术，菌根真菌能改变植物对重金属的吸收和转移，直接影响了重金属对植物的有效性和毒害性。

7. 淋洗法

主要有洗土法、堆摊浸滤法和冲洗法，其主要原理是向土壤中添加重金属螯合剂溶液，提高重金属的有效态，然后收集淋洗液回收重金属并循环利用淋洗液。用来提取土壤重金属的提取剂主要有：EDTA、DTPA、硝酸、盐酸、氢氧化钠、草酸、柠檬酸等。

8. 热解吸法

将污染土壤加热，使土壤中的挥发性污染物挥发并收集起来进行回收或处理，主要用于金属汞的回收。每种重金属污染土壤治理技术的选择因地点不同而有特殊性，目前主要开发治理效率高、成本低、易操作的治理方法。

三、海南省污染耕地的预防措施

海南省自身土壤背景、含重金属的农药和化肥的不合理使用、大气污染物的沉降及污水灌溉、垃圾肥等因素造成局部土壤重金属含量增加。要降低海南土壤的重金属污染，可从以下几方面采取预防措施：

1. 严格工矿污染

加强污染源管理监督，做好工业废弃物资源化利用与安全处置。根据《尾矿库风险评估技术导则》《尾矿库环境风险评估技术方法》等相关规定开展矿区环境风险评估，完善污染治理设施，储备应急物资。对海南省历史尾矿库进行排查，完善覆膜、压土、排洪、堤坝加固等隐患治理和闭库措施。相关职能部门加强海南省涉重金属行业的污染管控，严格执行重金属污染物排放标准，并加大检查和整改力度。

2. 控制农业污染

合理使用化肥农药，大力推广深耕深施，结合节水灌溉，减少肥料流失。鼓励农民增施有机肥、生物肥、缓释肥，推广测土配方平衡施肥，减少化肥施用量。提倡生物防治技术、使用生物肥料、有机肥料、喷施生物农药，以降低农作物的重金属积累，增施钙镁磷肥抑制重金属进入植物体内。

3. 减少生活垃圾污染

加强源头减量化，倡导节约与低碳的消费模式，减少包装与转运过程中产生的废物，在产品生产、流通、使用的全生命周期促进生活垃圾减量。提高生活垃圾资源化水平，积极推行垃圾分类回收，最大化实现垃圾资源化。生活垃圾处理设施运营中要严格执行各项工程技术规范和操作规程，提高设施运行水平，并定期对垃圾填埋设施周边土壤的重金属残留状况进行监测。

图书在版编目（CIP）数据

海南耕地 / 海南省土壤肥料总站编著. ——北京：
中国农业出版社，2022.12
    ISBN 978-7-109-30505-2

    Ⅰ.①海… Ⅱ.①海… Ⅲ.①耕地资源－概况－海南
Ⅳ.①F323.211

中国国家版本馆 CIP 数据核字（2023）第 042500 号

审图号：琼 S（2022）056 号

中国农业出版社出版
地址：北京市朝阳区麦子店街 18 号楼
邮编：100125
责任编辑：王秀田   文字编辑：张楚翘
责任校对：吴丽婷
印刷：北京通州皇家印刷厂
版次：2022 年 12 月第 1 版
印次：2022 年 12 月北京第 1 次印刷
发行：新华书店北京发行所
开本：700mm×1000mm   1/16
印张：14.5   插页：6
字数：265 千字
定价：78.00 元

高标准农田 屯昌县

秸秆还田 澄迈县

琼海长坡"三区四情"国家级耕地质量监测点

水稻土剖面 琼海市

水稻土剖面 琼中县

燥红土剖面 昌江县

砖红壤剖面 五指山市

黄色砖红壤地区茶园 五指山市

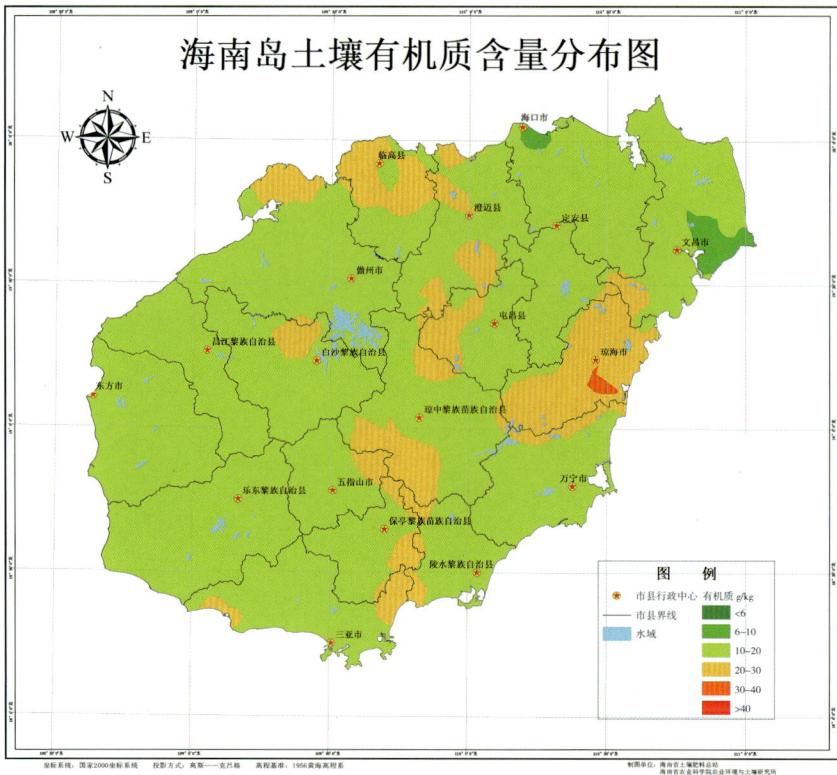

海南岛土壤有机质含量分布图

海南岛土壤有机质含量分布图

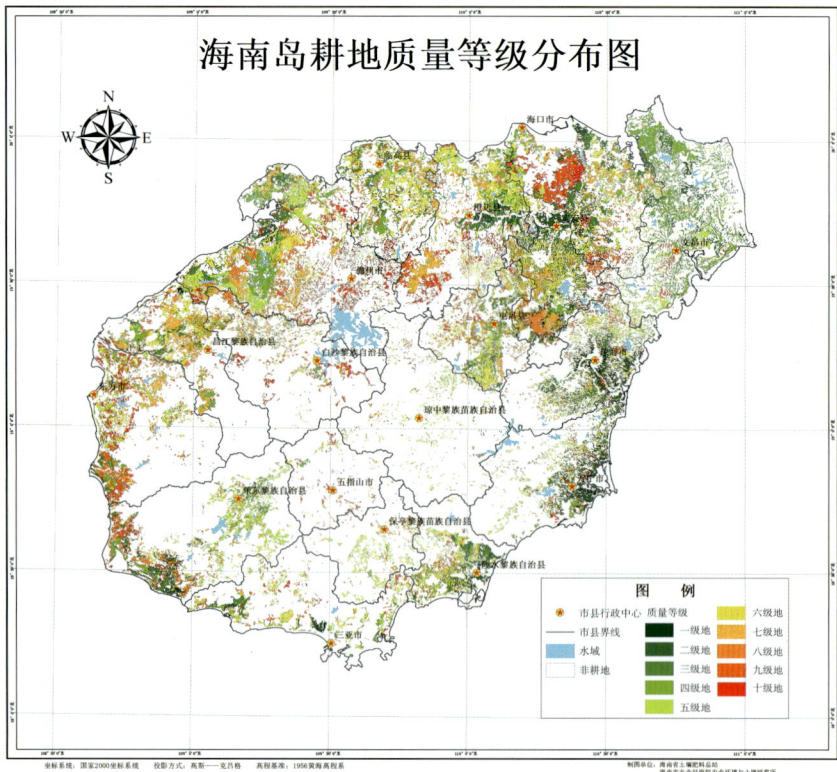

海南岛耕地质量等级分布图

海南岛耕地质量等级分布图

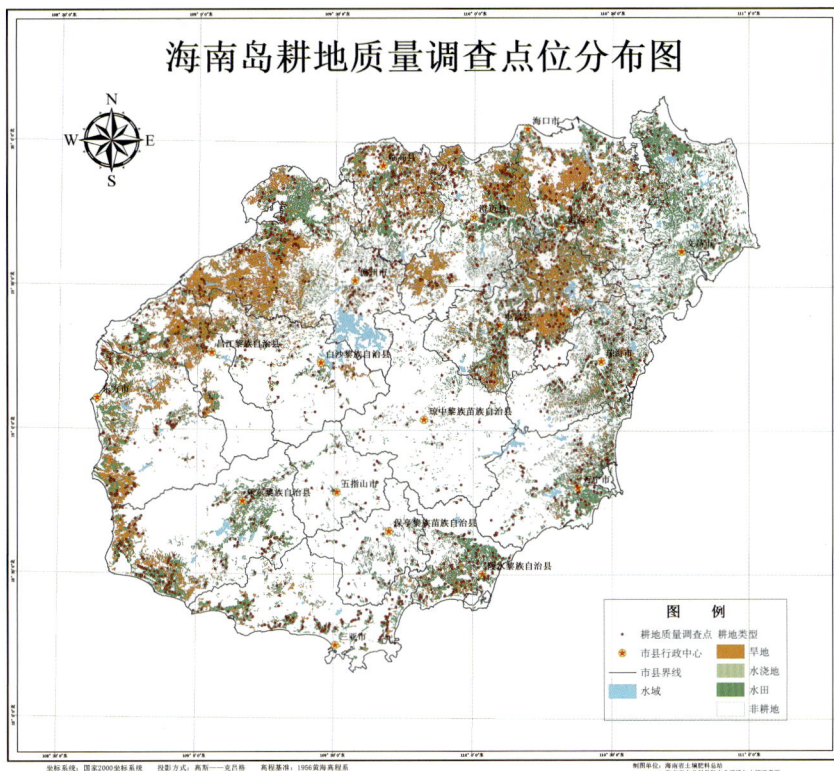

海南岛耕地质量调查点位分布图

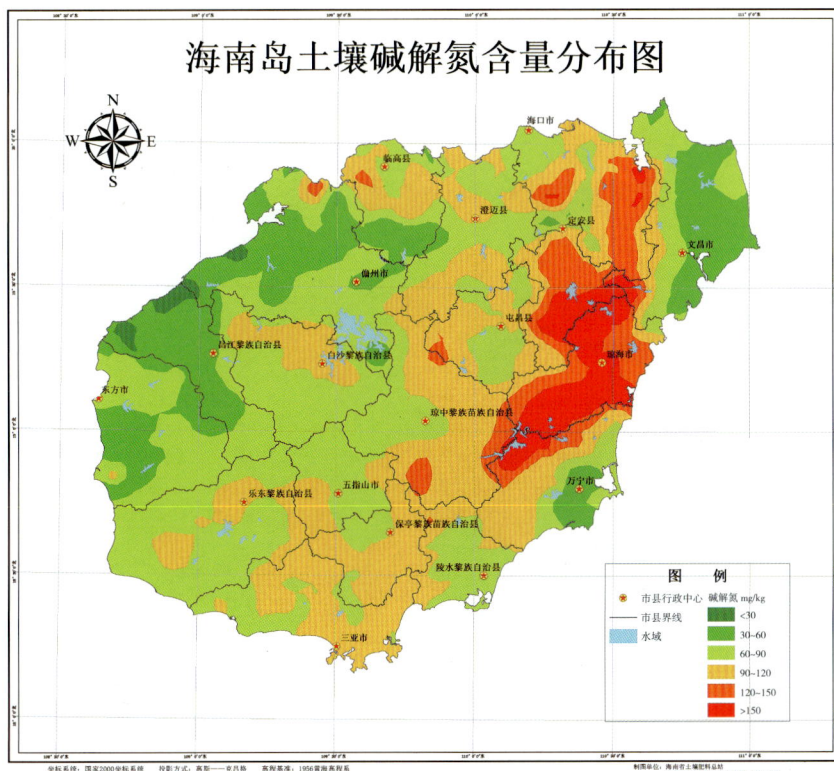

海南岛土壤碱解氮含量分布图

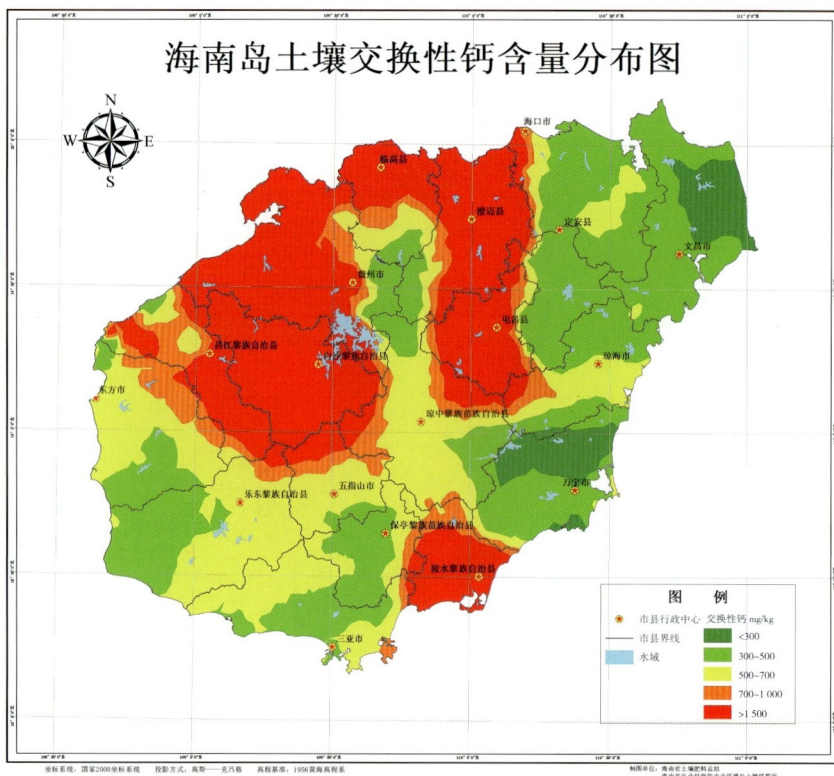

海南岛土壤交换性钙含量分布图

图 例

市县行政中心　　　交换性钙 mg/kg
市县界线　　　　　<300
水域　　　　　　　300~500
　　　　　　　　　500~700
　　　　　　　　　700~1 000
　　　　　　　　　>1 500

坐标系统：国家2000坐标系统　投影方式：高斯——克吕格　高程基准：1956黄海高程系

制图单位：海南省土壤肥料总站
海南省农业科学院农业环境与土壤研究所

海南岛土壤交换性钙含量分布图

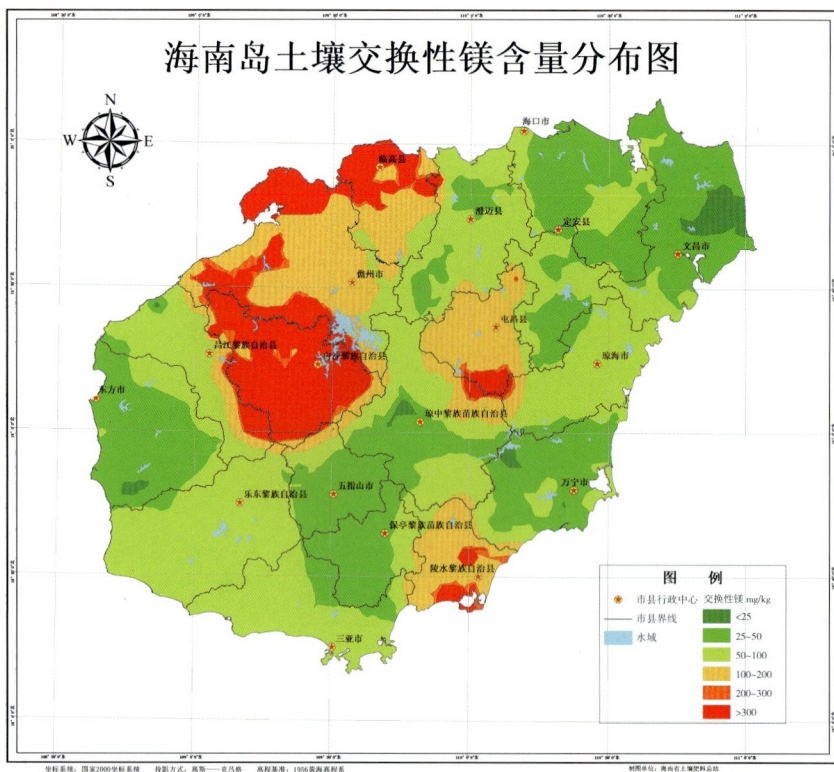

海南岛土壤交换性镁含量分布图

图 例

市县行政中心　　　交换性镁 mg/kg
市县界线　　　　　<25
水域　　　　　　　25~50
　　　　　　　　　50~100
　　　　　　　　　100~200
　　　　　　　　　200~300
　　　　　　　　　>300

坐标系统：国家2000坐标系统　投影方式：高斯——克吕格　高程基准：1956黄海高程系

制图单位：海南省土壤肥料总站
海南省农业科学院农业环境与土壤研究所

海南岛土壤交换性镁含量分布图

海南岛土壤类型（亚类）分布图

图例

海南岛土壤类型（亚类）分布图

海南岛土壤全氮含量分布图

图例

市县行政中心	全氮 g/kg
市县界线	<0.5
水域	0.5~0.75
	0.75~1.0
	1.0~1.5
	1.5~2.0
	>2.0

海南岛土壤全氮含量分布图

海南岛土壤速效钾含量分布图

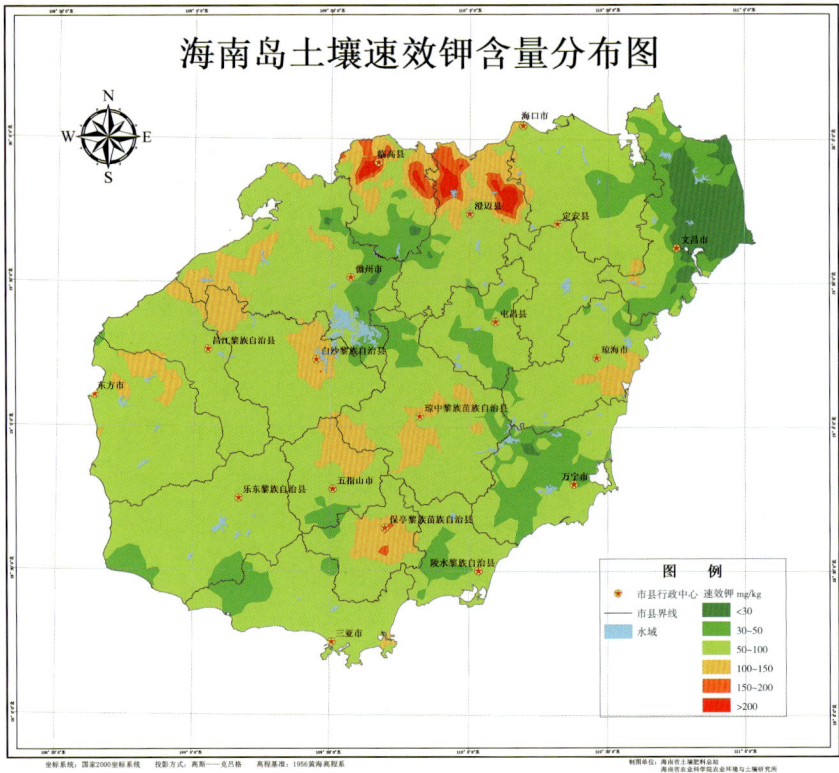

海南岛土壤速效钾含量分布图

海南岛土壤酸碱度分布图

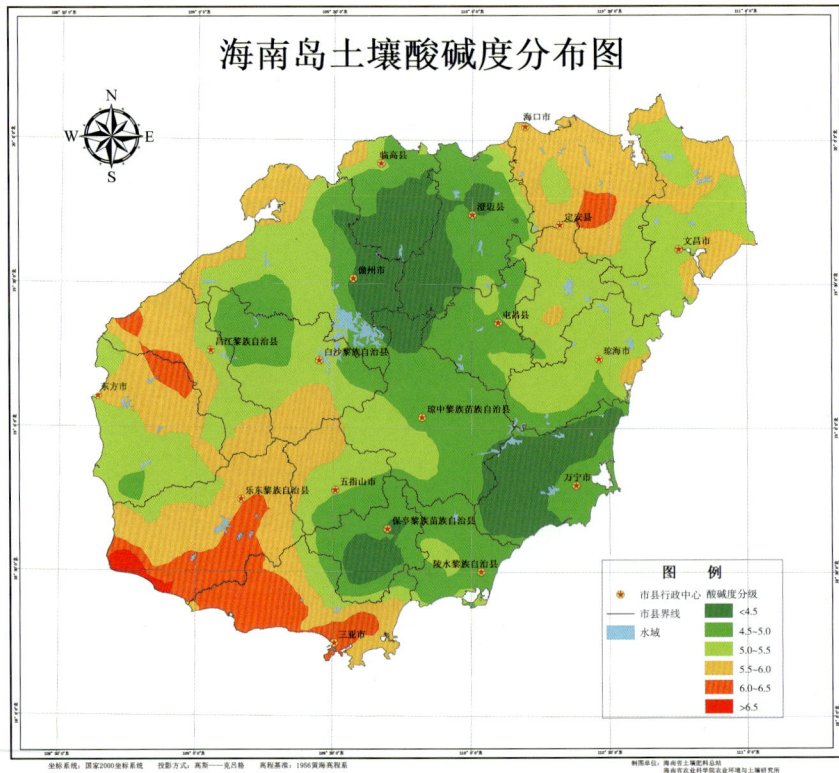

海南岛土壤酸碱度分布图

海南岛土壤有效硅含量分布图

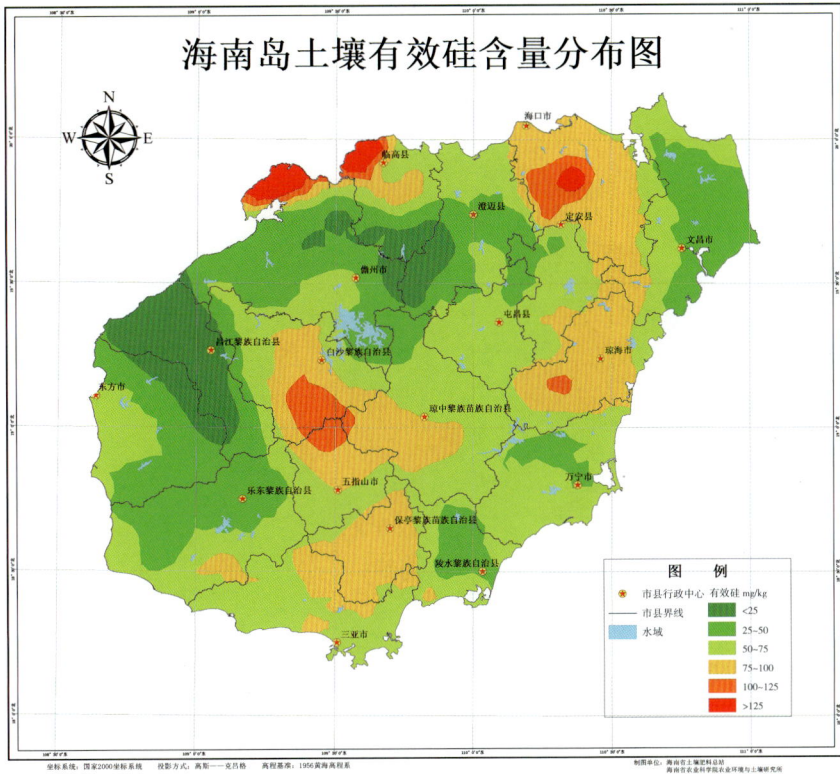

海南岛土壤有效硅含量分布图

海南岛土壤有效磷含量分布图

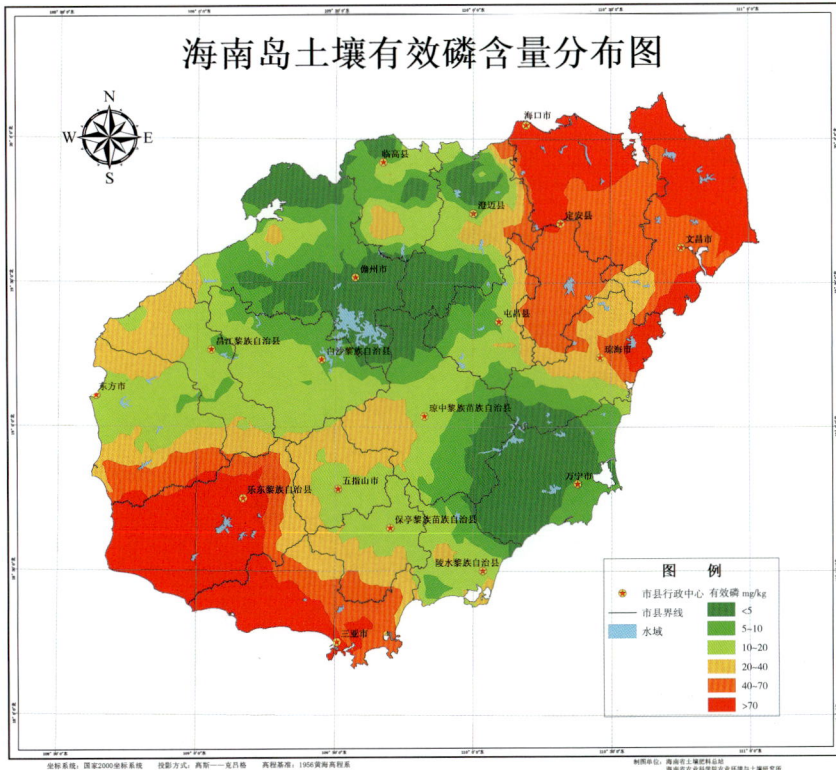

海南岛土壤有效磷含量分布图

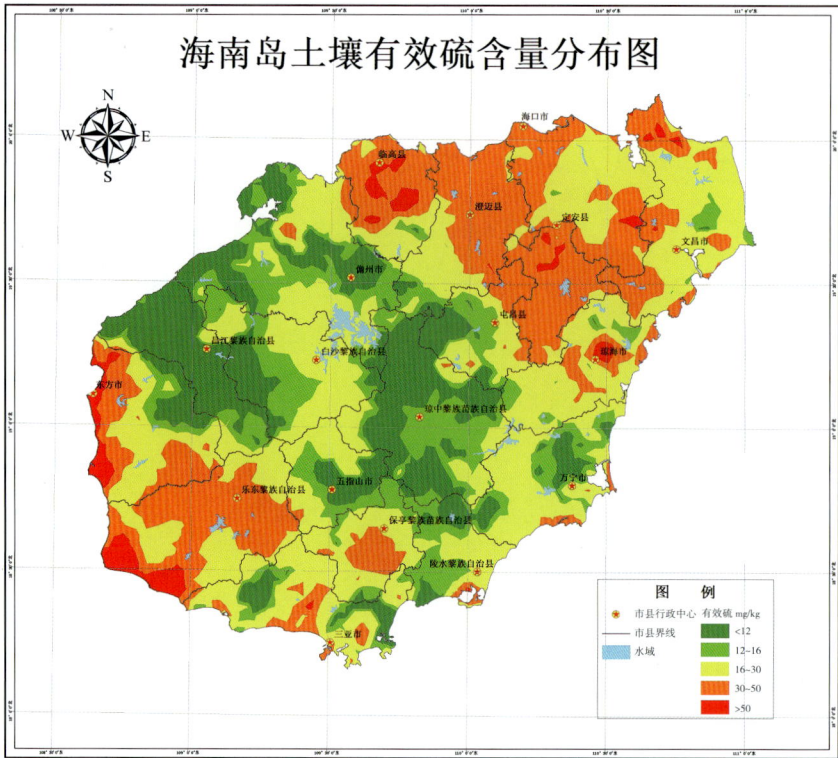

海南岛土壤有效硫含量分布图

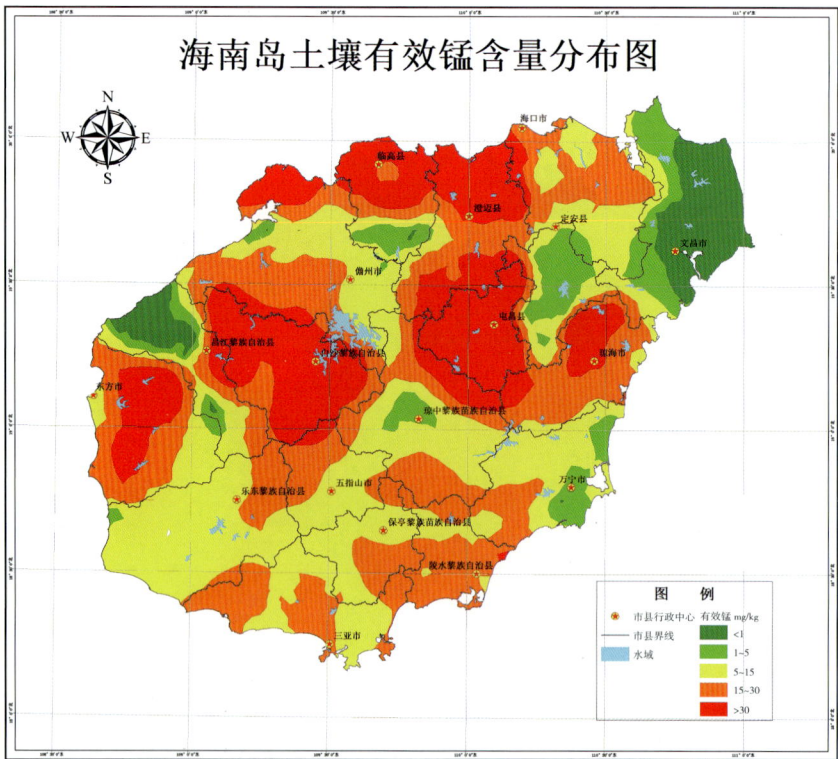

海南岛土壤有效锰含量分布图

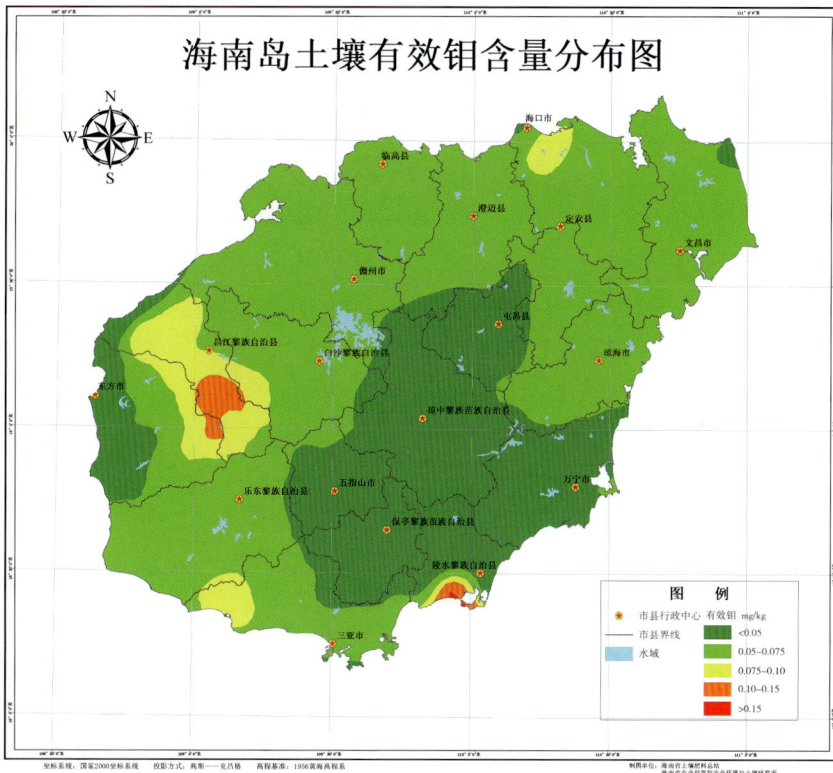

海南岛土壤有效钼含量分布图

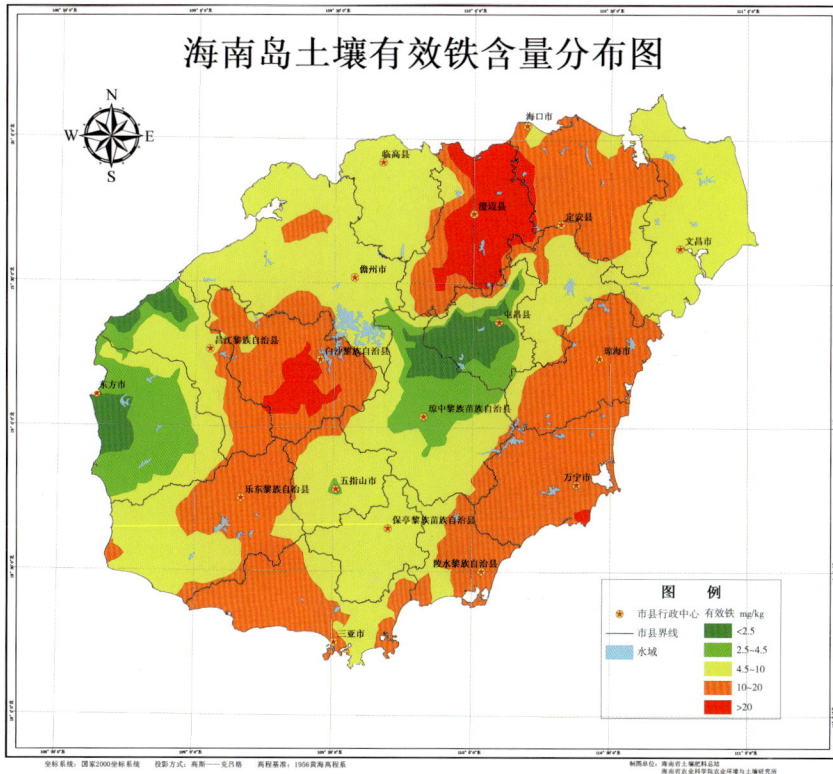

海南岛土壤有效铁含量分布图

海南岛土壤有效铜含量分布图

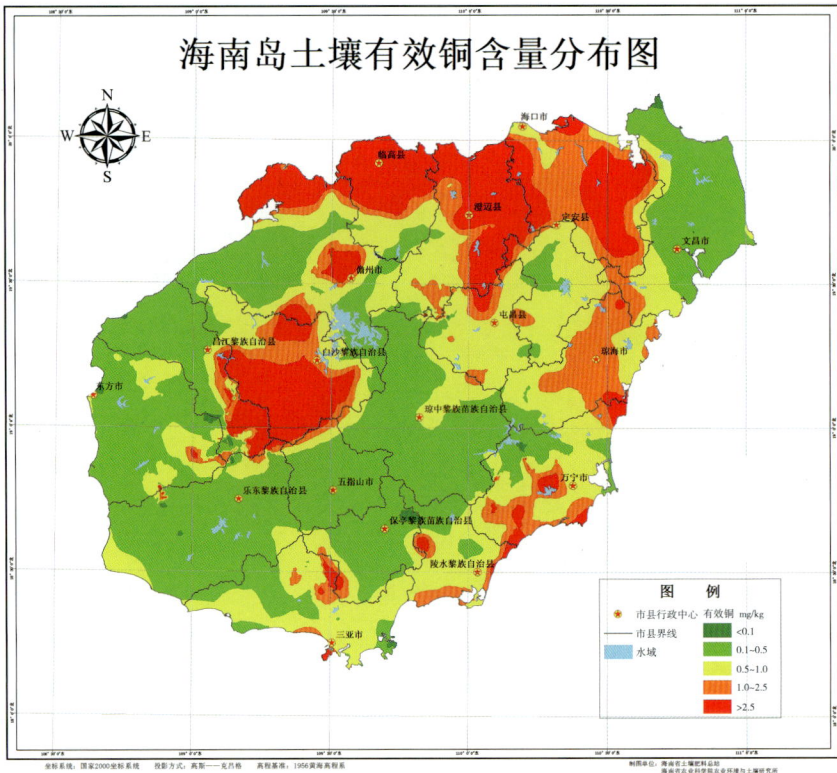

海南岛土壤有效铜含量分布图

海南岛土壤有效锌含量分布图

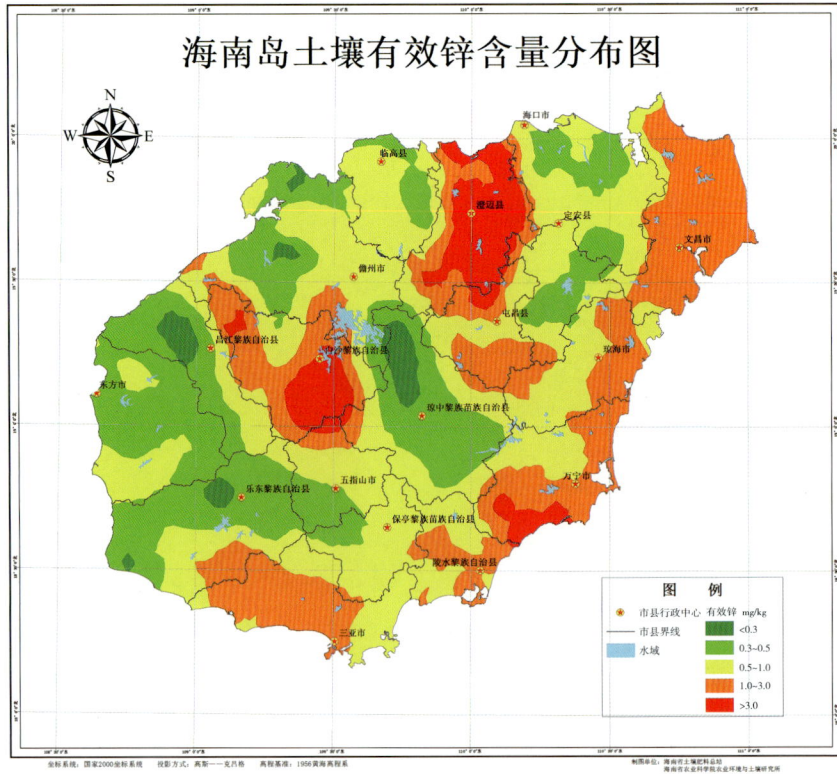

海南岛土壤有效锌含量分布图